Christian M. Messerschmidt / Sven C. Berger / Bernd Skiera

Web 2.0 im Retail Banking

Christian M. Messerschmidt
Sven C. Berger / Bernd Skiera

Web 2.0 im Retail Banking

Einsatzmöglichkeiten,
Praxisbeispiele und
empirische Nutzeranalyse

GABLER

Bibliografische Information der Deutschen Nationalbibliothek
Die Deutsche Nationalbibliothek verzeichnet diese Publikation in der
Deutschen Nationalbibliografie; detaillierte bibliografische Daten sind im Internet über
<http://dnb.d-nb.de> abrufbar.

1. Auflage 2010

Alle Rechte vorbehalten
© Gabler Verlag | Springer Fachmedien Wiesbaden GmbH 2010

Lektorat: Guido Notthoff / Margit Schlomski

Gabler Verlag ist eine Marke von Springer Fachmedien.
Springer Fachmedien ist Teil der Fachverlagsgruppe Springer Science+Business Media.
www.gabler.de

Umschlaggestaltung: KünkelLopka Medienentwicklung, Heidelberg
Gedruckt auf säurefreiem und chlorfrei gebleichtem Papier
Printed in Germany

ISBN 978-3-8349-2409-4

Vorwort

Web 2.0 und *Social Media* sind zwei Begriffe, mit denen sich Führungsverantwortliche bei Finanzdienstleistern immer intensiver auseinandersetzen müssen. Web-2.0-Anwendungen, wie z. B. *Youtube, Facebook, StudiVZ, Myspace, Wikipedia* oder auch *Prosper*, sind in aller Munde und diverse Analysen zeigen, dass diese zukünftig noch mehr Bedeutung erhalten werden. Sie zwingen Unternehmen dazu, sich mit den damit verbundenen Chancen und Risiken intensiv auseinanderzusetzen. Günstig ist das keineswegs. Während im Jahr 2009 weltweit ca. 600 Mio. USD für Aktivitäten im Web 2.0 ausgegeben wurden, schätzen die Analysten von Forrester Research das zukünftige Steigerungsvolumen auf jährlich 1 Mrd. USD. Besonders deutsche Finanzdienstleister sind jedoch noch sehr zurückhaltend im Einsatz von Web-2.0-Anwendungen. Die Frage ist, ob diese Zurückhaltung berechtigt ist. Experten prognostizieren, dass europäische Konsumenten bereits im Jahr 2010 mehr Zeit online verbringen werden als vor dem Fernsehgerät. Bei der Internetnutzung stehen besonders Web-2.0-Anwendungen immer mehr im Vordergrund. Dies zeigt sich vor allem dadurch, dass die durchschnittliche monatliche Verweildauer der Internetnutzer in der Online-Community *Facebook* inzwischen nahezu dreimal so hoch ist, wie deren Verweildauer bei der Suchmaschine Google, welche bisher als weltweit reichweitenstärkstes Online-Angebot bekannt war. Führungskräfte von Finanzdienstleistern müssen sich darüber klar werden, dass sie die Konsumenten durch Produktwerbung in Massenmedien (TV, Radio und Print) zunehmend schlechter erreichen werden, aber auch traditionelles Online-Marketing, wie z. B. Bannerwerbung, Textanzeigen und Suchmaschinenmarketing, immer geringere Wirkung erzielen wird.

Während bei den älteren Bankkunden noch die Massenmedien und die Finanzdienstleister selbst (bzw. deren Kundenberater) als Informations- und Beratungsquellen im Vordergrund stehen, greifen junge Kunden, die so genannten Digital Natives, zunehmend auf Informations- und Beratungsangebote aus dem Internet zurück. Besonders beim Vertrauensgut „Finanzprodukt", dessen Qualität in der Regel erst längere Zeit nach dem Abschluss beurteilbar ist, bieten Web-2.0-Anwendungen den Kunden einige Vorteile. Sie müssen sich nicht mehr allein auf die Aussagen ihrer Kundenberater verlassen, sondern können über Web-2.0-Anwendungen Dialoge mit anderen Kunden oder unabhängigen Experten führen und sich auf diesem Weg über die Qualität des gesuchten Finanzprodukts austauschen. Das große Angebot an unabhängigen Informationen im Internet hilft ihnen Anlageentscheidungen zu treffen und die Zusammensetzung ihres Portfolios an Finanzprodukten so zu gestalten, dass ihre individuellen Präferenzen am besten befriedigt werden. Web-2.0-Anwendungen unterstützen dabei, unter der Fülle an Informationsquellen, die für den Kunden relevanten Informationen auszuwählen und diese automatisiert und aggregiert abzurufen. Der Kunde entzieht sich dadurch zunehmend dem Wirkungskreis der Kundenberater und verringert deren Einfluss auf seine Anlageentscheidungen.

Ein eigenes Engagement der Finanzdienstleister durch die Bereitstellung von Dialogmöglichkeiten im Web 2.0 eröffnet die Möglichkeit, den Kontakt zu jungen Kunden wieder zu stärken. Diesen müssen in den Medien Kontaktpunkte geboten werden, in denen sie sich häufig aufhalten und über die sie zunehmend gewohnt sind Informationen und Beratung zu empfangen. Aus diesem Grund ist es für Finanzdienstleister notwendig, sich eingehend mit Web-2.0-Anwendungen zu befassen und zu evaluieren, welche Möglichkeiten diese sowohl für den Neukundenkontakt als auch für bestehende Kundenbeziehungen bieten.

Das E-Finance Lab im House of Finance der Goethe-Universität Frankfurt widmet sich solchen Fragestellungen, indem es untersucht, welchen Einfluss Informationstechnologien wie das Internet auf das wirtschaftliche Handeln von Finanzdienstleistern hat. Die Autoren fassen in diesem Werk die Erkenntnisse aus ihrer theoretischen und empirischen Forschung im Rahmen des E-Finance Lab zusammen und bieten Finanzdienstleistern konkrete Handlungsempfehlungen im Umgang mit Web-2.0-Anwendungen. Sie erklären, wie Web-2.0-Anwendungen funktionieren, zeigen anhand von Praxisbeispielen interessante Einsatzszenarien und belegen empirisch die Relevanz von Web-2.0-Anwendungen im Leben der Konsumenten, insbesondere in Bezug auf Finanzdienstleistungen. Damit liefern sie mit diesem Buch sowohl eine Hilfestellung beim Einstieg in das Thema „Web 2.0 im Retail Banking" als auch detaillierte Erkenntnisse, anhand denen auch Führungsverantwortliche mit eingehenden Erfahrungen im Web 2.0 ihre Vorgehensweise kritisch bewerten und neu ausrichten können. Ich wünsche dem Werk daher eine weite Verbreitung und bin davon überzeugt, dass die Leser von den Erkenntnissen des Werks sehr stark profitieren werden. Gleichzeitig lade ich den Leser ein, sich im Internet weiter über die Arbeit des E-Finance Lab (www.efinancelab.com) und des House of Finance (www.hof.uni-frankfurt.de) an der Goethe-Universität (www.uni-frankfurt.de) auf dem wunderschönen Campus Westend zu informieren.

Prof. Dr. Wolfgang König
Geschäftsführender Direktor des House of Finance und
Vorsitzender des Vorstands des E-Finance Lab

Inhalt

1   Einleitung

Die Finanzdienstleistungsbranche ist seit geraumer Zeit in einem tiefgreifendem Struktur-wandel begriffen (Bikker/Haaf 2002; Kapopoulos/Siokis 2005). Dieser wurde durch die Finanzkrise seit 2007 zusätzlich verstärkt, vollzog sich aber schon vorher durch eine fort-schreitende Marktkonsolidierung. Zu den wesentlichen Treibern zählen die Globalisierung des Geschäfts und (auch damit einhergehend) das Auftreten neuer Marktteilnehmer und Fortschritte in der Kommunikations- und Informationstechnologie.

Die technologischen Entwicklungen ermöglichen es dem Privatkundengeschäft von Ban-ken sehr einfach auch mit geringen personellen Ressourcen bundesweit „präsent" zu sein. Dies birgt auch die Gefahr neuer Wettbewerber, die nahezu ausschließlich auf den Online-Vertriebskanal setzen. Als Beispiel wären hier die deutschen Niederlassungen ausländi-scher Banken wie die indische ICICI Bank zu nennen, die seit 2008 am deutschen Markt vertreten ist – und dafür lediglich eine Handvoll Mitarbeiter in Deutschland beschäftigt (Prange 2008). Der Vertrieb wird nahezu komplett über das Internet abgewickelt.

Die neuen Entwicklungen im Bereich der WWW-Anwendungen, die unter dem Stichwort Web 2.0 zusammengefasst werden, bewirken nun eine ganz neue Dynamik im Online-Vertrieb. Interaktivität und multimediale Inhalte ermöglichen den Dialog zwischen Nut-zern von Web-2.0-Plattformen und den von Nutzern erzeugten Inhalten, dem so genann-ten „user generated content". Doch Nutzer können nicht nur digitale Inhalte von Plattfor-men selbst erstellen. In Verbindung mit Mass Customization, also der individuellen Mas-senfertigung von Produkten, ermöglicht die Interaktivität sogar die Verlagerung von Ent-wicklung und Marketing hin zum Konsumenten – so beim amerikanischen Hersteller von T-Shirts, shirt.woot, der für das Design neuer Produkte kontinuierlich Wettbewerbe unter Konsumenten auslobt und die Designs der Gewinner dann mit einem community-orien-tierten, unterhaltsamen Live-Shopping (nur ein Produkt pro Tag) vertreibt (Wang/Liu/Koong/Bai 2009).

Im Retail Banking ist das Produktspektrum naturgemäß etwas anders aufgestellt und innovative Vertriebsansätze mit interaktiven Web-2.0-Angeboten sind in Deutschland bisher noch kaum auszumachen. Solche Angebote von Finanzdienstleistern finden sich vorrangig im Ausland. Doch auch deutsche Banken haben die Potenziale prinzipiell er-kannt (Heng/Meyer/Stobbe 2008) und müssen sich diesen Themen nun konkret stellen und sorgfältig prüfen, wie Web 2.0 zu ihren Geschäftsmodellen und Online-Strategien passt. Denn auch die ausländische Konkurrenz schläft nicht und neue deutsche Anbieter wie die Fidor Bank drängen auf den Markt.

Hierfür ist das Wissen um die Eignung und Akzeptanz einzelner Web-2.0-Anwendungen erforderlich. Denn spätestens, wenn es um die Befindlichkeiten der hiesigen Konsumenten geht, sind Erkenntnisse aus dem Ausland nicht immer einfach zu übertragen (Chau 2008).

Der jährlich erscheinende *Hype Cycle* des Marktforschungsunternehmens Gartner, eine grafische Aufstellung, die neue Technologien je nach Medienpräsenz in fünf Entwicklungsphasen unterteilt und auf einer Kurve anordnet, berücksichtigte den Begriff Web 2.0 erstmals im Jahr 2006 (Petty/Goasduff 2006). Schon damals wurde Web 2.0 als Technologie geführt, die sich auf der Spitze ihrer Medienpräsenz befindet und die übertriebene Erwartungen über Einsatzmöglichkeiten auslöste, die sie laut Gartner nicht erfüllen kann (Zweite Phase des *Hype Cycles* „Gipfel der überzogenen Erwartungen"). Corporate Blogs und Wikis, die in diesem Buch dem Web 2.0 zugeordnet werden, wurden damals als eigenständige Begriffe geführt und befanden sich auf der Kurve schon in der dritten Phase, dem so genannten „Tal der Enttäuschungen", da sie die überhöhten Erwartungen nicht erfüllen konnten. In den folgenden Jahren 2007 und 2008 erreichte der Begriff Web 2.0 ebenso das „Tal der Enttäuschungen", während Corporate Blogs und Wikis schon am Wendepunkt der Talfahrt auf dem so genannten Pfad der Erleuchtung (vierte Phase des *Hype Cycles*) befanden. Eine kritische Auseinandersetzung mit den überhöhten Erwartungen an diese beiden Web-2.0-Anwendungen wurde gerade vollzogen und es konnten realistisch Erwartungen über die Einsatzgebiete und den Mehrwert gebildet werden. 2008 wurde Microblogging erstmals im *Hype Cycle* berücksichtigt und der ersten Phase des *Hype Cycles* („Technologischer Auslöser") zugeordnet. Im aktuellsten *Hype Cycle* aus dem Jahr 2009 befindet sich nun auch Web 2.0 auf dem „Pfad der Erleuchtung", während Microblogging das „Tal der Enttäuschungen" erreicht hat.

Dies zeigt, dass der anfängliche Hype um den Begriff Web 2.0, als vermeintliche Allzweckwaffe für den besten Zugang zum Kunden, überwunden ist. Auch wenn (oder vielleicht gerade weil) dies für eine Abkühlung der Web-2.0-Euphorie spricht (Copeland 2008), beginnt für viele Branchen jetzt die Zeit, in der fundiert über Vor- und Nachteile einzelner Anwendungen diskutiert wird. Aufgrund der erlangten Erfahrungen können inzwischen realistische Vorstellungen über erfolgreiche Einsatzszenarien gebildet und auf diesem Weg Web-2.0-Anwendungen im Finanzmarketing etabliert werden. Einen Beitrag dazu soll das vorliegende Buch leisten, das auf Forschungsarbeiten der Autoren im E-Finance Lab (www.efinance-lab.de) im House of Finance der Goethe-Universität Frankfurt (www.hof.uni-frankfurt.de) aufbaut.

Unser Ziel ist mit diesem Buch zu zeigen, wie Finanzdienstleister Web-2.0-Anwendungen im Retail Banking einsetzen können und wie sehr diese Anwendungen aktuell von den Konsumenten angenommen werden. Damit möchten wir zu einer sachlichen Betrachtung des Themas beitragen, da viele Anbieter, sicherlich auch getrieben durch die Realisierung eigener Ziele, doch zu einer sehr euphorischen Darstellung neigen. Dazu geben wir zuerst einen Überblick über technologische, soziale und ökonomische Entwicklungen der vergangenen Dekade, die zur Formierung des Web 2.0 geführt haben. Gegliedert nach dem Dialoggrad der Web-2.0-Anwendungen erklären wir dann acht für Finanzdienstleister besonders interessante Web-2.0-Anwendungen, strukturiert nach Funktionsweise, technischen Voraussetzungen, möglichen Einsatzgebieten und internationalen Praxisbeispielen. Zugeschnitten auf die Finanzbranche strukturieren wir im Anschluss die Einsatzfelder der Web-2.0-Anwendungen nach den zwei Dimensionen *Produktinvolvement* und *Kaufprozessphase*.

Anhand einer repräsentativen Befragung von über 1.000 deutschen Internetnutzern zeigen wir empirisch, wie intensiv Web-2.0-Anwendungen sowohl themenübergreifend als auch im Zusammenhang mit Finanzdienstleistungen genutzt werden. Zudem klären wir, in welcher Kaufprozessphase die Konsumenten auf Web-2.0-Anwendungen zurückgreifen und bei welchen Web-2.0-Anwendungen sich die Konsumenten mehr Engagement von Finanzdienstleistern wünschen.

Die Ergebnisse zeigen eine gut ausgeprägte themenübergreifende Nutzung von Web-2.0-Anwendungen von deutschen Internetnutzern. Aktuell sind die Internetnutzer jedoch weniger an einer Ausweitung des Angebots von Web-2.0-Anwendungen durch die Finanzdienstleister interessiert. Diejenigen, die diese schon nutzen, sind mit dem Angebot aber zufrieden. Für die Internetnutzer, die noch nicht auf Web-2.0-Anwendungen bei der Beschäftigung mit Finanzprodukten zurückgreifen, zeigen unsere Analysen, dass nicht ein mangelndes Angebot der Finanzdienstleister, sondern deren geringes Interesse daran dafür verantwortlich ist. Ähnlich wie die Internetpioniere unter den Nutzern in den 90er Jahren, die als jung, gut gebildet und wohlhabend beschrieben wurden, können somit auch die Finanz-Web-2.0-Pioniere beschrieben werden.

Aktuell spielt das Web 2.0 bei Nutzern im Zusammenhang mit Finanzdienstleistungen daher noch keine herausragende Rolle. Der Markt unterliegt jedoch einem starken und stetigen Wandel, so dass es unvorsichtig wäre, wenn Führungsverantwortliche die Möglichkeiten, die sich durch Web-2.0-Anwendungen im Finanzdienstleistungsvertrieb eröffnen, ignorieren würden. Möglicherweise ist es nur eine Frage der Zeit, bis Web-2.0-Anwendungen auch hier an Bedeutung gewinnen. Besonders durch den Ausbau des mobilen Internets werden Web-2.0-Anwendungen den Konsumenten zunehmend in fast allen Alltagssituationen unterstützen können. Konsumenten werden zunehmend emanzipierter und haben zahlreiche Möglichkeiten, um sich benötigte Informationen über Finanzprodukte auf eigene Faust online zu beschaffen. Plattformen mit Aktienkursen und Expertentipps sowie die Dialogmöglichkeiten mit anderen Konsumenten über Web-2.0-Anwendungen erleichtern ihnen den Zugang zu Informationen und Experten, die den Kundenberater ersetzen können. Durch den Dialog mit anderen Konsumenten können Meinungen über die Finanzprodukte und den Service anderer Finanzdienstleistern sehr einfach eingeholt werden und eine größere Transparenz geschaffen werden. Mit schwindendem Bedarf an Beratung verringern sich auch die Möglichkeiten der Kundenbetreuer, Cross Selling bei ihren Kunden zu betreiben. Es liegt also nahe, dass Finanzdienstleister dennoch die Entwicklungen im Web 2.0 intensiv verfolgen und auch dort den Dialog mit den Konsumenten suchen. Dieses Buch soll ihnen bei der Meisterung dieser Herausforderungen helfen.

2 Evolution des Internets als Wegbereiter von Web 2.0

2.1 Web 2.0 - Definition und Abgrenzung

In zahlreichen Büchern und Artikeln, die in den vergangenen zwei Jahren rund um den Begriff *Web 2.0* veröffentlicht wurden, gab es unterschiedliche Ansätze, das Phänomen Web 2.0 zu definieren. Letztendlich ist aber Web 2.0 ein Begriff unter dem sich verschiedene technologische, soziale, aber auch ökonomische Entwicklungen im Internet ansiedeln. Daher ist es so gut wie unmöglich, eine klare und abgrenzende Definition zu finden. Klar ist, dass diese Entwicklungen das Internet interaktiver bzw. partizipativer gemacht haben, was in einer intensiven Förderung der Zusammenarbeit zwischen den Nutzern resultiert. Tim O'Reilly (2007), der maßgeblich für die die Verbreitung des Begriffs *Web 2.0* verantwortlich ist, nannte bei seinem Versuch der Definition folgende Charakteristiken, die bei Web-2.0-Anwendungen vorzufinden sind (Möhlenbruch/Dölling/Ritschel 2008):

- Anwendungen sind netzbasiert, notwendig ist nur ein Web-Browser.

- Inhalte sind nicht statisch, sondern werden dynamisch erzeugt. Sie ändern sich in Abhängigkeit von den Eingaben der Nutzer.

- Nutzer können selbst Inhalte erstellen.

- Rollen- und Rechtesysteme ermöglichen die Differenzierung, wer welche Inhalte von welchen Personen einsehen bzw. bearbeiten kann.

- Nutzer besitzen ihre „eigenen" Daten und können diese selbst editieren. Inhalte und Layouts sind personalisierbar.

- Nutzer können Beiträge anderer Personen kommentieren und untereinander kommunizieren.

- Unter den Nutzern entsteht das Gefühl der Zusammengehörigkeit (Community-Gedanke).

Im gleichen Zug wie Web 2.0 werden auch häufig die Begriffe Social Software und Social Media genannt, wobei letztere Synonyme füreinander sind. Social Software ist als Untergruppe von Web 2.0 zu verstehen, welche die Anwendungen vereinigt, die Kommunikation innerhalb menschlicher Netzwerke unterstützen und sich dadurch von rein technischen Anwendungen absetzen (Szugat/Gewehr/Lochmann 2006). Versteht man unter Kommunikation einen unmittelbaren Wortwechsel zwischen den Nutzern, so zählen Blogs, Wikis, Instant Messenger, Bewertungsplattformen, Podcasts, Foren und vor allem Online-Communities bzw. Social Networks zur Social Software. Zu den eher technischen Anwendungen, die das Teilen von Informationen erleichtern, aber erst im zweiten Schritt eine Kommunikation unterstützen, gehören Widgets bzw. Mashups, Feeds, File-Sharing-

Plattformen. Auch Social Bookmarking ist, trotz des Wortes „social", bei den eher technischen Anwendungen im Web 2.0 anzusiedeln. Zwar werden hier Lesezeichen im Internet von einer Gemeinschaft zusammengetragen, eine direkte Kommunikation wird von dieser Anwendung jedoch nicht geboten.

Oft wird an der Zuordnung der Anwendungen zu Web 2.0 oder auch zu Social Software kritisiert, dass viele der Technologien und Anwendungen schon existierten bevor die beiden Begriffe entstanden sind (Bosch 2008). So lassen sich z.B. Foren und Wikis in Urformen schon bis in die frühen 90er Jahre zurückverfolgen und Social Software wird teilweise als einfacher Nachfolger von Groupware bezeichnet (Alby 2008; Szugat/Gewehr/Lochmann 2006). Maßgeblich für die Entstehung des Web 2.0 und die schnelle Diffusion der damit verbundenen Anwendungen ist aber nicht nur die technologische Entwicklung, sondern deren Zusammenspiel mit sozialen und ökonomische Entwicklungen, die in den folgenden Kapiteln erläutert werden.

2.2   Technische Entwicklung in der Bedienung (Frontend)

Die zunehmende Vereinfachung der Bedienung ist ein maßgeblicher Faktor für den Erfolg von Web-2.0-Anwendungen. Durch dynamische Darstellungstechniken, standardisierte Schnittstellen und Formate wurde die Möglichkeit dafür erbracht, dass Konsumenten im Internet Inhalte selbst und ohne Programmierkenntnisse erschaffen können.

2.2.1   Dynamische Darstellungstechniken

Der Konsument war es von seinem eigenen Computer gewohnt, dass er mit Desktop-Software, z.B. Microsoft Word oder Excel, Dokumente erstellen und verändern kann. Anfängliche Web-Anwendungen und darauf aufbauend die entwickelten Web-2.0-Anwendungen haben sich zunehmend vom statischen Webseitenaufbau entfernt und dem dynamischen Erscheinungsbild und der Bedienung von Desktop-Software angenähert. Auch dem Konsumenten, der keine Programmiersprache beherrscht, wurde es somit ermöglicht, eine Webseite zu verändern, indem er das von seiner Desktop-Software gewohnte Vorgehen einfach auf das Internet überträgt und im Browser anwendet (Stracke 2008).

Einige technologische Entwicklungen, die maßgeblich für eine dynamische Darstellung und eine intuitivere und einfachere Bedienung von Web-Anwendungen verantwortlich sind, werden mit dem Begriff AJAX zusammengefasst. AJAX bedeutet *Asynchronous JavaScript and XML* und ist keine neue Technologie, sondern steht für ein Konzept bzw. ein Zusammenspiel von verschiedenen Technologien, Architekturen und Programmiersprachen, die es teilweise schon in den 90er Jahren gab, aber dort noch nicht ineinander verflochten eingesetzt wurden (Alby 2008; Stracke 2008). Durch asynchrone Datenübertragung zwischen einem Server und dem Browser, der eine Webseite anfragt, ermöglicht dieses Konzept das Laden einzelner Bausteine einer Webseite ohne sie komplett neu laden zu müssen. Während der Konsument früher nach jeder Aktion, sei es ein Klick oder eine Dateneingabe in ein Formular, auf einer neuen Webseite gelandet ist, wirkt sich heute die Aktion nur auf die relevanten Bausteine der Webseite aus. Nach einer Aktion wird nur der betreffende Baustein neu geladen und der Konsument hat den Eindruck, dass er die ursprüngliche Webseite nicht verlassen hat, sondern dass sich diese durch seine Aktionen dynamisch verändert (Radziwill/DuPlain 2009; Stracke 2008). Diese Technik hat zwei Vorteile:

1. Da nur einzelne Bausteine neu geladen werden müssen, ist der Umfang der Datenübertragung stark reduziert. Die durch die Aktion angefragten Inhalte können schneller neu geladen und dem Konsumenten dargestellt werden.

2. Auch während der Datenübertragung bzw. dem Laden eines Bausteins kann der Konsument die übrige Webseite weiter betrachten und muss in der Informationsaufnahme keine technisch bedingte Pause einlegen.

Eine Technologie, die auch einen Beitrag zur dynamischen Darstellung von Inhalten auf Webseiten leistet, ist der Feed. Ein Feed ist eine XML-Datei, die es ermöglicht Informationen einer Webseite auf einfache Weise im Internet zu verteilen (Barsky 2006). Wird der Feed in eine andere Webseite oder in einem Feedreader integriert, so stellt er eine Kurzfassung der Inhalte seiner Originalwebseite dar (Alby 2008). Dies können beispielsweise Schlagzeilen von Nachrichten sein, wenn der Feed vom Internetauftritt einer Zeitung angeboten wird. Da der Feed in einer bestimmten zeitlichen Frequenz selbständig die aktuellen Inhalte auf der Originalwebseite abfragt und darstellt, ist es möglich Inhalte von anderen Quellen auf der eigenen Seite dynamisch einzubinden ohne dass man sich um eine manuelle Aktualisierung kümmern muss. Webseiten können auf diesem Weg mit dynamisch abgerufenen Inhalten oder auch Funktionalitäten von anderen Webseiten aufgewertet werden (siehe dazu auch Kapitel 4.3.2 zum Thema Widgets). Bietet eine Webseite einen Feed an, so macht der Browser neben (Mozilla Firefox) oder unter (Microsoft Internet Explorer) der Adressleiste durch die Anzeige des offiziellen Feed-Symbols (siehe **Abbildung 2.1**) darauf aufmerksam. Feeds werden in der Regel mithilfe des RSS-Formats, welches im nächsten Kapitel erklärt wird, zur Verfügung gestellt.

Abbildung 2.1   Symbol für einen Feed

2.2.2 Standardisierung von Schnittstellen und Formaten

Die Basis zur Generierung von dynamischen Darstellungstechniken und zum Austausch von Informationen wurde durch eine zunehmende Standardisierung von Formaten und Schnittstellen gelegt, die verschiedene Technologien und Architekturen und damit letztendlich Web-Anwendungen verbinden.

Tabelle 2.1   Abgrenzung von Formaten und Schnittstellen

	Beschreibung
Format	Dateitypen, z.B. RSS-Feeds, die für die Vermittlung von Daten zwischen Webseiten eingesetzt werden
Schnittstelle	Bildlich ausgedrückt die Schleuse einer Webseite, die ■ den Austausch von Daten (z.B. per Feed) zwischen Webseiten ermöglichen ■ die das Andocken von extern programmierter Anwendungen (z.B. Widgets) vereinfacht

Die schon erwähnten Feeds erfuhren eine Standardisierung durch die Entwicklung des RSS-Formats. RSS (Really Simple Syndication) ist ein Datenformat, das auf XML (Extensible Markup Language) basiert, und einen Link zu einer Webseite bzw. zu bestimmten Inhalten einer Webseite enthält. Über die Einbindung auf einer Webseite oder auch in einem Feedreader auf dem eigenen Computer werden über den RSS-Feed automatisiert in einer bestimmten Frequenz Informationen von seiner Ursprungswebseite abgerufen, um immer den aktuellen Stand zu liefern (Barsky 2006). Der RSS-Feed enthält keinerlei Layout-Informationen, so dass das Erscheinungsbild der Inhalte, die über den Feed abgerufen werden, nach Wunsch an das eigene Webseitenlayout angepasst werden kann. Anhand der Standardisierung des Feeds durch das RSS-Format können inzwischen die meisten Browser-Programme (z.B. Microsoft Internet Explorer und Mozilla Firefox) und Content-Management-Systeme, die bei zahlreichen Webseiten im Hintergrund arbeiten, Feeds lesen und darstellen.

Die Standardisierung und Öffnung von Schnittstellen, den so genannten APIs (Application Programming Interface), machten es möglich, dass Webseiten bzw. Web-Anwendungen keine in sich geschlossenen Systeme mehr sind, sondern untereinander auf Daten zugreifen können (Stracke 2008; Stephens 2009). Ein Vorzeigebeispiel sind die so genannten Mashups, die letztendlich keine eigenen Informationen bieten, sondern eine individuelle Zusammenstellung von Inhalten und Funktionen verschiedenster anderer Webseiten erschaffen (mehr zu Mashups ist in Kapitel 4.3.2 zu finden). Dabei greifen sie auf die offenen Schnittstellen anderer Webseiten und Web-Anwendungen zurück und stellen diese aggregiert in so genannten Widgets (siehe Kapitel 4.3.2) auf einer Webseite da.

Online-Communities, wie z.B. *Facebook*, nutzen offene Schnittstellen, damit Konsumenten Web-Anwendungen, meist per Widget, von anderen Anbietern in ihre Profilseite einbinden können. Zudem können Programmierer neue Anwendungen mit bestimmten Funktionalitäten innerhalb der Community kreieren, die ebenso von Konsumenten in ihre Profilseite integriert werden können. Eine wichtige Sammlung an APIs für Online-Communities ist OpenSocial, welche 2007 von Google eingeführt wurde und von vielen Online-Communities (z.B. *Myspace*. *Friendster*, *Xing* und *StudiVZ*) unterstützt wird (Google 2010). OpenSocial ermöglicht die Verknüpfung von verschiedenen Online-Communities über gemeinsame Anwendungen (z.B. Widgets). Anwendungen, die OpenSocial-APIs unterstützen, müssen daher nicht mehr für jede Online-Community einzeln programmiert werden, sondern werden einmal erstellt und können durch die standardisierten Schnittstellen sofort in den entsprechenden Communities eingesetzt werden. Detaillierte Beispiele dazu werden in Kapitel 4.5.2 geliefert.

Zusammenfassend wurde es durch die Standardisierung von Formaten und Schnittstellen für nahezu jeden Konsumenten und Webseitenbetreiber möglich, Inhalte im Internet bequem zu beziehen und zu verteilen. Web-Anwendungen aus den verschiedensten Quellen können von Konsumenten individuell ausgewählt und an die Plattform angedockt werden, in der sie sich am häufigsten aufhalten, sowohl im Internet als auch auf dem heimischen Computer mit Internetanbindung. Webseitenbetreiber können über diese Schnittstellen ihre Webseiten mit Anwendungen anderer Anbieter aufwerten und eigene Anwendungen für andere Webseiten anbieten, wodurch sich alle Internetangebote zunehmend vernetzen.

2.2.3   Inhaltserstellung ohne Programmierung

Dynamische Darstellungstechniken und die Standardisierung von Schnittstellen und Formaten sind die Basis dafür gewesen, dass Webseiten nicht mehr auf dem heimischen Computer in HTML erstellt und hochgeladen werden mussten, sondern zunehmend so genannte *Web-Content-Management-Systeme* (WCMS) Verbreitung fanden (Alby 2008). Solche Systeme werden auf dem Webserver installiert und verwalten Inhalte (z.B. Text und Multimediadateien) und Layouts von Webseiten und liefern diese an den anfragenden Browser aus. Je nach Zugangsberechtigung können Konsumenten direkt über den Browser auf diese Systeme zugreifen und Inhalte erstellen, hochladen (z.B. Fotos und Videos) oder verändern ohne über HTML-Kenntnisse verfügen zu müssen. Eine gemeinschaftliche Erstellung und Bearbeitung von Inhalten kann somit durchgesetzt werden. Eine Rollen- und Rechteverwaltung regelt dabei, welcher Konsument welche Inhalte verändern kann.

Für die Erstellung von Inhalten werden in der Regel *What-you-see-is-what-you-get-Editoren* (WYSIWYG-Editoren) eingesetzt. Diese Editoren sind in ihrem Aufbau sehr an die Bedienung von gewohnter Office-Software angelehnt, was **Abbildung 2.2** zeigt. Somit kann der Konsument per Mausklick Formatierungen an eingegebenen Texten vornehmen. Im Editor erscheinen die eingegebenen und formatierten Inhalte so, wie sie später auf der Webseite ausgeliefert werden. Im Gegensatz zu früheren HTML-Seiten, bei denen Texte und Layout meist in der HTML-Datei enthalten waren, werden bei einem Web-Content-Management-System die erstellten Text- und Multimedia-Inhalte beim Speichern in Datenbanken abgelegt. Inhalte und Layout werden also separat gelagert. Beim Abruf der Webseite wird diese dynamisch erzeugt, in dem die Inhalte aus den Datenbanken abgerufen und anhand einer Layout-Datei angeordnet werden.

Abbildung 2.2   What-you-see-is-what-you-get-Editor (WYSIWYG-Editor)

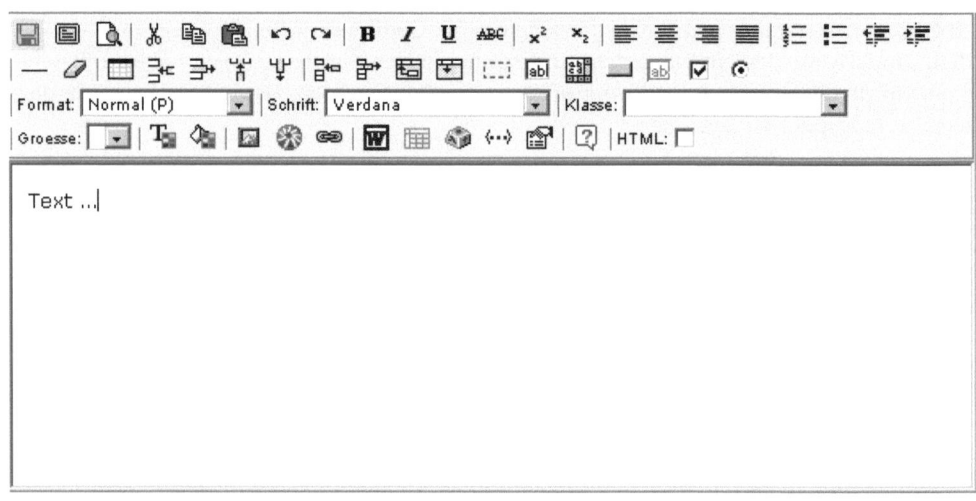

Durch die Verbreitung von Web-Content-Management-Systemen kann inzwischen jeder Konsument recht einfach Inhalte im Internet erstellen und verbreiten und somit einen eigenen Weblog betreiben, Einträge in Wikis und auf Bewertungsplattformen vornehmen oder Profilseiten in Online-Communities anlegen.

Neben der Verbreitung von Web-Content-Management-Systemen hat die Öffnung von Schnittstellen die Bedienung und Veränderung von Webseiten sehr erleichtert. Nutzer von vielen Online-Communities können inzwischen Widgets, sowohl selbstprogrammiert als auch von externen Anbietern, durch einen Klick in ihre Profilseiten integrieren ohne einen Quellcode bearbeiten zu müssen. So ist es relativ einfach, eine Foto-Galerie, die der Konsument auf einer anderen Plattform im Internet angelegt hatte, auf seiner Myspace-Profilseite zu integrieren oder durch einfaches Copy & Paste eines Youtube-Links das dazugehörige Video auf der Facebook-Profilseite einzubetten und allen seinen Kontakten zu zeigen. Die zunehmend einfache und intuitive Bedienung und Verknüpfung von Web-2.0-Anwendungen erzeugt eine immer intensivere Vernetzung der Anwendungen untereinander.

2.3   Technische Entwicklung in der Verfügbarkeit (Infrastruktur)

Parallel zu den technischen Entwicklungen in der Bedienung von Web-Anwendungen sind auch technische Entwicklungen in der Verfügbarkeit maßgeblich für die Verbreitung von Web 2.0 verantwortlich. Die Einführung des Breitbandzugangs und damit die Möglichkeit auch große Datenmengen über das Internet auszutauschen, die Erweiterung des Zugangsbereich durch Notebooks, drahtlose Netzwerke oder auch die Datenübertragung per Mobilfunk über das Arbeitszimmer hinaus und nicht zuletzt die steigende Konvergenz zwischen verschiedenen Endgeräten halfen dabei, das Internet für die Nutzung in den verschiedensten Situationen verfügbar zu machen.

2.3.1   Einführung des Breitbandzugangs

Ein maßgeblicher Anteil der Entwicklung vom Web 1.0 zum Web 2.0 lässt sich der zunehmenden Verfügbarkeit eines schnellen Zugangs zum Internet und damit zu den Web-2.0-Anwendungen zuschreiben (Bosch 2008). Bis zum Ende der 90er Jahre gab es nur die Möglichkeit per Modem oder ISDN das Internet zu nutzen. Die Möglichkeiten zur Nutzung des Internet waren gänzlich anders als heute (Albers/Clement/Peters/Skiera 2000; Albers/Clement/Peters/Skiera 2001). In der Regel hatten Webseiten einen Datenumfang von ca. 50 Kilobyte. Ein Modem mit 56 Kbit/s brauchte ca. 20 Sekunden um diese Seite auf dem Bildschirm anzuzeigen. War der Konsument mit dem Modem im Internet, so war seine Telefonleitung blockiert, Anrufe tätigen und entgegennehmen war währenddessen nicht möglich. Um nicht länger von der Außenwelt abgeschnitten zu sein, war es empfehlenswert, im Internet zielgerichtet benötigte Daten abzurufen und danach die Leitung wieder für das Telefon freizugeben. Zudem wurde häufig zeitbasiert abgerechnet, ein nicht direkt zielgerichtetes Surfen, z.B. zu Unterhaltungszwecken, wurde von diesem Zugang nicht gefördert. Eine Beteiligung des einfachen Konsumenten an der Inhaltserstellung war, abgesehen von fehlenden HTML-Kenntnissen, allein wegen der geringen Übertragungsdaten nur eingeschränkt denkbar. Während beim Download maximal 56 Kbit/s erreicht werden konnten, war der Upload von Daten auf 33,6 Kbit/s beschränkt, die je nach Qualität der Telefonleitung selten komplett in Anspruch genommen werden konnten. Um anderen Konsumenten ein einziges Digitalfoto, was zur damaligen Zeit einen Datenumfang von ca. 500 Kbyte hatte, online zur Verfügung zu stellen, wären ca. 2,5 Minuten benötigt worden. Der Upload von noch datenintensiveren Medien, z.B. Videoclips, wäre für den normalen Konsumenten undenkbar gewesen. Ein direkter Konsum eines hochgeladenen Videos durch andere Konsumenten war aufgrund der niedrigen Übertragungsraten per Modem ebenso kaum praktikabel. Die Einführung von ISDN verbesserte die Datenübertragung auf 64 Kbit/s, was einen geringfügig schnelleren Seitenaufbau im Browser bewirkte. Zudem hatte jeder Anschluss nun zwei Kanäle damit der Konsument nun parallel telefonieren und surfen konnte.

Während die Konsumenten in den 90er Jahren primär textbasierte Informationen und einzelne kleinere Bilder ins Internet gestellt bzw. abgerufen hatten, brachte die zunehmende Durchsetzung von digitalen Fotoapparaten und Videokameras seit dem Jahr 2000 auch ein gesteigertes Bedürfnis diese Medien mit anderen Konsumenten teilen zu können. Erst mit der Einführung von Breitbandtechnologie DSL ab dem Jahr 1999 war eine Übermittlung von größeren Datenmengen bequemer realisierbar. Schon die ersten DSL-Anschlüsse mit einer Datentransferrate von maximal 768 Kbit/s beschleunigten den Download um das 13-fache (Downstream) und den Upload um das 4-fache (Upstream) im Vergleich zu einem Modem mit 56 Kbit/s. Heutzutage ist für 96% aller Haushalte in Deutschland ein Breitbandanschluss verfügbar (Apel-Soetebeer/Rentmeister 2009). Der Anteil der Breitbandanschlüsse in der Bevölkerung liegt in Deutschland bei über 29% (Apel-Soetebeer/Rentmeister 2009), was eine Verdreifachung seit dem Jahr 2005 bedeutet (siehe **Abbildung 2.3**). Damit nutzen ca. 60% aller Haushalte in Deutschland einen Breitbandanschluss mit Datentransferraten von inzwischen bis zu 16.000 Kbit/s Downstream und 1.024 Kbit/s Upstream. Ein Großteil der Bevölkerung hat demnach nun die Möglichkeit auch größere Dateien im Internet abzurufen oder zu platzieren. Im Gegensatz zu den späten 90er Jahren ist also ein direktes Anschauen von Videos über den Browser inzwischen gar kein Problem mehr.

Abbildung 2.3   Entwicklung der Breitbandpenetration (Anschlüsse/Bevölkerung) seit 2005 (Quelle: Apel-Soetebeer/Rentmeister 2009)

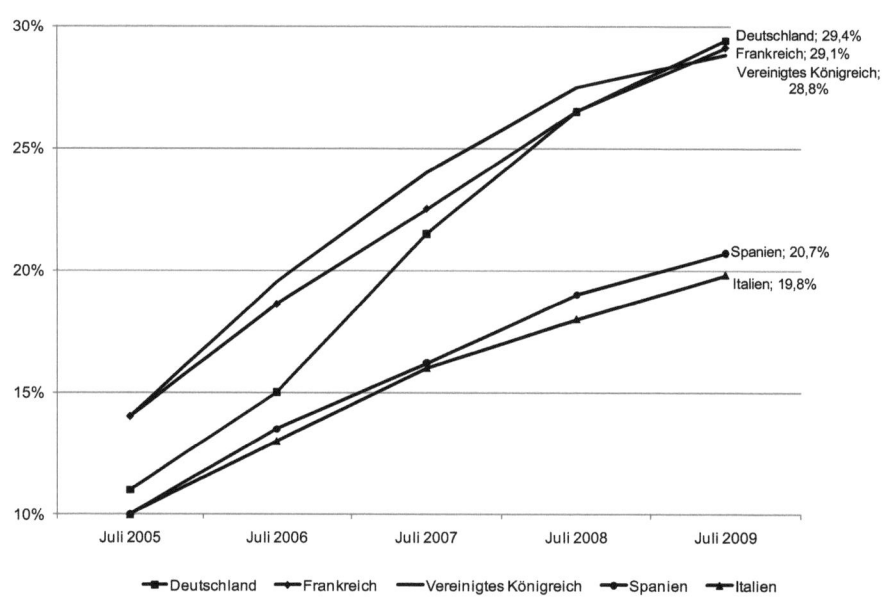

Breitbandanschlüsse sind heutzutage nicht nur über den Telefonanbieter beziehbar. Viele TV-Kabelnetz-Betreiber bieten inzwischen auch Breitbandanschlüsse über diese Netze an und auch drahtlose Technologien, wie UMTS, Satellit oder W-LAN werden eingesetzt, um Konsumenten einen Zugang zum Internet zu verschaffen.

2.3.2   Drahtlose Verfügbarkeit

Neben der Breitbandverfügbarkeit gab es in den letzten 10 Jahren besonders im Bereich der Zugangsmöglichkeiten wichtige Entwicklungen, die die Nutzung des Internet und damit von Web-2.0-Anwendungen beeinflusst haben. Anfangs war die Internetnutzung noch an den Desktop-PC im Arbeitszimmer gebunden. Der Konsument hielt sich gezielt am Desktop-PC auf um zu surfen, E-Mails zu schreiben und zu lesen. Notebooks lagen preislich im Durchschnitt noch weit über einem Desktop-PC (Immler 2007). Aufgrund des Preises war die Anschaffung eines Notebooks nur für wenige Konsumenten attraktiv. Sinkende Notebookpreise und die zunehmende Verbreitung von W-LAN-Routern auch in Privathaushalten weitete den Zugangsbereich, wie in **Abbildung 2.4** illustriert wird, vom Arbeitszimmer auf die ganze Wohnung, das ganze Haus oder sogar Grundstück aus. Für den Konsumenten wurde es nun einfacher auch im Wohnzimmer auf der Couch, im Bett, im Garten oder beim Frühstück in der Küche das Internet zu nutzen und somit parallel zu anderen Tätigkeiten zu surfen. Zunehmend wurde auch im öffentlichen Bereich über W-LAN ein Zugang zum Internet geboten, so dass auch im Café oder auf öffentlichen Plätzen surfen und chatten mit dem Notebook möglich wurde.

Der Ausbau der Mobilfunknetze in Deutschland von reiner Sprach- auf Sprach- und Datenübertragung zuerst im Mobilfunknetz der zweiten Generation (2G) Ende der 90er Jahre durch GPRS (General Packet Radio Service, 53,6 Kbit/s) und seit 2004 im Mobilfunknetz der dritten Generation (3G) durch UMTS (Universal Mobile Telecommunications System, 384 Kbit/s) erweiterte die räumlichen Zugangsmöglichkeiten nun auch auf Gebiete ohne festen Breitband- oder W-LAN-Zugang. An das Notebook konnte entweder ein Mobiltelefon oder eine Datenkarte angeschlossen werden, welche dann als Modem für den Internetzugang dienten. Im Jahr 2008 betrug die Netzabdeckung je nach Netzbetreiber zwischen 56% und 81% (Bundesnetzagentur 2008). In **Abbildung 2.5** wird deutlich, dass sich Anzahl der regelmäßigen UMTS-Nutzer seit 2005 fast verfünffacht hat.

Abbildung 2.4   Erweiterung des Breitbandzugangs durch mobile Technologien

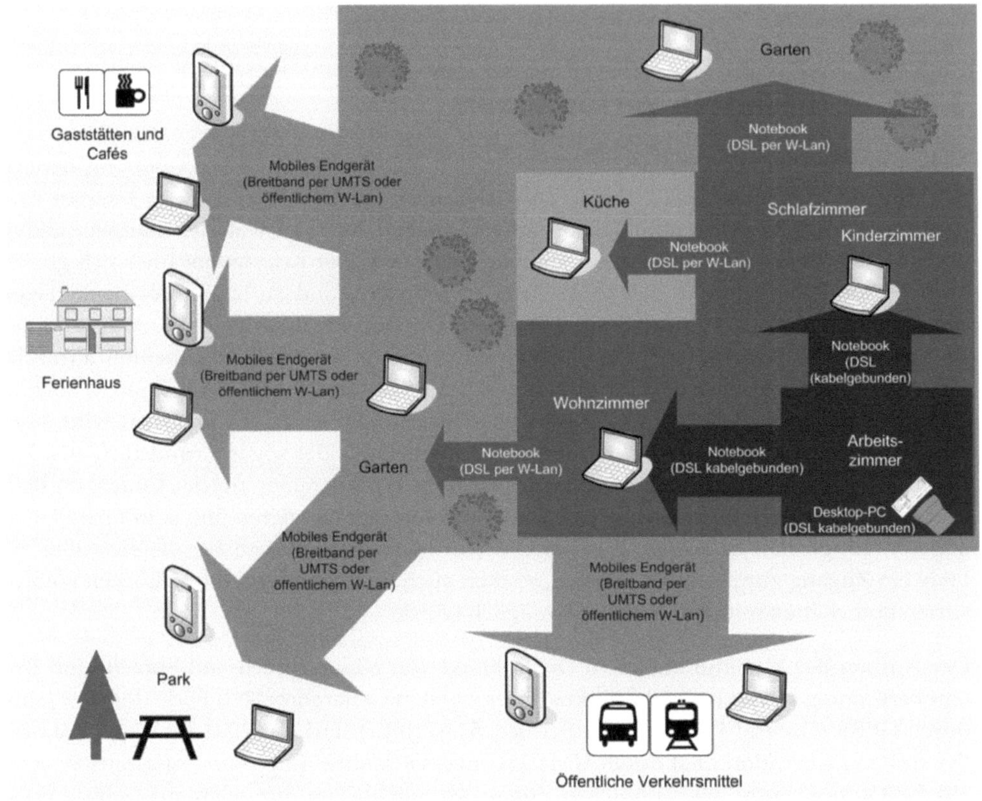

Neue Datenübertragungsverfahren im UMTS-Netz, wie z.B. HSDPA (High Speed Downlink Packet Access) und HSUPA (High Speed Uplink Packet Access), ermöglichen inzwischen Datentransferraten von bis zu 7.200 Kbit/s Downstream und 1.400 Kbit/s Upstream in vielen Regionen in Deutschland. Mit einem passenden Endgerät, z.B. Mobiltelefon oder Notebook mit UMTS-Modem, kann der Konsument je nach Netzanbieter in wei-
ten Teilen Deutschlands Internetzugänge nutzen, die qualitativ mit aktuellen DSL-Breitbandanschlüssen vergleichbar sind. Die Nutzung des Internets zur Unterhaltung und Kontaktpflege ist somit nicht mehr an den heimischen Computer gebunden und kann so gut
wie überall getätigt werden. Besucht der Konsument z.B. ein Konzert, so kann er spontan ein
Foto von seinem Mobiltelefon zu seiner Facebook-Profilseite hochladen, Kommentare dazu
veröffentlichen und so seine Freunde und Bekannte an seinem Erlebnis teilhaben lassen.

Abbildung 2.5	Anstieg der UMTS-Nutzung, Anzahl der regelmäßigen Nutzer (Quelle: Bundesnetzagentur 2008)

UMTS-Nutzer in Mio.

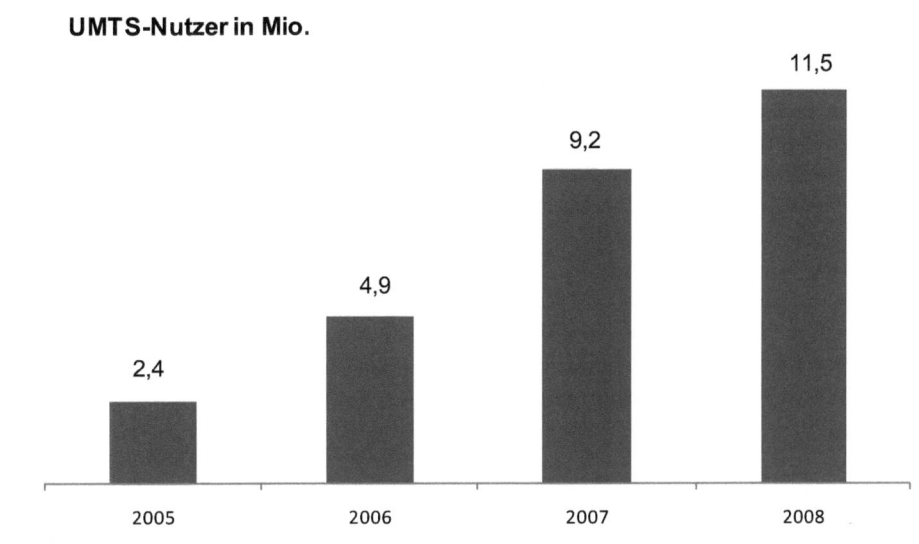

2.3.3 Endgerätekonvergenz

Drei weitere technologische Entwicklungen konnten in den vergangenen Jahren auch beobachtet werden:

1. Der Computer übernimmt immer mehr Aufgaben, die vorher von anderen Geräten erfüllt wurden.

2. Mobiltelefone (so genannte Smartphones) und Netbooks können zunehmend Aufgaben ausführen, die vorher auf den Computer beschränkt waren.

3. Viele technologische Geräte bieten inzwischen Schnittstellen zum Internet an. Einerseits werden die Geräte mit neuen, vorher noch nicht möglichen Funktionen aufgewertet, andererseits werden Funktionen geboten, die vorher nur am Computer ausgeführt werden konnten.

Durch Breitbandinternet und ausgebaute multimediale Fähigkeiten ist es inzwischen möglich mit dem Computer mit anderen Konsumenten zu telefonieren (z.B. per Skype), TV-Angebote auf den Webseiten der TV-Sender abzurufen, aufgenommene Sendungen von anderen Konsumenten auf verschiedenen Internetplattformen anzuschauen (z.b. Youtube) oder herunterzuladen (z.B. Videoload) oder auch Musik aus verschiedenen Quellen zu hören (z.B. verschiedene Webradios, Youtube). Neben dem Surfen im Internet ist der Computer nun auch in verschiedene andere Gerätedomänen eingezogen und zeigt damit, dass er nicht nur im Arbeitszimmer, sondern auch in den anderen Räumen eines Haushalts eine Daseinsberechtigung hat.

Auf der anderen Seite gibt es Geräte, die zwar nicht Aufgaben eines Computer komplett übernehmen, jedoch die gleichen Funktionen bieten können. Aktuelle Mobiltelefone, insbesondere die als Smartphones bezeichneten Geräte, können inzwischen E-Mails empfangen und verschicken, Office-Dokumente öffnen und auch verarbeiten, Videos und Fotos aufzeichnen und anzeigen, Musik abspielen und bieten letztendlich auch Internetzugang mit Datentransferraten, die teilweise mit DSL-Breitbandanschlüssen vergleichbar sind. Im Vergleich zur Notebooknutzung ist das Internet dadurch noch mobiler geworden. Möchte ein Konsument Informationen recherchieren oder auch selbst Inhalte erstellen, so kann er dies über ein Smartphone spontan von nahezu jedem Standort in Deutschland machen. Besonders die Nutzung von Online-Communities (siehe auch Kapitel 4.5.2) haben sich auf die mobile Nutzung eingestellt und konnten die Nutzungsfrequenz dadurch steigern. Die Displays von Smartphones haben, allein durch die geringe Größe, nicht die gleiche Nutzungsqualität im Vergleich zu Desktop-PCs und Notebooks. Aus diesem Grund haben seit Anfang 2008 die so genannten Netbooks starke Verbreitung als Lösung zwischen Smartphone und Notebook gefunden. Netbooks sind sehr kleine und leichte Notebooks (ca. 1 KG), die in jede Handtasche passen. Diese Geräte sind hinsichtlich der Hardware vergleichsweise gering ausgestattet, haben dafür aber eine sehr lange Akkulaufzeit. Oft sind sie schon direkt mit einer Schnittstelle zum Betrieb von UMTS-SIM-Karten für mobiles Internet ausgestattet.

Durch die Standardisierung von technischen Schnittstellen, z.B. USB- und HDMI-Anschlüssen oder auch Speicherkartenleser, können viele technologische Geräte, wie z.B. das TV-Gerät, der digitale Videorekorder oder auch der MP3-Player, mit dem Computer oder auch untereinander vernetzt werden und gespeicherte Daten bzw. Medien untereinander teilen. Es ist nur eine Frage der Zeit, bis die Daten an einer gemeinsamen Stelle im Internet gespeichert werden und jedes Gerät online darauf zugreifen und sie abspielen kann (Messerschmidt/Lilienthal 2010). Die neueste Generation an TV-Geräten unterstützt schon die Vernetzung mit dem Breitbandrouter (entweder durch ein Netzwerkkabel oder drahtlos via W-LAN) und kann somit auf das Internet zugreifen. Auf diesen TV-Geräten ist eine Software installiert, die es ermöglicht, ausgewählte Inhalte aus dem Internet auf dem TV-Bildschirm darzustellen. Ausgewählt werden hier meist Inhalte durch die man auch mit der Fernbedienung bequem navigieren kann. Aktuelle Nachrichten oder das Wetter könnten also in Zukunft nicht mehr über Videotext sondern vielmehr über das Internet abgerufen werden. Und da das Internet auch einen Rückkanal anbietet, können solche Systeme im Gegensatz zum Videotext interaktiv werden.

Die Entwicklung von Smartphones und Netbooks, die selbst nur eingeschränkte Leistungen bieten, aber Zugang zu Anwendungen im Internet bieten, zeigen, dass sich immer mehr typische PC-Anwendungen in das Internet verlagern (Messerschmidt/Lilienthal 2010; Agarwal et al. 2007). Kontaktdaten werden zunehmend über Online-Communities (z.B. *Xing, Facebook*) verwaltet, Musik und TV-Sendungen über entsprechende Plattformen im Internet konsumiert und Office Programme können über Angebote wie Z.B. Google

Docs im Browser ausgeführt werden. Nachrichten können über das TV-Gerät aus dem Internet abgerufen werden. Die Endgeräte fungieren somit immer mehr eher als Zugang bzw. als Fenster zu den Daten, die der Konsument im selbst Netz selbst ablegt, bearbeitet und mit anderen teilt und zu den Anwendungen, die durch verschiedene Plattformen (besonders Web-2.0-Anwendungen) angeboten werden. Dadurch findet eine indirekte Vernetzung der Endgeräte untereinander statt.

2.4 Ökonomische Entwicklung

Wichtige ökonomische Faktoren, die die Nutzung von Web-2.0-Anwendungen beeinflusst hat, sind die Kostenentwicklung der Internetnutzung und der Endgeräte und die Kostenersparnis durch Inhalte, die von Konsumenten generiert werden.

1999 musste der Konsument bei einem Einwahl-Tarif von T-Online über das Telefonnetz monatlich ca. 60€ zahlen, um täglich eine Stunde online verbringen zu können (Alby 2008). Die Kosten setzten sich aus einer Grundgebühr, einer Einwahlgebühr und noch einer minutenabhängigen Nutzungsgebühr zusammen (zu dieser Art der Preisgestaltung siehe auch Skiera (1999) und Lambrecht/Seim/Skiera (2007)). Das Surfen zu reinen Unterhaltungszwecken war somit für den Konsumenten aufgrund der hohen Kosten nicht außerordentlich attraktiv. Der Konsument wurde darauf getrimmt, das Internet eher zielgerichtet zu nutzen, damit die Kosten nicht explodieren (Stiller/Reichl/Leinen 2001). Die ersten ISDN-Flatrates entstanden ebenso zu dieser Zeit und lagen preislich bei umgerechnet 40€ (T-Online) bis 50€ (Mobilcom). In beiden Fällen wurde das Angebot schnell wieder eingestellt. Gründe waren der übermäßige Ansturm oder auch, dass sich das Angebot nachträglich als Verlustgeschäft für den Anbieter erwiesen hat. Die ersten DSL-Pakete, die auch 1999 auf den Markt kamen, kosteten für 50 Stunden pro Monat umgerechnet ca. 100€ und sind danach schnell auf ca. 40€ gesunken. Die Anschlussgebühr war darin allerdings noch nicht enthalten. Zudem waren sie an einen ISDN-Anschluss gebunden, der weitere Kosten verursachte. Verfügbar waren diese Pakete zuerst nur in Berlin, Bonn, Köln, Düsseldorf, Frankfurt am Main, Hamburg, München und Stuttgart. Die Öffnung der DSL-Netze und die Möglichkeit, Internet auch über das TV-Kabelnetz, den Mobilfunk oder Satellit anbieten zu können, brachte viele neue Anbieter in den vorher von T-Online dominierten Markt und lies die Preise in den vergangenen Jahren rapide sinken. Im Jahr 2009 kann man Angebote schon ab 20€ pro Monat wahrnehmen, die eine schnelle DSL-Flatrate und in der Regel eine Telefonflatrate für das deutsche Festnetz beinhalten.

Auch die Art der Tarife hat sich in den letzten 10 Jahren verändert und an die Nutzungswünsche der Konsumenten angepasst. Während zu Anfang zweiteilige Tarife (Skiera 1999), bestehend aus einer Grundgebühr und einer nutzungsabhängigen Gebühr dominierten, wurden Mitte der 2000er Jahre dreiteilige Tarife, die man auch aus dem Mobilfunk kennt, populär (Lambrecht/Seim/Skiera 2007). Hinzu kam, dass der Konsument bei beiden Tarifarten die Möglichkeit hatte die nutzungsabhängige Komponente entweder nach der verbrauchten Zeit oder nach dem verbrauchten Volumen (übertragene Datenmenge) zu wählen. Zeittarife waren für Konsumenten von Vorteil, die zwar nicht viel Zeit im Internet verbringen, aber in dieser Zeit eine größere Datenmenge herunterladen. Volumentarife waren für Konsumenten attraktiv, die lieber lange online sein wollten, aber keine datenintensiven Webseiten oder Web-Anwendungen nutzten. Dreiteilige Tarife bestehen aus einer Grundgebühr, die ein bestimmtes Zeit- oder Volumenkontingent beinhaltet und einer nutzungsabhängigen Gebühr, die greift, wenn das Kontingent aufgebraucht ist. Diese Tarife waren ein Schritt in Richtung kostengünstiges Surfen und unterstützten auch, dass man das Internet nicht mehr zielgerichtet nutzen musste, sondern einfach auch nur zur Unterhaltung und Kontaktpflege lange online sein konnte ohne eine hohe Rechnung zu riskieren. Durch die sinkenden Preise von Flatrates entschieden sich viele Konsumenten für die Anschaffung eines solchen Tarifs. Die Kosten sind hier klar planbar und nicht abhängig von der Menge der Nutzung. Inzwischen hat diese Tarifart in Deutschland die zwei- und dreiteiligen Tarife bei festen Breitbandanschlüssen so gut wie verdrängt. Zeittarife werden aktuell von keinem Anbieter mehr geführt.

Bei mobilen Datentarifen ist die Entwicklung noch nicht so weit vorangeschritten, dass Flatrates die anderen Tarifarten verdrängen. Zwar bietet fast jeder Mobilfunkbetreiber eine mobile Flatrate an, die preislich zwischen 14,90€ und 39,95€ liegt. Auf den ersten Blick liegen diese Preise nahe an denen eines festen Breitbandzugangs. Es muss jedoch beachtet werden, dass die meisten Konsumenten einen solchen Tarif zusätzlich zu ihrem festen Breitbandanschluss buchen. Die mobile Flatrate verursacht demnach zusätzliche Kosten und ist kein Substitut für den festen Breitbandanschluss. Dies kann unter anderem an drei Gründen liegen:

1. Die Verfügbarkeit des UMTS-Netzes ist bei einigen Mobilfunkbetreibern noch nicht zufriedenstellend gewährleistet.

2. Aktuell haben die meisten mobilen Datenflatrates ein Limit von 5 GB Datentransfer. Nach dem Verbrauch dieses Kontingents wird die Datentransferrate von UMTS- auf GPRS-Geschwindigkeit gedrosselt. Dies ist vergleichbar mit der Geschwindigkeit eines Modems der 90er Jahre.

3. Viele Mobilfunkbetreiber verbieten die Nutzung bestimmter Internetdienste, wie z.B. Voice-over-IP-Telefonie. Dadurch wird auch die Nutzung vieler Instant-Messenger-Dienste unterbunden.

Viele Konsumenten greifen daher auch noch auf dreiteilige Zeit- und Volumentarife zurück, die noch von nahezu jedem Mobilfunkbetreiber angeboten werden. Die Ähnlichkeit mit der Preis- und Tarif-Entwicklung bei festen Breitbandanschlüssen lässt jedoch vermuten, dass in Zukunft auch hier die Flatrate dominieren wird.

Neben den Nutzungskosten zeigen auch die Investitionskosten für die Endgeräte, die den Zugang zum Internet ermöglichen, einen sinkenden Verlauf. Während man zum Anfang der 2000er Jahre für ein Notebook noch mindestens 1.500€ ausgeben musste, sind die Preise in den vergangenen 10 Jahre rapide gesunken. Aktuell kann man ein Notebook mit ausreichender Ausstattung schon für 400€ erwerben. Ein Netbook ist bereits ab 200€ erhältlich. Der Anteil an internetfähigen Mobiltelefonen und Smartphones, wie z.B. das iPhone oder auch mobile Datenkarten (für Notebooks) nimmt in der Angebotspallette der Mobilfunkbetreiber stetig zu. Solche Geräte sind bei Abschluss eines neuen Vertrages schon fast kostenlos erhältlich. Die benötigte Zugangs-Hardware, wie z.B. DSL-Modem oder W-LAN-Router, ist inzwischen in den meisten Breitbandpaketen ohne weitere nennenswerte Kosten enthalten, während man diese Geräte früher noch teuer bezahlen musste.

Neben den Zugangs- und Nutzungskosten für den Konsumenten haben sich Web-2.0-Anwendungen auch selbst im ökonomischen Sinne dabei geholfen eine weite Verbreitung zu finden. **Tabelle 2.2** zeigt verschiedene Möglichkeiten, wie man mit eigenen und fremderstellten Inhalten Geld verdienen oder Geld sparen kann.

Tabelle 2.2   Vorteile durch eigene und fremde Inhaltserstellung

	Beschreibung	**Vorteile**
Teilen von Inhalten	Selbsterstellte Inhalte werden unter den Webseitenbetreibern geteilt	■ Günstiger oder kostenfreier Bezug von Inhalten (z.B. per RSS-Feed) und Aufwertung der eigenen Webseite ■ Weiterveräußerung der Nutzungsrechte von selbsterstellten Inhalten
Nutzergenerierte Inhalte	Konsumenten nehmen aktiv an der Inhaltserstellung auf der Webseite teil	■ Weniger eigene redaktionelle Arbeit nötig, dadurch Zeit- und Kostenersparnis ■ Aufwertung der Beschreibungen von Nischenprodukten durch Konsumentenbewertungen in Online-Shops, dadurch höhere Absatzchancen für das Produkt

Die in **Tabelle 2.2** beschriebene zunehmende Ausweitung des Angebots durch Nischenprodukte aufgrund geringer Lager- und Platzierungskosten, ist in der wirtschaftlichen Forschung unter *Long-Tail-Phänomen* bekannt (Eckert/Hinz/Skiera 2009; Anderson 2006). Im Vergleich zum stationären Handel existieren für Online-Shops keine Engpässe in Bezug auf Regalflächen. Ein Online-Shop kann nahezu beliebig viele Produkte in seinem Sortiment führen. Das Sortiment ist nur durch die Speicherkapazitäten auf den Webservern des Online-Shops und durch die Lagerkapazitäten bzw. die Beschaffungswege begrenzt. Bei digitalen Produkten ist sogar die Lagerkapazität fast keinen Beschränkungen ausgesetzt. Dies ermöglicht einem Online-Shop zahlreiche Nischenprodukte im Sortiment zu führen. Der Konsument kann also nicht mehr nur schnelldrehende Produkte sondern auch seltene Produkte im Online-Shop finden und kaufen. Umsatz wird dadurch nicht nur mit wenigen schnelldrehenden Produkten der vorderen Verkaufsränge sondern auch mit einer Vielzahl

an Nischenprodukten auf den hinteren Verkaufsrängen erzielt. **Abbildung 2.6** zeigt den so
genannten Schwanz, der durch die Aufnahme von Nischenprodukten ins Sortiment in der
Absatzkurve entsteht.

Abbildung 2.6   Darstellung des Long-Tail-Phänomens bei Online-Händlern
                      (Quelle: in Anlehnung an Anderson 2006)

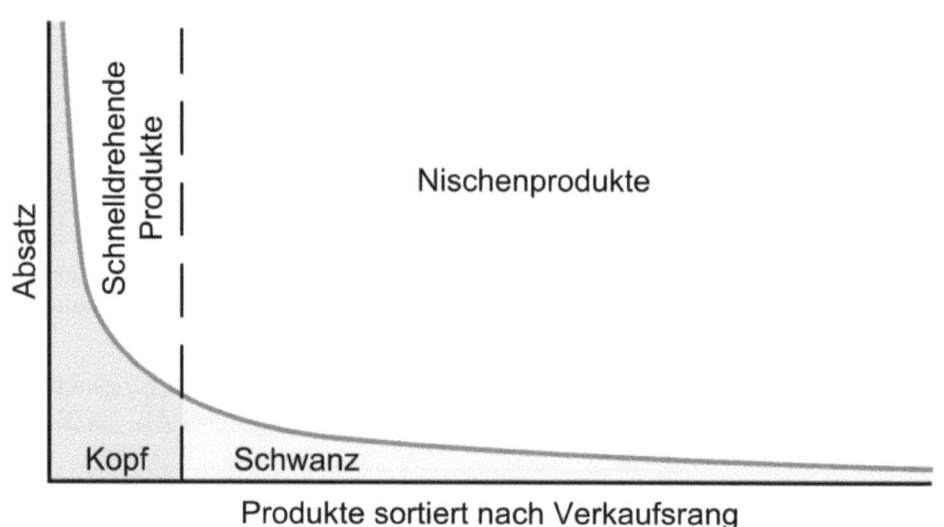

Für Online-Shops ist es primär lohnenswerter, die schnelldrehenden Produkte mit Be-
schreibungen auszustatten. Aus diesem Grund kann es passieren, dass die Nischenprodukte zu wenig Beachtung bekommen. Beteiligt man die Konsumenten an der Inhaltserstellung, so können auch diese Produkte durch Konsumentenbeschreibungen und -
bewertungen mehr Aufmerksamkeit erlangen und deren Absatz infolgedessen gesteigert
werden.

2.5   Soziale Entwicklung

Doch das Aufkommen von Web-2.0-Angeboten ergibt sich nicht nur als Folge der technischen Möglichkeiten und des gestiegenen ökonomischen Interesses. Eine nicht zu unter-
schätzende Rolle spielen die sozialen Einflüsse, die zum Einen das Interesse von Konsumenten an Web-2.0-Anwendungen erst ermöglichen und zum Anderen eine Nutzung
begünstigen und verstärken. Hierbei sind drei gesamtgesellschaftliche Entwicklungen
ausschlaggebend: eine fortschreitende *Anonymisierung*, eine gesteigerte *Mobilität*, die sich
wiederum in der vielzitierten *Globalisierung* als Ergebnis niederschlägt.

2.5.1   Individualisierung und Anonymisierung

Die Abkehr von einem fremdbestimmten Lebensstil zu einer selbstbestimmten Lebenswei-
se ist ein seit Jahrzehnten anhaltender Prozess, der mit der Industrialisierung seinen Aus-
gang nahm und wesentlich durch die postmodernen Entwicklungen der Nachkriegszeit
befeuert wurde (Beck 1998). Damit einher geht eine Abkehr von traditionellen Bindungen,
sei es an regionale oder familiäre Strukturen.

Ganz wesentlich beeinflusst wird dies durch die Entwicklungen von Informations- und
Kommunikationstechnologien: durch die elektronische Verfügbarkeit von Wissen entfällt
die Notwendigkeit zur sozialen Interaktion, durch die Nutzung von Kommunikationsmedien verlagert sich soziale Interaktion vom unmittelbaren physischen Umfeld auf ein ent-
ferntes oder virtuelles. Das macht Anonymität im Zusammenleben mit physischen Nach-
barn überhaupt erst dauerhaft möglich, verstärkt den Effekt der Anonymität aber gleichfalls. Der durch die Individualisierung hervorgerufene Verlust von Bindungen zu physisch
nahen Personen führt somit zu einer Verlagerung der Interaktion auf Medien, die wiederum das Bedürfnis nach Interaktion über Medien schafft. Über diese Medien findet dann
aber wiederum soziale Interaktion statt, im Kontext von Web 2.0 insbesondere auch die
Formierung von Gemeinschaften, die zum Teil kollektivistische Ansätze ausbilden (We-
ber/Fröschl 2006).

2.5.2   Räumliche Mobilität

In engem Zusammenhang mit der Anonymität steht die Mobilität des Einzelnen. Sowohl
die Verlagerung des Wohnsitzes (*residenzielle Mobilität*) wie auch die vorübergehend zu-
rückgelegten Strecken (*zirkuläre Mobilität*) nehmen tendenziell zu (Rees/Kupiszewski/
Council of Europe. Directorate of Social and Economic 1999; infas-Institut 2008). Die Entwicklung zu einer Wissensgesellschaft, aber auch die Erfordernisse des Arbeitsmarktes
und geänderte Vorstellungen von Freizeitaktivitäten führen in beiden Fällen zu Änderungen in der räumlichen Mobilität (Tully/Baier 2006).

Mobilität steht einerseits in einem reziproken Verhältnis zur Anonymität, befördert andererseits aber auch den Bedarf zu sozialer Interaktion, macht sie doch ständige Neuorientie-
rung, die Pflege überregionaler Kontakte und das Aufbauen und Vertiefen von sozialen
Bindungen erforderlich. Auch hier bieten Online-Communities und webbasierte soziale
Netzwerke zahlreiche Möglichkeiten, die häufig beide Bedürfnisse abdecken, teilweise
aber auch eher auf Kontaktpflege (z. B. *Xing*) oder Kontaktanbahnung (new-in-town.de)
fokussieren.

2.5.3   Globalisierung

Wesentlich über eine räumliche Mobilität hinaus geht das Phänomen der Globalisierung,
dass eine zunehmende internationale Verflechtung in allen gesellschaftlichen Bereichen
beschreibt. Neben der räumlichen Mobilität und der Logistik werden regelmäßig der Fort-

schritt in Informations- und Kommunikationsmedien sowie eine politische Öffnung ange-
führt. Daraus ergibt sich somit eine Transformation hin zu einer stärkeren Vernetzung der
Aktivitäten über Regionen und Kontinente hinweg (Held 2003), also letztlich nicht ortsge-
bundener sozialer Aktivitäten (Ruggie 1993).

Zweifellos nehmen Internet-Angebote hier eine wesentliche Rolle ein, ermöglichen internationale Aktivitäten, werden durch sie aber auch erforderlich gemacht. Zahlreiche Anbieter
im Web 2.0 können vor dem Hintergrund einer globalisierten Welt auch ohne weltweit
verteilte Ressourcen international agieren, andere können durch das Angebot weltweiter
Dienste dramatische Netzwerkeffekte generieren und national agierende Wettbewerber in
den Schatten stellen (z. B. *Facebook* als Anbieter einer Social Network Site).

2.6   Fazit

Web 2.0 bedeutet nicht, dass auf einmal eine Fülle an neuen Anwendungen im Internet
aufgetaucht ist, sondern vielmehr, dass neue Technologien mit Anwendungen verknüpft
wurden, die es schon zuvor gab. Dadurch entstanden Anwendungen, die vor allem einfacher zu bedienen waren und so immer mehr Menschen die Möglichkeit gaben, sich an den
Inhalten und an der Kommunikation im Internet zu beteiligen. Gefördert wurde diese
Entwicklung durch ein Zusammenspiel verschiedener paralleler Entwicklungen, die sowohl technologischer, ökonomischer aber auch sozialer Herkunft waren. Zu der vereinfachten Bedienung von Web-Anwendungen auch ohne Programmierkenntnisse kamen der
Ausbau der Zugangsmöglichkeiten und sinkende Zugangskosten. Diese Entwicklungen
gingen Hand in Hand mit der zunehmenden Globalisierung und der dadurch entstande-
nen Nachfrage nach Möglichkeiten für eine ortsungebundene Kontaktpflege, Herstellung
von neuen Kontakten und einem globalen Wissensaustausch und trieben so im Zusammenspiel die Evolution des Internets in die Richtung, die wir heute mit dem Begriff Web
2.0 umschreiben.

3 Privatkundengeschäft von Banken

Das Geschäft von Banken im Privatkundengeschäft (Retail Banking) ist in mancherlei Hinsicht substanziell anders als beispielsweise das von Handelsunternehmen. Nicht nur das Produkt an sich, auch die Vertriebsstrukturen, die Marktsituation und das Kundenverhalten weichen durchaus ab. Und auch wenn es hinsichtlich des Kaufprozesses von Konsumenten keine grundsätzlichen Unterschiede gibt, so gibt es doch gewisse Spezifika in den Bedeutungsgewichten der Kaufprozessphasen, die berücksichtigt werden wollen. Zudem gibt es rechtliche und regulatorische Anforderungen, die das Online-Geschäft im Allgemeinen und das von Banken im Besonderen betreffen. Hierdurch wird der Handlungsrahmen von Banken im Bereich Web 2.0 merklich bestimmt, weshalb in diesem Kapitel in kompakter Weise darauf eingegangen werden soll.

3.1 „Andersartigkeit" - Was unterscheidet das Finanzprodukt von anderen Produkten?

3.1.1 Wesen von Finanzprodukten

Als Beispiel für ein gängiges Verständnis definiert die Europäische Kommission das Finanzprodukt als:

„… jede Bankdienstleistung sowie jede Dienstleistung im Zusammenhang mit einer Kreditgewährung, Versicherung, Altersvorsorgung von Einzelpersonen, Geldanlage oder Zahlung." (Europäische Union 2002)

Diese Definition weist auf die Vielseitigkeit und damit einhergehende Komplexität dieser Produktgattung hin. Ein **höherer Komplexitätsgrad** führt in aller Regel zu einer **hohen Beratungsintensität** (Walter 2003), wie sie typischerweise bei Bankprodukten der Fall ist, falls sich der Konsument nicht bereits einschlägig informiert hat. Diese wahrgenommene Komplexität führt in der Folge dazu, dass sich Konsumenten für Vertriebskanäle entscheiden, die eine hohe Interaktion ermöglichen (Black et al. 2002), was in der Vergangenheit typischerweise bei komplexen Produkten eine Bankfiliale oder das Telefon war. Das Internet hingegen wurde von nicht spezifisch kundigen Konsumenten nur zur Transaktionsabwicklung (Online-Banking) oder für den Kauf wenig komplexer Produkte genutzt.

Ein wesentlicher Hemmschuh dabei ist auch die **Immaterialität** von Finanzprodukten. Diese sind nicht physisch erfahrbar und entziehen sich einer optischen Beurteilung wie sie bei klassischen Konsumgütern möglich ist. Die Kriterien zur Beurteilung von Bankprodukten sind nicht ableitbar, sondern müssen als Wissen erworben werden. Sind sie dem Konsumenten jedoch bekannt, können Finanzprodukte vergleichsweise gut objektiv und schematisch verglichen werden. Dies gilt im Prinzip auch bei komplexeren Finanzprodukten wie z. B. Berufsunfähigkeitsversicherungen. Hier sind notwendige Kriterien wie der in der Literatur gelegentlich zitierte Vertragsbestandteil *Verzicht auf die abstrakte Verweisung* zwar für den Unkundigen nicht eingängig, können aber dennoch objektiv verglichen werden. Noch mehr gilt dies jedoch für die gängigen Kernprodukte im Bankgeschäft (Girokonto, Tagesgeld, Depot etc.), die auch an Hand weniger Kriterien vergleichbar sind. Bereits über klassische Internet-Dienste ist hier **online eine hohe Vergleichbarkeit** möglich.

Anbieter haben hier nur die Möglichkeit, Kunden über das Preis-Leistungs-Verhältnis Konsumenten zu attrahieren oder sich alternativ **über sonstige Merkmale wie Beratung oder Service zu differenzieren.** Wie im weiteren Verlauf gezeigt wird, können Web-2.0-Anwendungen hierbei unterstützen.

3.1.2   Vertriebsstrukturen

Der Bankvertrieb in Deutschland ist ganz wesentlich bestimmt durch die Dreischichtigkeit, d. h. die Existenz von privaten Banken, Genossenschaftsbanken und Sparkassen/Öffentlichen Banken.

Konkurrenz zwischen den Säulen und innerhalb des Segments der privaten Banken ist vollkommen üblich, während bei den Genossenschaftsbanken und Öffentlichen Banken in gewissem Umfang nach wie vor ein Regional-Prinzip gewahrt wird, das heißt Konkurrenz innerhalb des eigenen Lagers wird vermieden (Hamm 2006). Dieses führt auch durch das Aufkommen von Direktbank-Geschäftsmodellen, die naturgemäß bundesweit agieren, innerhalb des jeweiligen Lagers zu Problemen, die den Handlungsrahmen beschränken. Ein aktuelles Beispiel ist der Fall der zur Bayerischen Landesbank gehörigen Deutschen Kredit-Bank (DKB), die über den Online-Vertrieb bundesweite Kunden anspricht und mit kostenlosen Barabhebungen lockt. Dieses wird von zahlreichen regionalen Sparkassen als unzulässige Konkurrenz empfunden und führte zu gerichtlichen Auseinandersetzungen (Bastian 2008). Entsprechende Bindungen und Wettbewerbssituationen müssen bei der Ausgestaltung des Geschäftsmodells somit berücksichtigt werden, sind aber nicht grundlegend neu, sondern treten mit einer zunehmenden Digitalisierung des Bankvertriebs nur deutlicher hervor.

Aktuell erfolgt eine vertriebliche Beratung im Wesentlichen über klassische Bankfilialen oder über den mobilen Vertrieb, d. h. als selbständige Handelsvertreter agierende Finanzberater, die provisionsbasiert vergütet werden (Pohl 2006). In den letzten Jahren hat dieser Vertriebskanal stark an Bedeutung gewonnen, ein Beispiel wäre hier die Deutsche Postbank mit der Tochter *Postbank Finanzberatung AG*, die mit über 4.000 mobilen Beratern den größten Finanzvertrieb als Teil einer Bank darstellt.

Geschäftsmodelle wie die *Advance Bank*, die eine Direktbank als Vollsortiments-Anbieter mit telefonischen Beratungsleistungen in den Mittelpunkt gestellt haben, sind nur eine temporäre Erscheinung gewesen. In diesem Fall wurde die (bis dato unprofitable) Direktbank in die Dresdner Bank integriert. Derzeit gibt es zwar auch Direktbanken, die individualisierte, vertriebliche Beratungsdienstleistungen erbringen, dies geschieht dann allerdings in der Regel über einen mobilen Vertrieb. Als Beispiel wäre die Comdirect-Bank nennen zu nennen, die unter dem Namen *Comdirect Private Finance* bis zur Mitte des Jahres 2010 bundesweit Stützpunkte mit Finanzberatern unterhalten hatte.

3.1.3   Kundenbedarf

Nicht nur aus Sicht des Marktes und der Vertriebsstruktur, sondern auch aus Sicht des Kundenbedarfs zeigen sich deutlich Spezifika der Branche:

Das Bankgeschäft mit privaten Kunden ist typischerweise ein relativ kleinteiliges Geschäft, d. h. die im Durchschnitt von privaten Kunden angelegten oder als Kredit aufgenommenen Geldbeträge bewegen sich im vier- bis fünfstelligen Bereich. Unterstellt man aus Anbietersicht übliche Zins-Margen und Wertpapier-Provisionen (z. B. 0,5–1% bei Kauf einer Anleihe und 3–5% bei Kauf eines Investmentfonds), so ergeben sich pro Transaktion geringe Deckungsbeiträge. Dies erfordert beim Anbieter einen hohen Grad an Standardisierung, der typisch für das Retail Banking ist.

Dem gegenüber steht die Komplexität einer adäquaten, kundenorientierten Bankberatung, die neben den notwendigen Ressourcen vor allem auch die weitgehende Offenlegung zahlreicher Informationen auf Seiten des Kunden erfordert, um auch aus ganzheitlicher Sicht sinnvolle Produktempfehlungen geben zu können. Im persönlichen Beratungsgespräch im Massengeschäft ist dies schwer abzubilden und wird wegen des Bedürfnisses nach Vertraulichkeit bei finanziellen Dingen vom Kunden auch typischerweise kritisch gesehen, da ein gewisses Maß an Vertraulichkeit oder Anonymität gefordert wird (Barnes 1994).

3.2   Kaufprozessphasen bei Finanzprodukten

Der Erwerb eines Produktes lässt sich aus Kundensicht in einen generischen Kaufprozess mit drei Phasen unterteilen. Die Vorkaufphase, in der vorrangig Informationen über das Produkt eingeholt werden, die Kaufphase (auch Transaktionsphase), in der das Produkt erworben wird und die Nachkaufphase, in der das Produkt genutzt wird. Zwar gibt es in der Literatur durchaus auch geringfügig abweichende oder detailliertere Prozesse, letztendlich rekurrieren aber praktisch alle Kaufprozess-Modelle auf diese drei Phasen. **Abbildung 3.1** zeigt, wie beispielhaft tiefer differenziert werden kann (Kolesar/Galbraith 2000).

Bereits existierende Studien haben gezeigt, dass im Retail Banking alle Kaufphasen sowohl über klassische Filialen, Multi-Kanal-Angebote als auch rein über Online-Angebote nachgefragt werden. Gleichwohl unterscheiden sich die Anteile etwas, Online-Angebote dominieren in der Vorkaufphase (Gensler/Böhm 2006).

Abbildung 3.1   Detail-Aktivitäten während der Kaufphasen
                     (Quelle: in Anlehnung an Kolesar/Galbraith 2000)

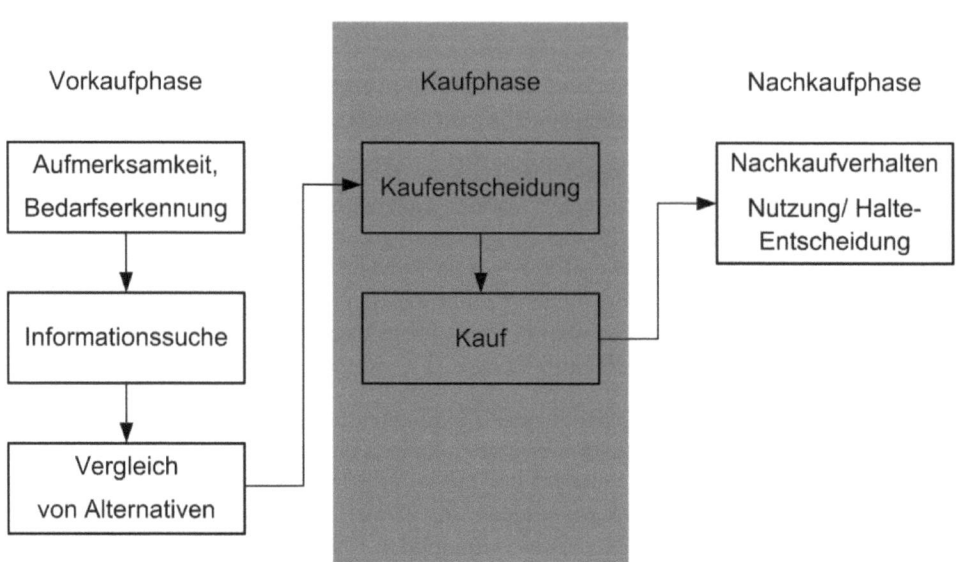

3.2.1   Vorkaufphase

Die Vorkaufphase beginnt damit, dass einem Konsumenten bewusst wird, dass es einen Unterschied zwischen dem vorhandenen und dem ideellen Zustand oder Besitz gibt (Kolesar/Galbraith 2000) und er somit ein Bedarf erkennt. Diese Erkenntnis kann durch interne Stimuli, beispielsweise die Sorge um den Wohlstand im Alter, oder durch externe Stimuli wie Werbung für ein Altersvorsorgeprodukt ausgelöst werden (Kotler/Keller 2007).

Nachdem ein Konsument auf ein Problem oder einen Gebrauchsbedarf aufmerksam geworden ist, beginnt die Suche nach Informationen. Dies wird häufig als Informationsphase oder als Informationssuche bezeichnet (Kotler/Keller 2007; Böhm/Gensler 2006). Welchen Vertriebskanal im Bankgeschäft ein Konsument in dieser Phase wählt, hängt von der wahrgenommenen Qualität, der Bequemlichkeit und des Risikos des Kanals ab (Böhm/Gensler 2006).

Beim Inhalt der Informationen sind die Konsumenten sehr heterogen veranlagt, die Gewichtung von Preis und Qualität ist unterschiedlich (Kolesar/Galbraith 2000). Wenn üblicherweise ein breites Publikum angesprochen werden soll, muss daher auf unterschiedliche Informationsinhalte Rücksicht genommen werden, zudem müssen die Informationen leicht zu finden und abzurufen sein (Levenburg 2005; Frambach/Roest/Krishnan 2007).

Demographische Unterschiede sind dabei ebenfalls relevant: Ältere Kunden legen viel Wert auf detaillierte Produktbeschreibungen, die Qualität sowie auf Anleitungen, Garantien, die Geschichte des Produktes und Informationen zum Herstellerland. Jüngere Konsumenten lassen sich bei der Informationssuche von (audio-)visuellen Stimulationen begeistern und sind offener gegenüber interaktiven Technologien wie sie gerade das Web 2.0 bietet (Burke 2002). Während der Informationssuche lernt der Konsument das Produkt und die Anbieter/Marken kennen und stellt sich sein persönliches Set zusammen, dass für seine Kaufentscheidung in Frage kommt (Kotler/Keller 2007).

Anschließend evaluiert der Konsument die zum Erwerb in Frage kommenden Alternativen detaillierter. Konsumenten ziehen zum Vergleich daher häufig entweder ein „ideales" Produkt heran, das alle Wünsche berücksichtigt, oder sie vergleichen zwischen den Anbietern (Gardial/Clemons 1994). Weitere Faktoren, die die Vergleiche beeinflussen, sind Einstellung der Konsumenten gegenüber dem Produktanbieter, die aus Erfahrungen und Lernprozessen entstehen. Diese Faktoren sind für Finanzdienstleister gerade nach einem krisenbedingten Vertrauensverlust relevant, jedoch schwer zu beeinflussen, daher wird häufig empfohlen, das Produkt den Einstellungen des Konsumenten entsprechend anzupassen (Kotler/Keller 2007).

3.2.2   Kaufphase

In der nächsten Prozessphase bildet sich der Konsument Präferenzen bei den Alternativen, die in dem Auswahlset übrig geblieben sind, und kann so zu einer Kaufabsicht gelangen, indem er die geeignete Alternative identifiziert (Frambach/Roest/Krishnan 2007). Bei der Intention und der endgültigen Entscheidung spielen auch die Einstellungen anderer Bezugspersonen durch Weiterempfehlungen bzw. Word-of-Mouth-Kommunikation (Schmitt/Meyer/Skiera 2010; Trusov/Bucklin/Pauwels 2009), aber auch unvorhersehbare Situationen eine Rolle (Kotler/Keller 2007). Bei High-Involvement-Produkten wie Finanzprodukten haben die Bezugsgruppen aufgrund der Werte und Normen dieser Gruppe einen starken Einfluss auf die Kaufentscheidung (Kuss/Tomczak 2007). Unvorhersehbare Situationen können die Wahl einer Alternative noch ändern, wenn zum Beispiel der Kauf einer anderen Sache kurzfristig nötig wird oder der Konsument seine Arbeit verliert. Ein weiterer Faktor, der die Kaufentscheidung beeinflusst, ist das wahrgenommene Risiko (Böhm/Gensler 2006). Wie groß dieses Risiko ist, liegt an dem vorhandenen Geld, an der Ungewissheit über bestimmte Attribute und dem Selbstvertrauen des Konsumenten. Um dieses gefühlte Risiko zu senken, werden Routinehandlungen entwickelt, wie das Vermeiden von Entscheidungen, weitere Informationen von Freunden sammeln, aber auch das Bevorzugen von nationalen oder bekannten Anbietern (Kotler/Keller 2007). In dieser Phase ist aber auch das Verlangen des Konsumenten, von Experten gut und persönlich beraten zu werden, besonders groß (Frambach/Roest/Krishnan 2007). Weitere Faktoren, die in der Kaufphase eine Rolle spielen, sind die Bequemlichkeit, die Qualität und der Preis des Kanals (Böhm/Gensler 2006).

3.2.3   Nachkaufphase

In der Phase nach dem Kauf erfolgt zum Einen die eigentliche Nutzung des Produkts, zum Anderen aber auch die Entscheidung über den weiteren Besitz des Produkts. Hier können Kundenbindungsmaßnahmen stattfinden und der Kunde kann evtl. zu Nachkäufen angeregt werden. Des Weiteren können dem Kunden ergänzende Informationen und Weiterentwicklungen mitgeteilt werden, so dass im Nachhinein die Zufriedenheit mit dem Kauf weiter gesteigert werden kann (Frambach/Roest/Krishnan 2007).

Primär wird der Kunde nach dem Erwerb vergleichen, ob der erwartete Nutzen eintritt (Levenburg, 2004). Der Anbieter ist nun gehalten, zur Steigerung der Kundenzufriedenheit Informationen zu liefern, die die Nutzung unterstützen oder erleichtern oder ggf. auch Vorschläge zu einem Produktwechsel zu machen. Es ist wichtig in der Nachkaufphase die Produktinformationen so zur Verfügung zu stellen, dass sie konsistent mit der Leistung des Produkts sind (Kotler/Keller 2007).

Insbesondere im Finanzdienstleistungssektor ist die Entscheidung über den weiteren Besitz des Produkts relevant. Gerade bei Wertpapieren sind permanente Entscheidungsüberprüfungen an der Tagesordnung. Hier fällt daher auch ein hoher Aufwand an Informationsbeschaffung an, allerdings mit zum Teil anderen Kriterien. Häufig wird die Entscheidung zum Halten des bestehenden Wertpapiers mit der Evaluierung des Kaufs eines anderen Produkts verknüpft, so dass sich hier zwei Kaufprozesse überschneiden können.

Für viele Konsumenten hängt die Loyalität zu einem Anbieter vor allem von der Beziehung zu dem Unternehmen ab, so dass sich ein übergeordneter Drang einstellen kann, dem Unternehmen treu zu bleiben, auch wenn andere Unternehmen preisliche oder qualitative Vorteile bieten könnten (Kolesar/Galbraith 2000). Für den Wert des Kanals, der in dieser Phase gewählt wird, sind nun die Kriterien Bequemlichkeit, Risiko und Kosten wichtig (Böhm/Gensler 2006). Informationen sollten wieder leicht und übersichtlich, mit sicheren Quellen und günstig zur Verfügung gestellt werden. Zudem wird sich ein Konsument bei der Wahl des Kanals davon beeinflussen lassen, welcher Vertriebsweg für ihn am kostengünstigsten ist.

Gerade in dieser Phase ist es für Finanzdienstleister wichtig, in einen Dialog mit dem Konsumenten zu treten, diesen zu verstehen und Probleme zu erkennen (Ingram/LaForge/ Leigh 2002). Dieses Wissen kann genutzt werden, um Produkte den Kundenwünschen entsprechend anzupassen (Möhlenbruch/Dölling/Ritschel 2008).

3.3 Rechtlicher Rahmen für Finanzprodukte im Web 2.0

Neuartig sind die Anwendungen des Web 2.0 insbesondere durch ihren hohen Dialoggrad und den damit verbundenen Inhalten, dem *User generated content*, der zu einer dramatischen Steigerung von Rechtsverstößen geführt hat (Kitz 2008). Hieraus erwachsen für den Betreiber eines solchen Angebots mit Finanzdienstleistungsfokus besondere rechtliche Haftungsrisiken und Verpflichtungen, die vor allem von drei Aspekten herrühren:

3.3.1 Urheberrecht

Geistige Schöpfungen aller Art begründen beim Schöpfer urheberrechtliche Ansprüche, solange eine bestimmte „Schöpfungshöhe" erreicht ist. Dieses betrifft beispielsweise auch Texte, die von Nutzern einer Internetplattform als *User generated content* bereitgestellt werden. Erfolgt die Bereitstellung nicht durch den Schöpfer oder wurden dem Einsteller durch den Schöpfer keine Nutzungsrechte hierfür übertragen, ergeben sich, von nachvollziehbaren Reputationsrisiken ganz abgesehen, urheberrechtliche Ansprüche (Junker 2002). Der Betreiber findet sich hier häufig in einer Situation wieder, die in der Literatur als „Haftungsdilemma" bezeichnet wird, da ihm die zur rechtlichen Beurteilung notwendigen Informationen fehlen (Kitz 2008).

Diese Problematik wird insbesondere akut, wenn es um die Zusammenstellung komplexerer Texte oder Informationen geht, beispielsweise in einem Wiki, aber auch in Diskussionsforen oder in Social Network Sites, wo dem Konsumenten die Möglichkeit der Erstellung einer persönlichen Seite geboten wird.

3.3.2 Beratungshaftung

Erfolgt der Verkauf von Produkten zusammen mit einer spezifischen Beratung, haftet der Anbieter für etwaige Falschberatungen und Beratungsfehler (Hofmann 2007). Dies trifft typischerweise auf persönliche Bankberatungen zu, genauso aber natürlich auch für Beratungen, die über ein Kommunikationsmedium erfolgen.

Insbesondere Chat-Systeme wie sie bei der interaktiven Verkaufsberatung zum Einsatz kommen, bieten besondere Hürden. Der Kunde erhält dabei die Möglichkeit, alle Aussagen im Chat zu protokollieren. Auch wenn sich die rechtliche Lage nicht von einem persönlichen Gespräch unterscheidet, stellt dies für Banken eine „enorme Herausforderung dar, Kundendialoge rechtssicher im Sinne der Beratungshaftung zu gestalten" (Bahlinger 2008).

Darüber hinaus stellt sich die Frage, inwiefern Banken haftbar gemacht werden, wenn sie Foren anbieten, in denen sich eigene Mitarbeiter mit Beiträgen beteiligen.

3.3.3 Vertragsrecht

Die gesteigerten Interaktionsmöglichkeiten mit Kunden und vor allem auch Nichtkunden legen eine Abwicklung einer Vielzahl von Transaktionen von der Eröffnung eines Kontos bis hin zu Wertpapiertransaktionen nah. Hierfür erforderlich ist die Authentifizierung der Nutzer (Bösing 2005). Einfach ist dies für existierende Kunden, die üblicherweise mit PIN/TAN-Verfahren o. ä. ausgestattet werden. Wesentlich komplexer ist dies jedoch für potenzielle Neukunden, obgleich gerade diese von manchen Web-2.0-Anwendungen angesprochen werden können. Digitale Signaturen können Abhilfe schaffen, sind bis dato bei Privatkunden in Deutschland jedoch nicht nennenswert verbreitet.

Auf mittelfristige Sicht ist daher für den Vertragsabschluss mit Nichtkunden eine nicht-elektronische Authentifizierung erforderlich, beispielsweise in der verbreiteten Form des Post-Ident-Verfahrens der Deutschen Post AG, was einen Medienbruch bedeutet, der den Kauf von Produkten massiv behindert.

Die weiteren vertragsrechtlichen Verpflichtungen sind nicht primär durch den Online-Kanal und die Interaktion bestimmt. Beispielsweise gilt das 14-tägige Widerufsrecht im Fernabsatz von (nicht-spekulativen) Finanzdienstleistungen nach §§312 ff. BGB auch für alle Geschäfte, die über den Online-Kanal abgeschlossen wurden (Mohrhauser 2006; Imschweiler 2008).

3.4 Herausforderungen für Banken

Für Banken ergeben sich dadurch vier wesentliche Herausforderungen für die künftige Steigerung Ihres Ertrags:

- Eine kaufphasenspezifische Beratung und Information des Kunden muss bei relativ hoher Standardisierung und somit geringem Personaleinsatz erfolgen.

- Eine Differenzierung muss über das Preis-Leistungs-Verhältnis hinaus erfolgen.

- Das Geschäftsmodell muss auf Unverträglichkeiten mit etablierten Vertriebsstrukturen hin geprüft werden, um negative Effekte abzuschätzen oder ganz zu vermeiden.

- Zahlreiche rechtliche Beschränkungen existieren, die bei der Abbildung vertrieblicher Geschäftsprozesse im Internet berücksichtigt werden müssen.

Die neuartigen Internet-Anwendungen, die unter dem Schlagwort Web 2.0 zusammengefasst werden, mögen kein Allheilmittel sein, können aber in mancher Weise die Wachstumsziele im Kundengeschäft unterstützen und dabei traditionelle Beschränkungen durchbrechen. Im folgenden Kapitel wird gezeigt, was unter den Web-2.0-Anwendungen genau zu verstehen ist und an welcher Stelle sie aus ökonomischer Sicht in Geschäftsmodelle von Finanzdienstleistern integriert werden können.

4 Darstellung der Web-2.0-Anwendungen

Im folgenden Kapitel werden acht wichtige Web-2.0-Anwendungen detailliert in ihrer Funktionsweise beschrieben und anhand von prominenten Beispielen gezeigt, wo in Unternehmen der Finanzdienstleistungsbranche die jeweilige Anwendung schon erfolgreich eingesetzt wird. Zudem erfolgt jeweils eine Bewertung über die Vorteilhaftigkeit eines Einsatzes der betreffenden Web-2.0-Anwendung anhand der drei Kriterien Chancen, Risiken und Herausforderungen.

4.1 Unterscheidung nach dem Dialoggrad

Zunehmend werden bestimmte Web-2.0-Anwendungen auch als „Social Media" oder „Social Software" bezeichnet (Szugat/Gewehr/Lochmann 2006). Social Media impliziert, dass die Anwendungen primär für die Interaktion zwischen Personen dienen sollen und weniger für die Interaktion zwischen einer Person und der rein technologischen Anwendung (Kaplan/Haenlein 2010). Web-2.0-Anwendungen haben also die Aufgabe, einen Dialog zwischen Personen zu ermöglichen und zu unterstützen. Dennoch unterscheiden sich die Anwendungen in ihrem Grad, einen Dialog zwischen Konsumenten zu unterstützen (Dialoggrad); dies sollte nicht mit der rein technischen Interaktivität verwechselt werden (Teo/Oh/Liu/Wei 2003; Burgoon et al. 2000).

Tabelle 4.1   Kategorien des Dialoggrades

Dialoggrad	Beschreibung	Zugeordnete Web-2.0-Anwendungen
Gering	Web-2.0-Anwendungen, die primär zur Darstellung und Verbreitung von Inhalten geschaffen sind, aber nur sehr eingeschränkt einen Dialog zwischen Personen fördern.	Widgets, Podcasts
Mittel	Web-2.0-Anwendungen, die primär zur Verbreitung von Meinungen und Informationen geschaffen sind, aber einen Dialog grundsätzlich ermöglichen.	Wikis, Weblogs, Bewertungsportale
Hoch	Web-2.0-Anwendungen, die hauptsächlich für den Dialog zwischen Personen geschaffen sind.	Online-Communities, Interaktive Verkaufsberatung, Peer-to-Peer-Lending

Die Gliederung des 4. Kapitels orientiert sich daher am Dialoggrad der einzelnen Web-2.0-Anwendungen. Den Dialoggrad definieren wir als Intensität der Interaktion zwischen Personen, die eine Web-2.0-Anwendung herstellen kann. Die behandelten Web-2.0-Anwendungen werden in drei Kategorien nach steigendem Dialoggrad eingeteilt (siehe Tabelle 4.1).

4.2 Kriterien zur Bewertung von Web-2.0-Anwendungen

Als Hilfestellung zur Einschätzung des Mehrwerts, den jede der acht Web-2.0-Anwendungen einem Finanzdienstleister bieten kann, bewerten wir jede Web-2.0-Anwendung in den folgenden Kapiteln anhand der beiden Kriterien Chancen und Herausforderungen und unterscheiden dabei jeweils nach der Konsumenten- und Unternehmenssicht. Tabelle 4.2 beschreibt die verschiedenen Aspekte der beiden Bewertungskriterien.

Tabelle 4.2   Aspekte der Bewertungskriterien

Kriterium	Beschreibung
Chancen	Chancen können sowohl monetäre Vorteile, z. B. Einsparungen oder kundenwertspezifische Effekte, aber auch Image-Vorteile, z.B. durch besseren Kundenservice, sein, die durch traditionelle Medien und Verfahrensweisen nur eingeschränkt erreichbar waren.
	Explizit sollen dabei kundenwertspezifische Effekte berücksichtigt werden, d. h. Effekte, die einen der folgenden Treiber des Kundenwerts beeinflussen:
	■ Mehr Kundenakquisitionen
	■ Mehr Cross-Selling
	■ Mehr Kundenbindung
Herausforderungen	Herausforderungen ergeben sich durch den Implementierungsvorgang und die dauerhaften Pflege der Web-2.0-Anwendung, aber auch durch die starken Netzeffekte im Web 2.0. Die vernetzte Welt der Web-2.0-Anwendungen reagiert schnell darauf, wenn ein Finanzdienstleister eine Anwendung nicht aufmerksam betreut oder sogar missbraucht.

Für die Bewertung der Chancen sind neben den Auswirkungen auf das Image eines Finanzdienstleister vor allem konkrete monetäre Auswirkungen relevant. Im Retail Banking ist dabei auf Kundenseite der Wert der gesamten Kundenbasis (Customer Equity) die relevante Zielgröße (Kumar 2006), die existierende und künftige Erträge aus dem Kundengeschäft in einem Barwert zusammenfasst (Wiesel/Skiera 2007; Wiesel/Skiera/Villanueva 2008). Wesentliche Treiber sind dabei die Anzahl der Kunden, der durchschnittliche Gewinn pro Kunde (durch Cross-Selling) und die Kundenbindung (Heiligenthal/Skiera 2007). Daher wird im Rahmen der Chancen-Bewertung explizit auf diese Treiber, nachfolgend als Werteffekte bezeichnet, eingegangen.

4.3   Web-2.0-Anwendungen mit geringem Dialoggrad

Web-2.0-Anwendungen mit geringem Dialoggrad sind primär zur Darstellung und Verbreitung von Inhalten konzipiert. Die Förderung eines Dialoges zwischen den Konsumenten steht nicht im Vordergrund. Wir ordnen Podcasts und Widgets dieser Kategorie zu und beschreiben diese in den folgenden Abschnitten in ihrer Funktionsweise und ihren technischen Voraussetzungen. Mögliche Einsatzgebiete werden erklärt und durch Praxisbeispiele veranschaulicht. Ein Fazit schließt den jeweiligen Abschnitt ab.

4.3.1   Podcasts

4.3.1.1   Darstellung und Funktionsweise

Der Begriff *Podcast* setzt sich aus der Produktbezeichnung des bekannten MP3-Players von Apple iPod und aus dem englischen Wort „broadcasting" (zu Deutsch „Sendung" oder „Verbreitung") zusammen (Alby 2008). Podcasts sind Serien von Audiodateien (*Audiopodcasts*) oder Videodateien (*Videopodcasts*), die im Internet mithilfe eines Feeds (meist RSS-Feed, siehe auch Kapitel 2.2.2) als Abonnement angeboten werden. Die Kombination mit einem Feed macht den Unterschied zu einer reinen Audio- oder Videodatei aus. Dieser Feed ermöglicht es dem Konsumenten, einen Podcast als Push-Dienst automatisiert auf ein Endgerät herunterzuladen. Die erste Verwendung von Audiodateien in Kombination mit RSS-Feeds wird dem MTV-Moderator Adam Curry im Jahr 2004 zugesprochen. Als Endgeräte kommen MP3-Player, aktuelle Mobiltelefone aber auch jeder Computer mit Audioausgabe in Frage. Zum Herunterladen der Podcasts muss selbstverständlich eine Internetverbindung zur Verfügung stehen. Danach können die Podcasts beliebig auf den Endgeräten verteilt und konsumiert werden. Technisch wird zwischen drei verschiedenen Typen von Podcasts unterschieden, die in **Tabelle 4.3** erklärt werden (Klee 2008).

Tabelle 4.3   Typen von Podcasts

Typ	Beschreibung	Benötigtes Endgerät	Verbreitungsplattformen
Audiopodcast	Audiodatei	■ Desktop-PC ■ Notebook ■ einfacher MP3-Player ■ Mobiltelefon mit MP3-Funktion	■ eigener Server ■ Podcastportale, z.B. podcast.de, iTunes.com
Enhanced Audiopodcast	Audiodatei, ergänzt mit Bildern und/ oder Texten	■ Desktop-PC ■ Notebook ■ Videofähiger MP3-Player ■ Multimedia-Mobiltelefon	■ eigener Server ■ Podcastportale, z.B. podcast.de, iTunes.com
Videopodcast	Videodatei	■ Desktop-PC ■ Notebook ■ Videofähiger MP3-Player ■ Multimedia-Mobiltelefon	■ eigener Server ■ Podcastportale, z.B. podcast.de, iTunes.com ■ Videoportale, z.B. youtube.com, myvideo.de

Die Produzenten von Podcasts werden als *Podcaster* bezeichnet. Da die Mittel zur Herstellung eines Podcasts inzwischen nahezu jeder Computer bietet, ist es technisch gesehen für jedermann auf einfache Weise möglich, einen Podcast zu erstellen. Das aktuelle Angebot wird zwar von Medien- und Industrieunternehmen dominiert, es gibt jedoch auch eine Vielzahl an Podcasts, die von Privatpersonen produziert wurden. Private Podcaster berichten über Erlebnisse, Meinungen zu aktuellen Geschehnissen oder Freizeitaktivitäten. Aufgrund der Ähnlichkeit zu privaten Blogs (siehe auch Kapitel 4.4.3) werden private Podcasts oft auch als *Audioblogs* bezeichnet. Die verschiedenen Facetten und Einsatzmöglichkeiten der Podcasts bei Unternehmen werden im Folgenden beschrieben.

Der Weg von der Produktion bis zum Konsum eines Podcast, der Audiopodcast-Workflow, geschieht in den folgenden Schritten Der Podcaster erstellt mithilfe seines Computers eine Audiodatei im MP3-Format. Generell sind auch andere Audiodateiformate (z.B. Windows Media Audio bzw. WMA) einsetzbar, jedoch findet das MP3-Format die höchste Verbreitung und kann von den meisten Endgeräten abgespielt werden. Die MP3-Datei wird nun auf einen Server im Internet (sog. *Podspace*) hochgeladen und parallel in einen RSS-Feed eingebunden. Dieser RSS-Feed ist im Internet verfügbar und kann von den Konsumenten mit einer Software, die als Feedreader oder Podcatcher (z.B. Software von iTunes.com) bezeichnet wird, abonniert werden. Der Feed liefert dem Endgerät (Computer oder MP3-Player) des Konsumenten unter anderem die Information, wo die aktuellste Podcast-Folge heruntergeladen werden kann. Als Server kommen je nach Budget eigene Server oder Podcastportale, wie podcast.de oder iTunes.com, in Frage. Durch das Lesen des Feeds gleicht das Endgerät des Konsumenten per Feedreader oder Podcatcher mit dem Server ab, ob es schon alle aktuellen Folgen des abonnierten Podcasts bezogen hat und lädt anderenfalls die fehlenden auf das Endgerät herunter. Der Konsument kann sich nun auf seinem Endgerät die gewünschte Podcast-Folge anhören.

Podcasts, die zusätzlich zur Audiodatei aus Bildern, Texten und Videos bestehen, wie Enhanced Audiopodcasts und Videopodcasts, zeigen einen nahezu analogen Ablauf zu reinen Audiopodcasts mit nur zwei Unterschieden:

1. Der Konsument benötigt zum Ansehen des Podcasts ein Endgerät, welches Bilder oder Videos darstellen kann.

2. Bei der Produktion von Videopodcasts benötigt der Podcaster zusätzlich eine Kamera.

Software zur Aufnahme und Bearbeitung von Audio- und Videodateien kann inzwischen sogar kostenlos als Freeware bezogen und bei der Produktion eingesetzt werden.

Gegenüber klassischen Medien ergeben sich für den Konsumenten von Podcasts die folgenden Vorteile:

■ **Zeit- und ortsunabhängiger Konsum von Inhalten:** Ein Podcast kann heruntergeladen und mithilfe eines MP3-Players an beliebigen Orten und zu einer beliebigen Zeit angehört werden. Zudem kann man den Konsum unterbrechen und zu einem anderen Zeitpunkt fortfahren.

■ **Zusammenstellung des Programms nach eigenen Interessen:** Der Konsument kann sich Podcasts herunterladen, die sein momentanes Interesse bedienen und sich ein auf ihn zugeschnittenes Programm zusammenstellen.

■ **Interaktivität:** Ist der Podcast Bestandteil eines Blogs oder einer Videoplattform, so kann der Konsument durch die Kommentarfunktion dieser Plattform Feedback zum Inhalt des Podcasts geben und mit dem Podcaster und den anderen Konsumenten in Dialog treten.

In der Literatur werden Podcasts hauptsächlich als Push-Medium verstanden (Clement/Papies 2007). Bei genauer Betrachtung besitzt ein Podcast aber sowohl Charakteristiken eines Pull-Mediums als auch eines Push-Mediums. Während des Suchprozesses nach neuen Podcasts, die im Interessensgebiet des Konsumenten liegen, bis zum Abonnieren des ausgewählten Podcasts kann er als Pull-Medium charakterisiert werden. Die Suche und das Abonnieren kommen hier aus der Initiative des Konsumenten. Ist der Podcast erst einmal abonniert, hat er die Funktionalität eines Push-Mediums, da von diesem Zeitpunkt an die einzelnen Podcast-Folgen automatisch durch die Software (Feedreader oder Podcatcher) aus dem Internet heruntergeladen und das Repertoire auf dem Endgerät aktualisiert werden. Außer dem Starten der Aktualisierung muss der Konsument hier keine Leistung mehr erbringen.

Für die Suche nach Podcasts kann der Konsument die schon genannten Podcastportale nutzen. Dort sind umfangreiche, nach verschiedenen Kategorien differenzierte Verzeichnisse einsehbar, welche die RSS-Feeds der Podcasts liefern. Mithilfe des Feedreader oder Podcatcher kann der Konsument interessante Podcasts abonnieren.

4.3.1.2   Technische Voraussetzungen für den Einsatz

Während man vor ein paar Jahren noch zusätzliche Peripheriegeräte benötigte, um die Produktion eines Podcasts zu ermöglichen, ist heute jeder handelsübliche Computer in Kombination mit einem Headset ausreichend ausgerüstet. Leicht zu bedienende Software zur Aufnahme und Bearbeitung ist oft als kostenfreie Freeware verfügbar. Bei der Erstellung eines Videopodcasts benötigt man zusätzlich eine Kamera. In der Regel reicht hier eine einfache Webcam aus. Aktuelle Notebooks sind mit einem Mikrophon und einer Webcam ausgestattet, so dass der Podcaster ohne weitere Hilfsmittel direkt mit der Produktion beginnen kann. Sogar aktuelle Mobiltelefone liefern schon die Funktionen, die für die Produktion eines einfachen Podcasts ausreichend sind. Ein fertig produzierter Podcast muss nun für die Konsumenten im *Podspace* zum Download verfügbar gemacht werden. Die Datei kann hierzu entweder auf einen eigenen Server oder bei einem Podcastportal (z. B. podcast.de, iTunes.com) hochgeladen und verfügbar gemacht werden. Ein eigener Server ist für den Podcaster meist mit Kosten verbunden, während Podcastportale ihren Service kostenfrei anbieten. Zwar wurde der Datenumfang von Audiodateien durch die Erfindung des Kompressionsformats MP3 schon deutlich reduziert, jedoch können Podcasts je nach Länge trotzdem einen sehr großen Datenumfang erreichen. Eine Breitbandinternetverbindung sollte aus diesem Grund für deren Übertragung zum *Podspace* bzw. vom *Podspace* zum Endgerät des Konsumenten vorhanden sein.

Maßgeblich für die Verbreitung von Podcasts sind verschiedene Gründe: Auf der Seite der Podcaster vereinfachen die oben beschriebenen Entwicklungen bei handelsüblichen Desktop-PCs, Notebooks und Mobiltelefonen die Produktion und machen sie für jedermann möglich. Auf der Seite der Konsumenten automatisiert die Kombination der Audiodatei mit einem RSS-Feed den Abruf von Podcast-Sendungen und macht den Konsum viel bequemer. Die zunehmende Verbreitung von mobilen MP3-Playern ermöglicht es, Programme nach eigenem Interesse zusammenzustellen und zeit- und ortsunabhängig zu konsumieren. Da inzwischen auch die meisten Mobiltelefone vergleichbare Funktionen wie MP3- und Multimediaplayer besitzen, hat der Konsument das Abspielgerät in fast allen Situationen bei sich.

Mobile Datentarife sind inzwischen auch zu moderaten Preisen erhältlich und in vielen Regionen Deutschlands ist die Mobilfunk-Netzabdeckung ausreichend, um Daten aus dem Internet zu empfangen. Diese Entwicklung kann die Nutzung von Podcasts noch weiter intensiveren. Podcaster können Podcasts mit ihrem Mobiltelefon herstellen und sofort zu den entsprechenden Podcastportalen übertragen. Der Konsument kann auch unterwegs neue Podcasts abrufen und ist nicht mehr an einen Computer mit Breitbandinternetverbindung zur Übertragung auf das Endgerät gebunden.

4.3.1.3 Einsatzgebiete

Die Einsatzgebiete für Podcasts erschließen sich erstens aus deren Kategorisierung und zweitens aus der Einteilung in verschiedene Marketingfelder. Die Kategorisierung von Podcasts ist nach der Herkunft der Autoren möglich. Die verschiedenen Autorenkategorien zeigen unterschiedliche Motive für die Podcastproduktion, die in **Tabelle 4.4** dargestellt werden.

Tabelle 4.4   Kategorisierung von Podcasts (in Anlehnung an Clement/Papies 2007)

Kategorie	Persönlicher Podcast	Redaktioneller Podcast	Unternehmens-podcast
Autoren / Produzenten	Einzelpersonen oder kleine Teams	Redaktion	Kommunikations-abteilung, externe Dienstleister
Motive	■ Selbstverwirklichung ■ Berufliche Entwicklung ■ Reziprozität	■ Multi-Channel-Vertrieb ■ Mehrfachverwertung von Inhalten	■ Unternehmenskommunikation ■ Kundenbetreuung
Beispiele	■ „Schlaflos in München"	■ Financial Times ■ Handelsblatt	■ Scottrade ■ RaboDirect

Persönliche Podcasts sind der Ursprung dieser Technologie. Privatpersonen berichten hier über Erlebtes und Hobbys und benutzen hierbei die einfachen Aufnahmehilfsmittel, mit denen aktuelle Computer ausgestattet sind. Dies bedeutet aber nicht zwangsläufig, dass diese Podcasts eine geringere Qualität haben als die beiden folgenden Podcast-Kategorien. Direkte Gewinnerzielungsabsichten stehen hier selten im Vordergrund (Clement/Papies 2007).

Redaktionelle Podcasts sind in der Regel professioneller produziert als persönliche Podcasts, weswegen sie auch mit einem größeren Aufwand und einer größeren Zeitdauer vom Produktionsbeginn bis zur Veröffentlichung verbunden sind. An der Produktion arbeiten komplette Redaktionen, die in den meisten Fällen Inhalte, die schon in anderen Medien präsentiert worden sind, als Podcast aufbereiten und somit multiple Kanäle zur Verbreitung und Mehrfachverwertung der Inhalte nutzen. Man findet diese Podcasts zumeist bei Zeitungen und Zeitschriften, die ihren Lesern damit einen Mehrwert bieten wollen.

Unternehmenspodcasts werden entweder von den Kommunikationsabteilungen oder von externen Dienstleistern (Agenturen) erstellt. Sie können zur internen Unternehmenskommunikation an Stakeholder (z.B. Mitarbeiter, Anteilseigner) oder zur externen Unternehmenskommunikation an Kunden und potenzielle Kunden verwendet werden, wie in **Abbildung 4.1** gezeigt. Podcasts der internen Unternehmenskommunikation beinhalten in der Regel Informationen über aktuelle Unternehmensentwicklungen und -kennzahlen, die z.B. für Investoren, aber auch für Mitarbeiter interessant sind. Zudem können auch Mitarbeiterschulungen per Podcast durchgeführt werden. Insbesondere bei der Schulung von Vertiebsmitarbeitern im Außendienst bietet sich dies an, da die Mitarbeiter dann nicht mehr an einem Schulungsort zusammenkommen müssen und auf diesem Weg Zeit und Kosten gespart werden.

Abbildung 4.1   Unternehmensinterner und -externer Einsatz von Podcasts
(Quelle: in Anlehnung an Klee 2008)

Unternehmensexterne Kommunikation		Unternehmensinterne Kommunikation
Podcastsponsoring	Kundenpodcasts	Stakeholderpodcasts
Fremdproduktion	Eigen- oder Fremdproduktion	
Einsatzfelder • Produktwerbung • Imagewerbung	• Produktinformationen • Produktergänzende Dienstleistung • Kundenbindung/-betreuung • Emotionalisierung der Marken	• Mitarbeiterschulung und -motivation • Verbreitung von aktuellen Unternehmens-entwicklungen/-kennzahlen
Beispiele • SonyEricssson Walkman Handy (Produktwerbung) • Tiscali Web-Music Store (Produktwerbung)	• Mercedes-Benz-Mixed-Tapes (Kundenbindung) • Scottrade (Kundenbetreuung)	• Roland Berger (Mitarbeiterschulung) • SwissLife (Vertriebsinformation)

In der externen Unternehmenskommunikation wird zwischen Kundenpodcasts und Podcastsponsoring unterschieden.

Kundenpodcasts werden in der externen Unternehmenskommunikation eingesetzt und beinhalten direkte Produktinformationen, die über Werbeinhalte hinausgehen, oder Informationen als produktergänzende Dienstleistung, die dem Kunden in Kombination mit einem von ihm gekauften Produkt einen Mehrwert generieren. Besonders im Finanzdienstleistungsbereich gibt es oft gesetzliche Neuerungen, neue Produkte und Trends, die für einen Konsumenten mit geringen Fachkenntnissen nur schwer zu erfassen sind. Mithilfe eines Podcasts kann der Finanzdienstleister diese Inhalte sprachlich aufbereiten und leicht verständlich dem Konsumenten vermitteln. Sind die Neuerungen und Trends an ein Produkt geknüpft, so dient der Podcast als produktergänzende Dienstleistung. Er kann aber auch inhaltsneutral produziert werden und muss nicht zwangsläufig Informationen zu unternehmenseigenen Produkten enthalten. In diesem Fall ist der Podcast selbst eine eigenständige Dienstleistung. Eine solche Dienstleistung wird vom Konsumenten in der Regel sehr positiv aufgenommen, da sie nicht direkt an einen Produktverkauf geknüpft ist und somit als glaubhafter wahrgenommen werden. Auch als Kundenbindungsmaßnahme können Podcasts eingesetzt werden. In diesem Fall werden Inhalte geboten, die nicht immer direkt mit einem Produkt zusammenhängen müssen, aber den Konsument im besten Fall dauerhaft an eine Marke erinnern und binden. Ein gutes Beispiel hierfür sind die Mercedes-Benz-Mixed-Tapes. Diese Podcastreihe versorgt den Konsumenten regelmäßig mit neuer Musik bisher unbekannter Künstler und bietet somit einen Mehrwert für den Konsumenten, der nicht direkt an ein Produkt gebunden ist, aber positiv mit der Marke Mercedes Benz verbunden wird. Gleichzeitig wird eine Emotionalisierung der Marke erzeugt, die in klassischen Werbekampagnen nur eingeschränkt erreicht werden kann. Aber auch bei der Kundenbetreuung können Podcasts, insbesondere Videopodcasts, sinnvoll eingesetzt werden. Der amerikanische Online-Broker Scottrade setzt Videopodcasts ein, um Kunden bei der Bedienung ihrer Online-Banking- und Online-Trading-Plattform zu helfen.

Die Inhalte der Kundenpodcasts sollten dem Konsumenten einen Mehrwert bieten. Eine reine Übersetzung von Radio- oder TV-Werbekampagnen in Audio- oder Videopodcasts ist daher nur in Ausnahmefällen zu empfehlen. In den wenigsten Fällen freut sich der Konsument über einen Podcast, der ihn mit den gleichen Botschaften konfrontiert, die ihn schon tagtäglich via Radio und TV erreichen. Nur bei Kampagnen, die sich durch innovativen, lustigen oder interessanten Inhalt auszeichnen und damit einen Mehrwert bieten, lohnt die Übertragung in einen Podcast. Kampagnen, die so gut gefallen, dass der Konsument sie mit seinen Freunden und Bekannten teilen möchte, können erfolgreich als Podcast verbreitet werden und erzeugen zusätzlich eine virale Wirkung.

Bei der Erstellung können drei unterschiedliche Wege gegangen werden:

1. Der Podcast wird von einem Mitarbeiter erstellt, der direkt mit der betreffenden Dienstleistung oder dem Produkt zu tun hat (z.B. der Produktmanager).

2. Der Podcast wird von einer spezialisierten Abteilung oder einer externen Agentur produziert.

3. Hybride Form: Der Mitarbeiter wird bei der Podcastproduktion von einer spezialisierten Abteilung oder einer externen Agentur unterstützt.

Podcasts, die direkt von Mitarbeitern erstellt werden, können den Nachteil haben, dass sie ein eher semiprofessionelles Erscheinungsbild vorweisen und von konservativen Konsumenten nicht als qualitativ hochwertig aufgefasst werden könnten. Ein Vorteil liegt darin, dass die Anzahl der beteiligten Personen und Abteilungen gering gehalten wird und somit die Podcast-Folgen in der Regel preiswerter sind und zudem schneller produziert und veröffentlicht werden können. Die Konsumenten von Web-2.0-Anwendungen sind heute noch gewohnt, dass Inhalte nicht immer hochprofessionell produziert werden (Bahlinger 2008). Authentizität und Aktualität der Inhalte nehmen einen höheren Stellenwert ein als die Qualität des Produktionsprozesses. Aus diesem Grund empfindet es der Konsument auch authentischer, wenn ein Podcast mit Produktinformationen direkt vom betreffenden Produktmanager produziert wird. Das Produkt lässt sich in diesem Fall mit einem echten Menschen verbinden, was zusätzlich eine Emotionalisierung des Produkts erleichtern kann. Dieser Weg der Podcastproduktion muss jedoch von den verschiedenen Hierarchien des Unternehmens unterstützt werden und mit der Unternehmenskultur sowie dessen Richtlinien vereinbar sein. Für das Engagement einer spezialisierten Abteilung oder einer externen Agentur spricht, dass diese in der Regel mehr Know-how für die Podcastproduktion mitbringen. Dies äußert sich hauptsächlich dadurch, dass professionelle Sprecher eingesetzt werden. Generell muss während der Podcastproduktion darauf geachtet werden, dass bei der Auswahl der Hintergrund- und Begleitmusik keine Urheberrechte verletzt werden.

Neben der Produktion eigener Podcasts ist auch das **Sponsoring fremder Podcasts** möglich (Klee 2008). Persönliche oder redaktionelle Podcasts, die im Themenbereich des Finanzdienstleisters oder dessen Produkte angesiedelt sind, können gegen die Schaltung von Produktwerbung oder die Nennung des Produkts oder Unternehmens finanziell unterstützt werden. Man unterscheidet hier nach Werbe-Sponsoring und themenbezogenem Sponsoring. Beim Werbe-Sponsoring werden reichweitenstarke Podcasts ausgewählt um dort Spots zu schalten. Im Mittelpunkt steht die Generierung einer großen Anzahl von Konsumentenkontakten und weniger ein thematischer Zusammenhang zwischen Produkt und Podcast. Themenbezogenes Sponsoring setzt stärker auf eine genauere Zielgruppenauswahl. Hier werden Podcasts für die Platzierung von Produktwerbung oder -Nennung ausgewählt, die ein passendes Thema behandeln. Beispielsweise werden Informationen oder Werbung zu neuen Depotkonten des sponsernden Finanzdienstleisters in einem Podcast geschaltet, der aktuelle Börsennachrichten verbreitet.

Innerhalb der Nutzerbefragung des E-Finance Labs, welche in Kapitel 5 detailliert vorgestellt und analysiert wird, wurden über tausend Internetnutzer im Jahr 2008 gefragt, wie oft ein Audio- bzw. Videopodcast erscheinen soll und welche Länge (in Minuten) sie bevorzugen würden. **Abbildung 4.2** und **Abbildung 4.3** zeigen die Ergebnisse.

Abbildung 4.2   Optimale Länge und Frequenz eines Audiopodcasts (N=1.032)

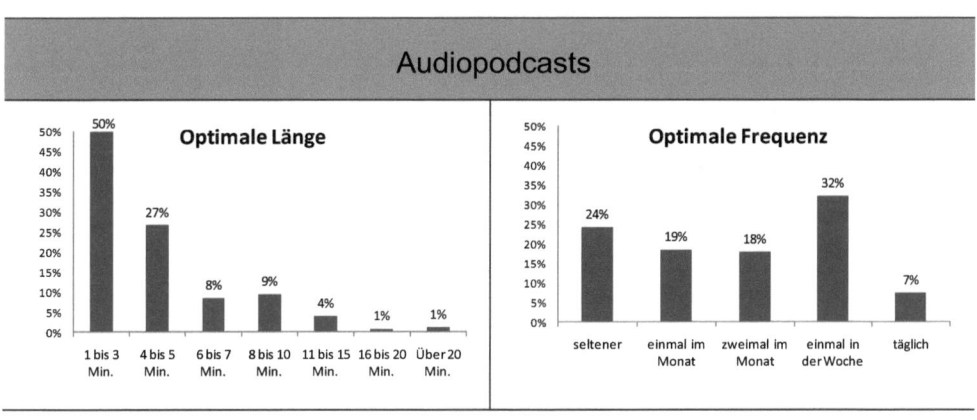

Abbildung 4.2 zeigt, dass 50% der Probanden 1 bis 3 Minuten als optimale Länge eines Audiopodcasts vorschlagen. 27% würden auch 4 bis 5 Minuten einem Audiopodcast zuhören. Längere Audiopodcasts sind laut dieser Ergebnisse nicht erfolgversprechend. Ein Drittel der Probanden möchten einmal pro Woche einen neuen Audiopodcast beziehen. Einen täglichen Abruf wünschen nur wenige Probanden.

Abbildung 4.3   Optimale Länge und Frequenz eines Videopodcasts (N=1.032)

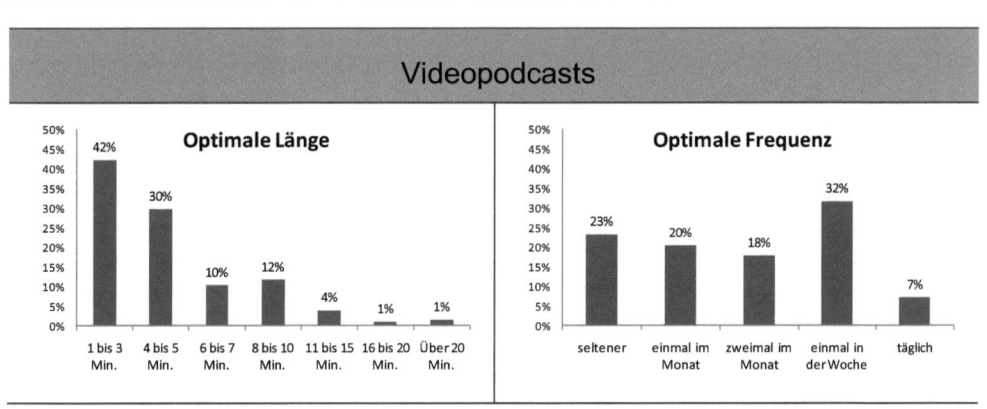

Die Ergebnisse für die optimale Länge und Frequenz von Videopodcasts in **Abbildung 4.3** geben im Vergleich zu Audiopodcasts ein fast identisches Bild. Auch hier bevorzugt der mit 42% größte Teil der Stichprobe eine Länge von 1 bis 3 Minuten. Bezüglich der Frequenz möchte auch hier ca. ein Drittel der Stichprobe ein wöchentliches Update.

Diese Ergebnisse stehen im Widerspruch zur Podcaststudie 2008, einer Befragung von BlueSky Media in Zusammenarbeit mit podcast.de, die ungefähr im gleichen Zeitraum stattgefunden hat. Für 22% der ca. 200 Probanden war eine Audiopodcast-Länge von bis zu 10 Minuten optimal. 24% bevorzugten 11 bis 20 Minuten. Die übrigen 54% sind sogar mit Längen von 21 Minuten und mehr einverstanden. Ein Videopodcasts sollte für 52% der Probanden nicht die Länge von 10 Minuten und für 29% nicht die Länge von 11 bis 20 Minuten überschreiten. 18% würden sich auch Videopodcasts anschauen, die länger als 21 Minuten sind (BlueSky Media 2008). Es gibt zwei Ursachen für die Unterschiede beider Erhebungen. In der Podcaststudie 2008 wurde die allgemeine Nutzung von Audio- und Videopodcasts erhoben. Eine Ursache für die unterschiedlichen Ergebnisse liegt also höchstwahrscheinlich darin, dass Konsumenten bei allgemeinen Themengebieten längere Podcasts bevorzugen als bei Themen rund um den Finanzdienstleistungsbereich. Zudem unterscheidet sich die Stichprobe der Podcaststudie von der Stichprobe des E-Finance Labs. Bei der Podcaststudie haben gezielt Podcastnutzer teilgenommen, während die Stichprobe der Befragung des E-Finance Labs einen repräsentativen Schnitt über alle Internetnutzer in Deutschland abdeckt.

4.3.1.4   Prominente Beispiele

Ein Beispiel für einen Kundenpodcast ohne direkte Produktwerbung bietet der Schweizer Versicherer SwissLife. Zum Thema Riester- und Rürup-Rente interviewt hier eine Journalistin einen freien Versicherungsmakler und geht mit ihm verschiedene Fallbeispiele durch. Der Podcast ähnelt stark einem Hörspiel, kann aber nicht abonniert werden. Da dieser Podcast nur drei Folgen besitzt und nicht ständig neue Folgen hinzukommen, ist dies auch nicht unbedingt nötig.

Die australische Genossenschaftsbank Gateway Credit Union Ltd produziert seit April 2009 sehr aktiv eine CEO-Podcastreihe, in welcher ihr CEO Paul Thomas in jeweils knapp drei Minuten seine Statements über aktuelle Marktentwicklungen und Themen im Finanzbereich abgibt. **Abbildung 4.4** zeigt die dazugehörige Website. Der Podcast erscheint fast wöchentlich und ist inhaltlich deckungsgleich mit dem CEO Blog. Es findet also eine Mehrkanal-Verwertung von Inhalten statt. Ist der Konsument unterwegs, so bietet sich der Podcast an, sitzt er gerade an seinem Computer, so kann er die Statements von Paul Thomas als Blog lesen. Auch bei diesem Angebot vermisst man den RSS-Feed, um den Podcast zu abonnieren, wobei es sich hier durch die wöchentlich neuen Folgen sehr anbieten würde.

Täglich informiert der Podcast der Comdirect Bank GmbH in Zusammenarbeit mit der Börsen Radio Network AG über aktuelle Börsengeschehnisse. Durch diese Kooperation ist der Podcast eine Mischform aus einem Unternehmenspodcast und einem redaktionellem Podcast. Eine Podcastfolge hat die Länge von ca. 30 Minuten und beinhaltet Adhoc-Meldungen, aber auch Interviews mit Vorstandsvorsitzenden und Analysten. Einmal pro Woche erscheint eine Wochenzusammenfassung. Dieser Podcast kann über iTunes abonniert und somit automatisiert empfangen werden.

| Abbildung 4.4 | Archiv des CEO Podcasts von Paul Thomas, CEO der Genossen-schafts-bank Gateway Credit Union Ltd (Quelle: Gateway Credit Union Ltd 2010, www.gatewaycu.com.au/CEOpodcast/) |

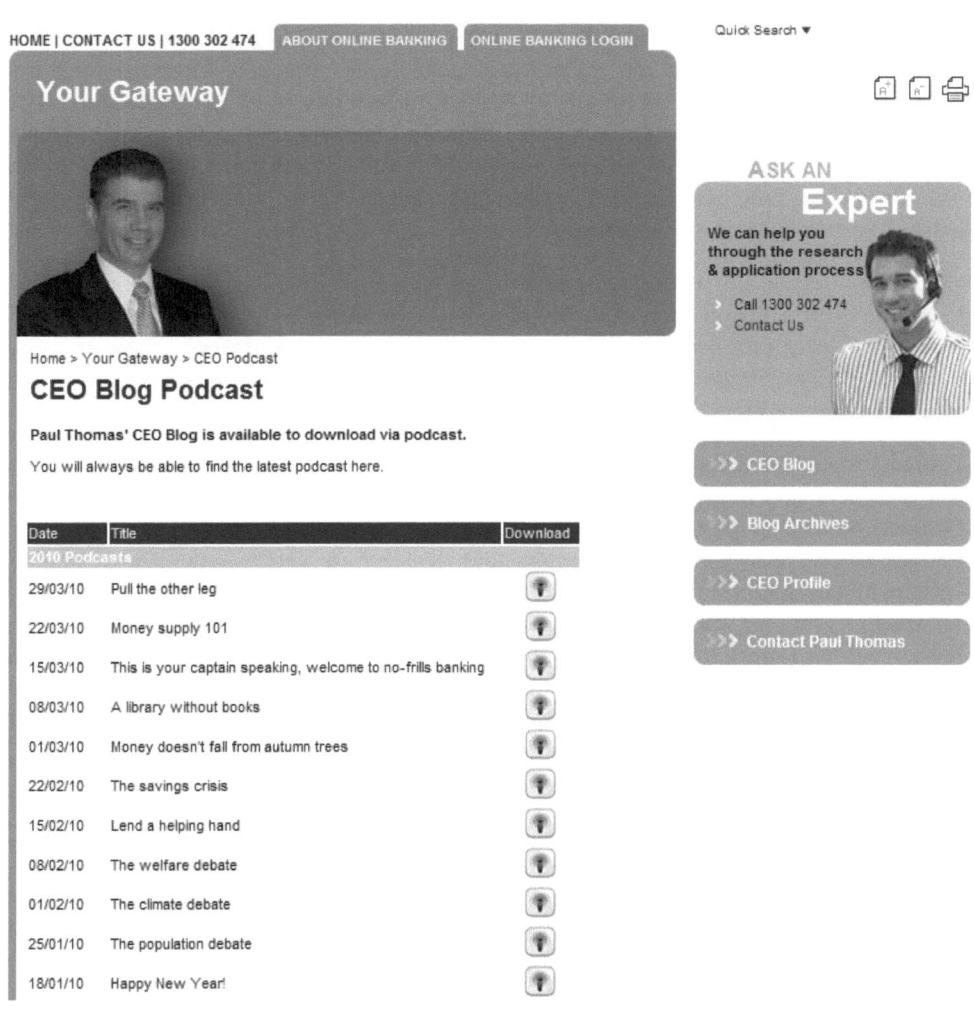

4.3.1.5 Fazit und Bewertung

Podcasts dienen im Finanzdienstleistungsbereich als Kommunikationsmedium für die Verbreitung von direkten und ergänzenden Produktinformationen, aber auch neutralen Informationen über Produktkategorien und aktuelle Marktentwicklungen. Letzteres kann einem Unternehmen dabei helfen die Aufmerksamkeit von Konsumenten zu erlangen. Interessiert sich ein Konsument für dessen Produkte, so kann er sich mit Produktinformationen durch Podcasts versorgen und wird zu einem potenziellen Neukunden (Werteffekt *Mehr Kundenakquisition: ++*). Podcasts mit neutralen Informationen und aktuellen Markt-entwicklungen sollten ohne direkte Absicht eines Produktverkaufs produziert werden, da sonst die Authentizität der Inhalte leidet. Werden Podcasts losgelöst von spezifischen Produkten als eigenständige Informationsdienstleistung angeboten, ist trotzdem nicht damit zu rechnen, diese kostenpflichtig anbieten zu können. Die Zahlungsbereitschaft der Konsumenten ist aufgrund der vielfältigen kostenlosen Angebote normalerweise sehr gering (Werteffekt *Mehr Cross-Selling: +*). Mehr Kundenbindung ist vor allem durch Pod-casts realisierbar, die ein schon gekauftes Produkt ergänzen und somit noch nützlicher machen. Dies können Bedienungsanleitungen für Online-Plattformen oder auch Börsen-Nachrichten sein, die dem Kunden Anlage-Tipps für die Verwaltung seines Aktiendepots geben (Werteffekt *Mehr Kundenbindung: +++*).

Ein großer Vorteil von Podcasts ist deren mobile Verwendbarkeit. Sobald ein tragbares Endgerät beim Konsumenten (z.B. Multimedia-Mobiltelefon) vorhanden ist, können Fi-nanzdienstleister ihm auf diesem Wege die Möglichkeit geben, Fahrt- und Wartezeiten durch das Hören von Podcasts mit interessanten Inhalten sinnvoll zu nutzen. Die Chancen und Herausforderungen, die sich durch Podcasts ergeben, werden in **Tabelle 4.5** erläutert.

Podcasts werden nicht umsonst auch als Audioblogs bezeichnet, daher ähneln die Chan-cen und Herausforderungen auch stark denen von Blogs (siehe Kapitel 4.4.3.5). Auch bei Podcasts besteht die Herausforderung darin, die Gradwanderung zwischen der kreativen Freiheit eines podcastenden Mitarbeiters und dem Schutz vertraulicher Daten und des Unternehmensimages zu meistern. Es ist zu entscheiden, ob ein Finanzdienstleister seine Mitarbeiter ermutigt, die Podcastproduktion zu den Produkten, die sie betreffen, selbst vornehmen zu lassen, um mehr Authentizität, eine Emotionalisierung des Produkts und eine kürzere Zeitspanne bis zur Veröffentlichung zu erreichen, oder ob die Produktion von Spezialisten aus der Kommunikationsabteilung oder einer externen Agentur durchgeführt wird. Der zweite Weg ist der sichere, er geht aber mit höheren Kosten und einer meist längeren Zeitdauer zwischen Produktionsbeginn und Verfügbarkeit einher.

Konsumenten haben sich daran gewöhnt, gedruckte Inhalte vor dem Lesen zu überfliegen, um die lesenswerten Inhalte herauszufiltern. Im Gegensatz zu textbasierten Medien gestal-tet sich dies bei einem Podcast schwierig und drückt den großen Nachteil dieses Mediums aus. Es bietet sich darum an, Podcasts als Ergänzung zu anderen Medien zu produzieren, um dem Konsumenten in Situationen Zugang zu Informationen zu bieten, in denen er überhaupt nicht oder nur sehr unbequem die Möglichkeit hat zu lesen (z.B. im Auto).

Wie auch bei Blogs ist ein Podcast nur sinnvoll, wenn in regelmäßigen Abständen neue Folgen mit interessantem Inhalt erscheinen. Anderenfalls bestände für den Konsumenten keine Notwendigkeit, ein Abonnement (Hauptmerkmal eines Podcasts) einzugehen. Der podcastende Finanzdienstleister würde in diesem Fall auf einen dauerhaften Kontakt ver-zichten. Die Verbreitung des mobilen Internets und die Funktionsvielfalt aktueller Mobil-telefone werden in Zukunft auch mobil den direkten Download und anschließenden Kon-sum von Podcasts ermöglichen. Da so gut wie jeder Bürger Deutschlands ein Mobiltelefon besitzt, wird dann nahezu die komplette Bevölkerung für Podcasts erreichbar sein.

Tabelle 4.5   Bewertung von Podcasts

Interessensgruppe / Kriterium	Konsument	Finanzdienstleister
Chancen	■ Informationsbeschaffung ist stationär und mobil möglich ■ Fahrt- und Wartezeiten im Auto oder in öffentlichen Verkehrsmitteln können sinnvoll durch Podcasts genutzt werden ■ Hörinhalte sind besonders für Sehbehinderte von Vorteil ■ Ist ein Videopodcast auf einem Videoportal (z.B. youtube.com) verfügbar, so existiert für die Konsumenten ein Feedbackkanal	■ Leichtere Vermittlung komplizierter Inhalte per Audio und Video ■ Schnelle automatisierte Verbreitung aktueller Informationen an die Podcastabonnenten ■ Anhand der Abonnement-Funktion ist die Nutzeranzahl und somit die Reichweite besser abschätzbar ■ Marken und Produkte können per Audio und Video leichter emotionalisiert werden als durch Printmedien ■ Podcasts können leicht weiterempfohlen werden und so virale Effekte genutzt werden ■ Werteffekte: – Mehr Kundenakquisition: ++ – Mehr Cross-Selling: + – Mehr Kundenbindung: +++
Herausforderungen	■ Podcasts können nicht wie gedruckte Inhalte vor dem Konsum „überflogen" werden ■ Die Bedienung der nötigen Software (z.B. Podcatcher-Programme) sowie des Endgeräts muss erlernt werden	■ Entscheidung über den Produktionsweg: Abwägung zwischen Schnelligkeit und Professionalität ■ Nicht zu unterschätzender Pflegeaufwand: regelmäßige Veröffentlichung neuer interessanter Beiträge ist für den Erfolg eines Podcasts maßgeblich ■ Podcastende Mitarbeiter sollten eine klar sichtbare Identität haben, um authentisch zu wirken

Interessens-gruppe Kriterium	Konsument	Finanzdienstleister
		▪ Richtlinien für podcastende Mitarbeiter müssen aufgestellt werden ▪ Auf Videoportalen mit Feed-backkanal muss Kritik akzeptiert und ihr begegnet werden

4.3.2 Widgets

4.3.2.1   Darstellung und Funktionsweise

Unter Widgets versteht man kleine Hilfs- oder Dienstprogramme („Tools"), welche nicht als eigenständige Anwendungen betrieben, sondern in eine grafische Benutzeroberfläche oder Webseite eingebunden werden (Kim/Yue/Hall/Gates 2009). Bekannt sind sie auch unter den Bezeichnungen *Gadgets* (Google, engl. „technische Spielerei") oder *Applications* (*Facebook*). Durch das iPhone wurden Widgets auch im Bereich der funktionsumfangreicheren Mobiltelefone (sog. Smartphones) populär. Hier werden sie als *Apps* bezeichnet, was die Abkürzung von *Application* ist. Widgets werden danach unterschieden, ob sie auf der Benutzeroberfläche eines Endgeräts (Desktop-Widget) oder auf einer Webseite platziert werden (Web-Widget).

Web-Widgets können auf beliebigen Webseiten eingebunden werden und stellen ausgewählte Inhalte von anderen Webseiten da, die sich automatisch aktualisieren. Auf diesem Wege kann der Betreiber einer Webseite stets z.B. aktuelle Nachrichten-Schlagzeilen auf der eigenen Webseite einbinden und diese damit aufwerten. Auch Nutzer von Online-Communities, wie z.B. *Facebook* oder Myspace werten durch Web-Widgets ihre Profilseite auf, indem sie z.B. Musik-Player mit ihrer Lieblingsmusik einbinden. Ist dies für alle anderen Community-Mitglieder sichtbar, so macht der Konsument hierdurch auf seinen Musikgeschmack aufmerksam. Web-Widgets können bei Online-Communities meist aber auch so eingebunden werden, dass sie nicht für andere Community-Mitglieder sichtbar sind. In diesem Fall kann der betreffende Konsument sich über aktuell eingegangene E-Mails bei Webmail-Diensten informieren lassen. Besonders die stark ansteigenden Nutzerzahlen bei Online-Communities haben viele Webmail-Anbieter animiert, einen solchen Service anzubieten. Viele Online-Shops bieten an, Teile ihres Sortiments über ein Widget auf den Webseiten von geschäftlichen oder privaten Betreibern anzubieten. In diesem Fall kann der Betreiber eine Auswahl an Produkten, die zu den Inhalten seiner Webseite passen, zusammenstellen und gegen eine Provision den Verkauf vermitteln.

In der Regel werden Web-Widgets auf Plattformen angeboten auf denen jeder Programmierer sein Web-Widget hochladen und der breiten Masse bereitstellen kann. Solche Plattformen, wie z.B. Widgetbox.com bieten zusätzlich die Funktionalität, dass das Web-Widget durch den Konsumenten mit wenigen Klicks in Blogs oder Profilseiten von Online-Communities integriert werden kann. **Abbildung 4.5** zeigt das Web-Widget *Business & Finance News Videos*, welches ermöglicht, einen Videoplayer mit den aktuellen Finanznachrichten, auf nahezu jeder Webseite einzubinden. Wie auf der rechten Seite unter „GET WIDGET" zu sehen ist, kann der Konsument dieses Web-Widget mit wenigen Klicks in Internetangebote, wie die Online-Community *Facebook*, die Bloggingplattform Blogger oder auch in den Mashupdienst *iGoogle* einbinden.

Abbildung 4.5   Web-Widget Business & Finance News Video, angeboten auf der Plattform Widgetbox (Quelle: Widgetbox 2010)

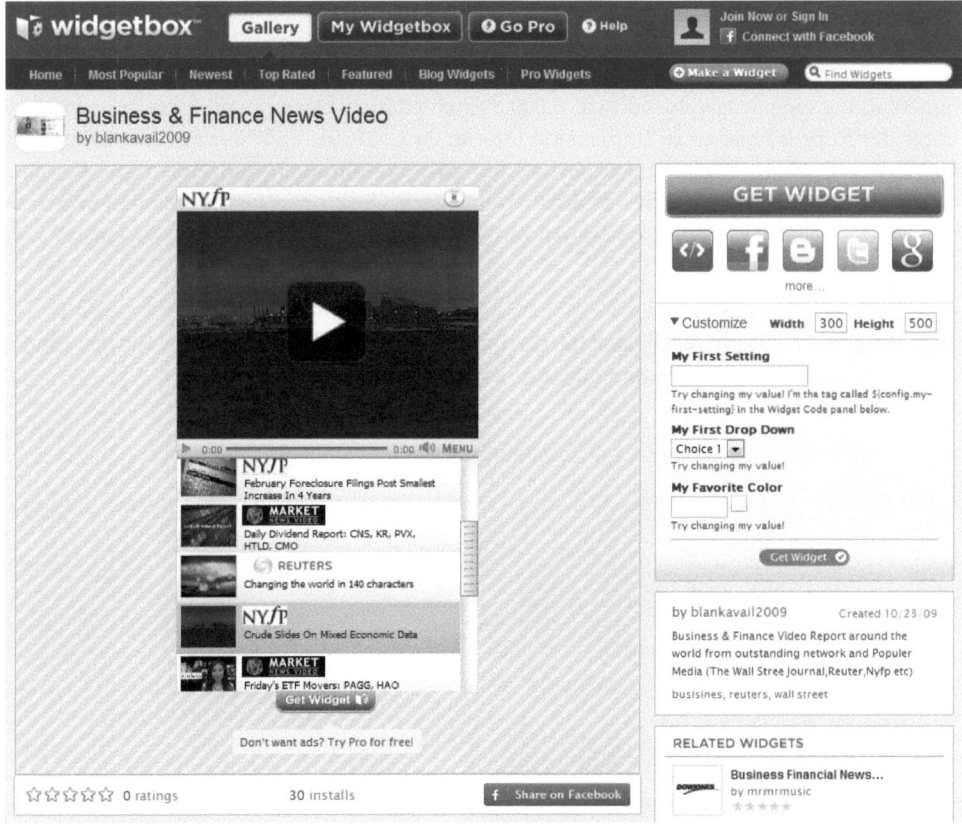

Desktop-Widgets erfüllen ähnliche Funktionalitäten wie Web-Widgets und unterscheiden sich im Wesentlichen durch die Platzierung. Während Web-Widgets dezentral auf Websei-

ten eingebunden werden, kann der Konsument Desktop-Widgets lokal auf der Benutzeroberfläche seines Computers (Desktop) integrieren. Auch Widgets, die auf Smartphones
(z.B. die so genannten *Apps* für das iPhone) installiert werden, gehören zu den Desktop-
Widgets. Sie werden nicht über den Browser angesteuert, sondern in das Betriebssystem
des Smartphones implementiert. Typische Desktop-Widgets sind interaktive Tools zur
Informationsdarstellung von z.B. Wetter, Uhrzeit, Datum, aktuelle Schlagzeilen aus den
Nachrichten oder auch Aktienkursen. Ein Desktop-Widget, welches in die Yahoo-Widget-
Engine eingebunden werden kann und aktuelle Aktienkurse von ausgewählten Aktien
liefert, wird in **Abbildung 4.6** gezeigt. Hierzu findet eine regelmäßige Kommunikation des
Desktop-Widgets mit den Webseiten, die die Informationen bereitstellen, statt. Die Infor-
mationen werden in einer grafischen Benutzeroberfläche auf dem Desktop visualisiert und
immer aktuell gehalten. Um die Darstellung auf dem Desktop zu realisieren, wird eine so
genannte Widget-Engine benötigt, die entweder durch das Betriebssystem (z.B. Windows
Vista, Mac OS Leopard) oder von Drittherstellern wie bspw. Yahoo oder Google bereitgestellt wird. Die Engine stellt dem Desktop-Widget über eine Programmierschnittstelle
Grundfunktionen und Ressourcen bereit.

Die angebotenen Desktop-Widgets sind sehr vielfältig und so bietet allein das Portal Ya-
hoo-Widgets eine Auswahl von ca. 6.000 verschiedenen Desktop-Widgets an, wovon 91
unter der Rubrik Finance zu finden sind (Stand: April 2010). Viele der Portale führen nicht
nur fertige Desktop-Widgets, sondern stellen auch Anleitungen und Hilfsmittel bereit, so
dass Konsumenten gemäß ihren Bedürfnissen eigene Desktop-Widgets erstellen und anderen zur Verfügung stellen können. Andere Konsumenten können diese wiederum kommentieren und bewerten.

Abbildung 4.6   Desktop-Widget für die Darstellung des Aktienportfolios für die Yahoo-
Widget-Engine (Quelle: Yahoo 2010)

Beide Arten von Widgets beziehen die aktuellen Inhalte in der Regel über RSS-Feeds. In den meisten Fällen sind angebotene Web-Widgets offen programmiert, so dass sie sich einfach in beliebige Webseiten oder auch Widget-Engines einfügen lassen. Inhalte und Design können in der Regel getrennt übertragen werden. Somit kann der Anwender wählen, ob er auf das gegebene Design zurückgreift oder nur die Inhalte übernimmt und das Design selbst wählt, um es perfekt an die Webseite, in der er das Widget einbinden möchte, anzupassen.

Möchte der Konsument immer die aktuellsten Entwicklungen von vielen verschiedenen Informationsangeboten im Internet zusammengefasst haben ohne jeden URL einzeln zu besichtigen, bietet es sich an über so genannte Mashup-Seiten diese Inhalte zu aggregieren (Göhring/Happ/Müller 2006). Hierbei handelt es sich um Webseiten, die es dem Konsumenten ermöglichen eine eigene Seite zu erstellen, die ausschließlich aus selbst ausgewählten Web-Widgets besteht. Dem Konsumenten werden individualisiert, die für ihn interessanten Inhalte aus verschiedenen Quellen verknüpft und immer aktuell zur Verfügung gestellt. Mashups (vom englischen „to mash" für „vermischen") sind webbasierte Anwendungen, die ihren Mehrwert durch die Integration von Anwendungen und Daten anderer Onlinequellen erschaffen. Dabei nutzen Mashups öffentlich verfügbare Programmierschnittstellen, z.B. API (Application Programming Interface) und RSS, die durch andere Webseiten zur Verfügung gestellt werden (Sutter 2009). Die Betreiber von Webseiten sind mit Mashup-Technologien in der Lage, neue Webseiten zu erstellen, die Daten und Dienste, wie geografische Karten, RSS-Feeds, Bilder oder auch Videos, von unterschiedlichen Anbietern miteinander verknüpfen. Begrenzt wird die Umsetzung nur durch das Angebot der Quelldienste.

Einer der prominentesten Betreiber von Mashup-Seiten ist Netvibes.com, die seit dem Jahr 2005 dem Konsumenten die Erstellung einer individuellen Webseite aus Web-Widgets anbieten. **Abbildung 4.7** zeigt eine individuelle Zusammenstellung verschiedener Web-Widgets auf der Mashup-Plattform Netvibes.com. Der Konsument kann hier nach eigenen Präferenzen eine Seite zusammenstellen und sich z.B. verschiedene aktuelle Schlagzeilen über Newsfeeds anzeigen lassen und sieht auf einen Blick, wenn in einem seiner Webmail-Postfächer eine neue E-Mail eingegangen ist.

Abbildung 4.7   Individuelle Zusammenstellung verschiedener Web-Widgets auf der
Mashup-Plattform Netvibes (Quelle: Netvibes 2010)

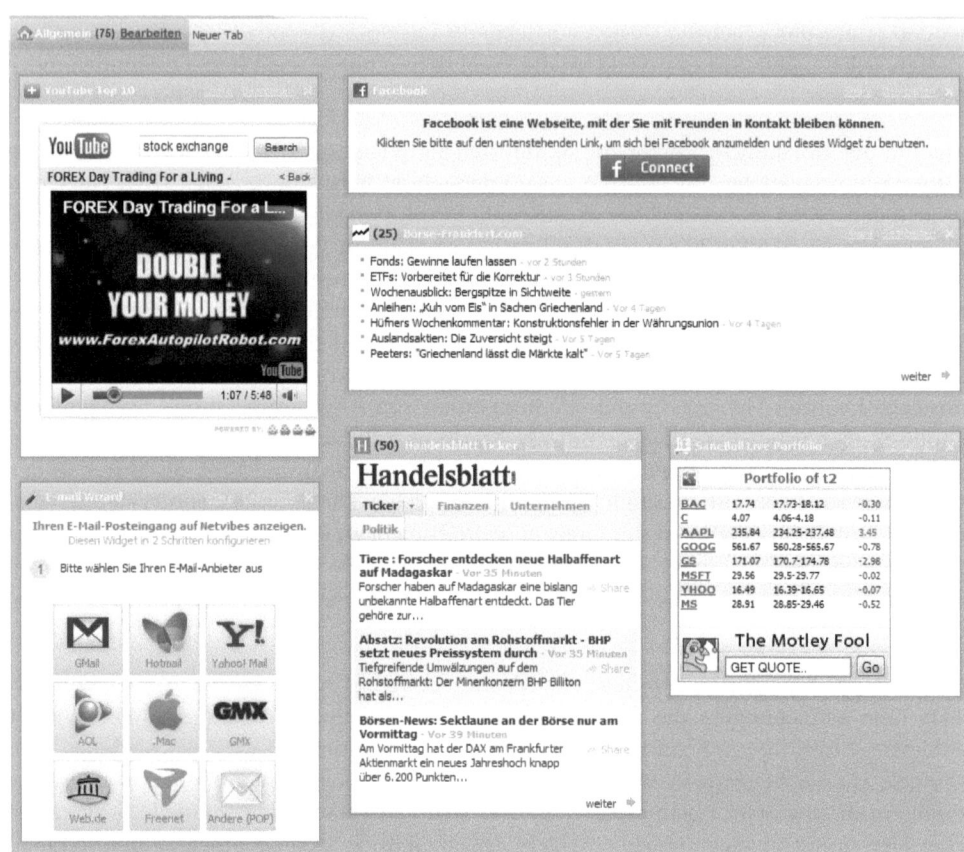

4.3.2.2   Technische Voraussetzungen für den Einsatz

Aus Konsumentensicht erzeugte die zunehmende Fülle an ständig neuen Inhalten im Internet und die zunehmende Kommunikation, die über E-Mail oder Private-Messaging-Systemen in Online-Communities stattfindet, eine Nachfrage nach Technologien und Diensten, die diese Fülle an Informationen zentral aggregiert und auf das Wesentliche zusammenfasst. Aus der Sicht von geschäftlichen oder privaten Webseitenbetreibern wurde zunehmend die Nachfrage erzeugt, Inhalte anderer Webseiten automatisiert einzubinden ohne sich manuell um deren Aktualisierung kümmern zu müssen. Anbieter von Inhalten waren demnach aufgefordert ihre Inhalte auf einem Weg so verfügbar zu machen, dass Konsumenten und Webseitenbetreiber diese auf eine sehr einfache Weise in ihre Webseiten oder Mashupseiten einbinden können.

Auf der technischen Seite waren die Programmierung von einfach einbettbaren HTML-Codes und die Entwicklung des RSS-Feeds ausschlaggebend für die schnelle Verbreitung von Widgets. Die Programmierung von einfachen HTML-Codes ermöglichte es, diese problemlos in Webseiten oder sogar per Mausklick auf Profilseiten in Online-Communities und Widget-Engines (Desktop) einzufügen. Eine schnelle Integration eines Widgets in die jeweilige Umgebung wurde auf diesem Weg möglich. Die zweite ausschlaggebende Komponente war die Entwicklung des RSS-Feeds. Durch die Integration dieses Formats fragen die Widgets automatisiert in regelmäßigen Abständen den aktuellen Status ihrer Inhalte von der Quelle ab ohne dass sich der Konsument selbst manuell darum bemühen muss.

4.3.2.3   Einsatzgebiete

Aus unternehmerischer Sicht können sinnvolle Einsatzgebiete von Widgets in vier Anwendungsfelder unterteilt werden, die sich durch den Widget-Typ und Informationsbezug bzw. -abgabe ergeben. Während Web-Widgets primär dort ihren Einsatz finden, wo Informationen mit vielen geteilt werden sollen, erfüllen Desktop-Widgets eher funktionale und direkt für den einzelnen Konsumenten bestimmte Aufgaben. Zudem muss unterschieden werden, ob ein Unternehmen Widgets einsetzt um Informationen und Funktionalitäten zu verbreiten (Abgabe von Informationen) oder um selbst von den Informationen und Funktionalitäten anderer Widget-Anbieter zu profitieren (Bezug von Informationen). **Tabelle 4.6** zeigt mehrere Einsatzmöglichkeiten für Widgets, strukturiert nach den beschriebenen Kategorien.

Möchte ein Unternehmen die eigenen Webseiten aufwerten, so bietet es sich an, aktuelle Schlagzeilen aus den Nachrichten anhand eines Newsticker-Web-Widgets auf der Webseite zu integrieren. Selbstverständlich sollte darauf geachtet werden, dass diese Schlagzeilen auch thematisch zu der eigenen Webseite passen. Bei Finanzdienstleistern würden sich daher Schlagzeilen über das aktuelle Börsengeschehen anbieten. Besonders wenn der Finanzdienstleister nicht über unternehmenseigene Quellen für solche Informationen verfügt, ist die Einbindung über ein Web-Widget eine einfache und in der Regel auch günstige Alternative und kann bei Auswahl eines Dienstleisters mit guter Reputation auch zur Aufwertung des eigenen Angebots beitragen (vgl. Kooperation von Deutsche Bank mit FAZ.NET).

Um informationssuchenden Konsumenten in der Vorkauf-Phase des Kaufprozesses Transparenz zu bieten, ergibt sich für einen Finanzdienstleister die Möglichkeit, via Web-Widget Kundenbewertungen von unabhängigen Bewertungsportalen auf der jeweiligen Produktbeschreibungsseite zu integrieren. Der Finanzdienstleister bietet seinen Konsumenten dadurch weitergehende Informationen und zeigt beim Aufkommen von schlechten Bewertungen, dass er sich mit Kritik auseinandersetzt und dem informationssuchenden Konsumenten Transparenz bieten möchte. Falls der Konsument die nächste Filiale des Finanzdienstleisters sucht, ist die Einbindung einer Suchmaske inkl. Kartenanzeige eine gute Möglichkeit das Finden einer Filiale zu erleichtern. Aktuell wird hier das Widget von Google Maps auf zahlreichen Websites genutzt.

Tabelle 4.6   Einsatzmöglichkeiten für Widgets

Widget-Typ / Informationsbezug/-abgabe	Web-Widget	Desktop-Widget
Bezug (Widgets einbinden)	■ Produktbewertungen von unabhängigen Bewertungsplattformen ■ Newsticker/Aktuelle Börseninformationen ■ Filialanzeige über Google Maps	■ Newsticker/Aktuelle Börseninformationen
Abgabe (Widgets anbieten)	■ Spiele (z.B. Börsenspiel) ■ Newsticker/Aktuelle Börseninformationen ■ Finanzstatus/ Online-Banking	■ Newsticker/Aktuelle Börseninformationen ■ Finanzstatus/ Online-Banking

Bei der Versorgung der eigenen Mitarbeiter mit aktuellen Informationen lassen sich Desktop-Widgets hervorragend einsetzen. In den aktuellen Betriebssystemen ist meist schon eine Widget-Engine enthalten, über die ein Mitarbeiter Newsticker auf seinem Desktop einbinden kann. Aus der Fülle an Informationsquellen kann sich jeder Mitarbeiter auf diesem Weg automatisch mit aktuellen Informationen versorgen, die direkt seinen Arbeitsbereich betreffen. Er spart dadurch die Zeit, die er anderenfalls für den Besuch einzelner Onlinequellen und das Filtern relevanter Informationen aufwenden müsste.

Neben dem Bezug von Widgets kann jedes Unternehmen auch eigene Informationen und Funktionalitäten über diese Technologie anbieten. Verschiedene Beispiele sind hier denkbar bei denen sich die Möglichkeiten von Web-Widgets und Desktop-Widgets nur geringfügig unterscheiden. Wie schon zu Anfang dieses Kapitels erwähnt, bieten sich Web-Widgets auch dann an, wenn Informationen und Funktionalitäten mit anderen Konsumenten geteilt werden. Beispiele hierfür sind virtuelle Spiele bei denen die Konsumenten sich untereinander messen können. Bei einem Spiel, welches Konsumenten miteinander bzw. gegeneinander spielen, ist es für den Mitspielenden meist sinnvoll seine Spielergebnisse den anderen Mitspielern zu zeigen. Kann er das Spiel über ein Web-Widget auf seiner eigenen Webseite, Blog oder auch Profilseite in einer Online-Community einbinden, so vereinfacht es ihm die Verbreitung seiner Spielergebnisse. Ein Beispiel dafür ist die *Fantasy Stock Exchange* in der Online-Community *Facebook*.

Widgets, die einfach Funktionalitäten für den einzelnen Konsumenten liefern und nicht durch eine Vernetzung einen Mehrwert versprechen, finden sowohl als Web-Widget als auch als Desktop-Widget ihren Einsatz. Finanzdienstleister, die über ständig interessante Informationsquellen verfügen, können diese per Widget dem Konsumenten zur Verfügung stellen. Zur Erlangung von Aufmerksamkeit unter den Konsumenten, ist eine unbeschränkte Bereitstellung sinnvoll. Auf der anderen Seite könnten diese Widgets auch als Serviceleistung ausschließlich an Bestandskunden abgegeben werden um somit einen Mehrwert für Bestandskunden zu generieren und andere Konsumenten zum Anbieterwechsel zu animieren.

Oft werden auch Widgets zur Vereinfachung der Geldautomatensuche angeboten. Da Konsumenten aber eher Widgets nutzen, die sich dynamisch verändern, sind solche Widgets kein wirklicher Mehrwert. In der Regel benutzt der Konsument die Geldautomatensuche selten und wird daher für ein solches Widget keinen Platz auf seinem Desktop oder seiner Webseite reservieren. Bewegt sich der Konsument in unbekanntem Terrain ist solch ein Widget schon sinnvoller und sollte aus diesem Grund primär für die mobile Nutzung auf Smartphones zugeschnitten sein.

Eine erfolgsversprechende, aber aus Sicht des Datenschutzes auch kritische Einsatzmöglichkeit für Widgets ist das Angebot einer Finanzstatusanzeige, die sich automatisch aktualisiert und dem Konsumenten immer seine aktuelle finanzielle Lage anzeigt. Dies kann als Widget einer Bank angeboten werden oder auch von einem Bankenverbund. In der Regel hat ein Konsument seine Finanzanlagen und flüssigen Mittel nur selten bei nur einem Finanzdienstleister angelegt. Eine sichere Übermittlung dieser sensiblen Daten zwischen dem Finanzdienstleiter und dem installierten Widget des Konsumenten muss hierbei gewährleistet sein.

Zudem muss der Konsument darauf hingewiesen werden, selbst aktiv Datenschutz zu betreiben. Nutzt er einen solchen Service über ein Desktop-Widget, so sollte sein Computer nur von befugten Personen nutzbar bzw. einsehbar sein. Bei der Installation eines Web-Widgets sollte der Konsument darauf hingewiesen werden, dieses nicht auf einer öffentlichen Webseite, einem Blog oder im öffentlichen Bereich eines Online-Community-Acounts zu platzieren. Die Anzeige des Finanzstatus kann auch durch Online-Banking-Funktionalitäten erweitert werden. In diesem Fall kann der Konsument einfache Online-Banking-Transaktionen, wie z.B. Überweisungen bequem über ein Desktop- oder Web-Widget tätigen, ohne die Webseite seiner Bank besuchen zu müssen. Speziell in einem solchen Szenario muss die anbietende Bank jedoch noch mehr auf Datenschutz achten bzw. diesen durch Verschlüsselungstechniken gewährleisten und seine Kunden schulen, sich selbst entsprechend zu verhalten.

4.3.2.4   Prominente Beispiele

Die australische Bank RaboPlus bietet seit November 2009 ein eigenes Widget an, welches so programmiert ist, dass es vom Konsumenten sowohl auf dem Desktop des eigenen Computers als auch als Web-Widget auf Webseiten oder Profilseiten in Online-Communities integriert werden kann (www.raboplus.com.au/widget/). Dieses Widget ist ein gutes Beispiel für eine übergreifende Integration mehrerer Web-2.0-Anwendungen bei RaboPlus, da es automatisch über neue Blogeinträge im Executive Blog von Greg McAweeney (Details zum Blog in Kapitel 4.4.3.1), als auch über Veranstaltungen, Börsennachrichten und weiteren Neuigkeiten von der Webseite der Bank informiert. Um eine strukturierte Anzeige dieser Neuigkeiten zu gewährleisten, ist das Widget in die vier Register *News, Education, Blogs* und *Video* (siehe **Abbildung 4.8**) gegliedert. Im Register *Video* können Video-Interviews mit verschiedenen Fond Managern direkt abgespielt werden.

Abbildung 4.8   Anzeige von Videos im Widget der RaboPlus Australia
                      (Quelle: RaboPlus Australia 2010)

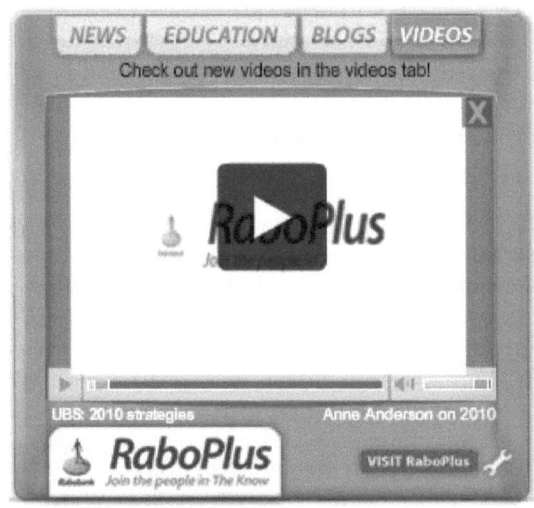

Ein anderes interessantes Web-Widget ist das MyMoney-Widget des Technologieanbieters Fiserv, welches Facebook-Nutzer auf ihrer Profilseite einbinden können. Konsumenten, die bei einer oder mehr der 20 hier teilnehmenden amerikanischen Banken Konten führen, können über dieses Web-Widget ihren aktuellen Finanzstatus über alle Konten aggregiert einsehen und auf ausgewählte Online-Banking-Funktionalitäten, wie z.B. die Durchführung von Überweisungen, zurückgreifen, während sie bei *Facebook* eingeloggt sind. Momentan nehmen 20 amerikanische Banken an diesem Projekt teil. Der zukünftige und auch internationale Erfolg dieses Web-Widget hängt daher davon ab, ob auch weitere Banken in den USA und der ganzen Welt als Partner gewonnen werden können.

Ein reines Desktop-Widget wird vom englischen Kreditkartenanbieter MBNA Europe Bank Limited in Partnerschaft mit dem englischen Technologieanbieter Skinkers angeboten (siehe **Abbildung 4.9**). Der Konsument bekommt über dieses Widget verschiedene Informationen, die seine Kreditkarte betreffen, automatisch auf den Desktop seines Computers übermittelt. Neben anderen Funktionen kann beispielsweise eingestellt werden, dass das Desktop-Widget eine Meldung abgibt sobald eine Kreditkartentransaktion einen vom Konsumenten vorab eingestellten Wert überschreitet oder wenn ein bestimmter Prozentsatz des Kreditlimits erreicht ist. Für den Konsumenten kann dies hilfreich sein, um schnell auf den Missbrauch der Kreditkarte durch Unbefugte reagieren zu können oder rechtzeitig einer Liquiditätslücke entgegenzuwirken. Eine detaillierte Videodokumentation über dieses Widget kann bei dessen Entwickler Skinkers Limited unter www.skinkers.com/news_articles/115 angesehen werden.

Abbildung 4.9   Desktop-Widget des Kreditkartenanbieters MBNA Europe Bank Limited (Quelle: Skinkers Limited 2010)

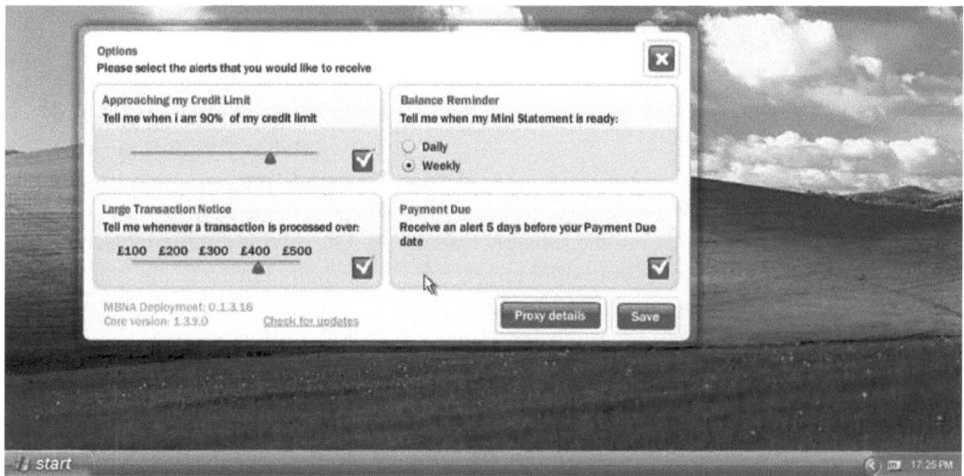

4.3.2.5   Fazit und Bewertung

Desktop- und Web-Widgets bieten sowohl für Konsumenten als auch für Finanzdienstleister mit eigenen Webseiten Vorteile. Konsumenten können durch Widgets, die sie auf ihrem Computer, ihrer Profilseite in einer Online-Community oder in einer Mashup-Seite integrieren, individuell ausgewählte Informationen und Funktionen zentral zusammenstellen und Zeit sparen, da sie sich diese Informationen nicht mehr auf verschiedenen Webseiten zusammensuchen müssen. In der Regel rufen die Widgets automatisiert die verlangten Informationen ab und stellen diese dem Konsumenten, je nach individueller Einstellung, auch als Push-Dienst zu Verfügung, so dass der Konsument nicht selbst daran denken muss, die neusten Informationen abzurufen. Für Betreiber von Webseiten bietet diese Technologie eine einfache Möglichkeit entweder die eigene Seite automatisiert durch Informationen externer Onlinequellen aufzuwerten oder eigene Informationen und Funktionalitäten anderen Webseitenbetreibern und Konsumenten zur Verfügung zu stellen.

Tabelle 4.7   Bewertung von Widgets

Interessens-gruppe / Kriterium	Konsument	Finanzdienstleister

Chancen	■ Informationsbeschaffung wird automatisiert und zentralisiert
	
	■ Individuelle Zusammenstellung
		■ Schnelle automatisierte Verbreitung aktueller Informationen und Funktionalitäten
		
		■ Anhand der abonnierten RSS-Feeds kann die Reichweite abgeschätzt werden
		
		■ Werteffekte:
		  – Mehr Kundenakquisition: ++
		  – Mehr Cross-Selling: +
		  – Mehr Kundenbindung: ++

Herausforderungen	■ Widgets, die sensible Daten übermitteln oder anzeigen, verlangen eine stärkere Beachtung von Datenschutz auch seitens der Konsumenten ■ Bei Desktop-Widgets muss eine Widget-Engine auf dem Computer installiert werden	■ Ohne häufige Aktualisierung der Inhalte wird z.B. ein Newsfeed vom Konsumenten als langweilig empfunden, was sich negativ auf das Unternehmensbild auswirken kann ■ Bei der Übermittlung von sensiblen Daten müssen Techniken zur sicheren Übermittlung gefunden und eingesetzt werden, um Datenschutz zu gewährleisten

Cross-Selling kann über ein Widget eher in der Konsumgüterbranche oder bei Finanzprodukten ohne lange Vertragslaufzeit realisiert werden. Beispielsweise können Konsumgüterhersteller Web-Widgets anbieten über die ihre Produkte verkauft werden können. Betreiber anderer Webseiten binden diese Web-Widgets auf ihren Webseiten ein und vermitteln gegen eine Provision Verkäufe. Finanzprodukte basieren in der Regel auf Verträgen mit längeren Laufzeiten. Aufgrund der langfristigen Bindung beschäftigt sich der Konsument in der Vorkaufphase in der Regel länger mit der Auswahl des richtigen Finanzprodukts und wird kaum spontan über ein Widget einen Vertrag abschließen. Zudem muss er beim Abschluss einen größeren Umfang an eigenen, meist sensiblen Daten eingeben und schließt daher solche Verträge häufig lieber offline in einer Filiale oder direkt über die Webseite des betreffenden Finanzdienstleisters ab (Werteffekt *Mehr Cross-Selling: +*).

Bei der Gewinnung von Neukunden können gerade Web-Widgets, die von Finanzdienstleistern angeboten werden, sehr hilfreich sein, wenn sie ein Design haben, das durch den Konsumenten klar mit dem Finanzdienstleister verknüpft wird. Einerseits zeigt sich der Finanzdienstleister als Unternehmen mit innovativen Ideen, andererseits erhöht er die Visibilität seines Namens und seiner Marken, wenn das Web-Widget sichtbar auf anderen Webseiten eingebunden wird. Der Finanzdienstleister kann damit eine erhöhte Aufmerksamkeit erreichen und bleibt potenziellen Kunden besser im Gedächtnis. Bindet der Finanzdienstleister auf seiner Webseite Web-Widgets externer Betreiber ein, die einen potenziellen Kunden bei der Filialsuche erfolgreich unterstützt, so können auch auf diesem Wege Neukunden gewonnen werden (Werteffekte *Mehr Kundenakquisition: ++*).

Durch die Einbindung von aktuellen Informationen und Funktionalitäten von externen Webseiten, kann der Finanzdienstleister seine Webseite aufwerten, für Konsumenten attraktiver machen und auf diesem Weg eine kontinuierliche Nutzung der Webseite bewirken, was für eine Erhöhung der Kundenbindung spricht. Eine gezielte Erhöhung der Kundenbindung kann dadurch erreicht werden, dass der Finanzdienstleister selbst Desktopoder Web-Widgets exklusiv seinen Kunden zu Verfügung stellt, die bei der Verwaltung der bezogenen Dienstleistung helfen und somit einen Mehrwert bieten und die Wechselkosten erhöhen (Werteffekte *Mehr Kundenbindung: +++*).

Die Herausforderungen beim Einsatz von Widgets wachsen mit der Sensibilität der Daten, die darüber übermittelt werden. Werden nur Informationen, wie z.B. aktuelle Nachrichten, über ein Widget verteilt, dann werden die Herausforderungen dadurch bestimmt, dass die übermittelten Informationen aktuell und mit einer ausreichenden Frequenz angeboten werden müssen, um nicht an Attraktivität für den Konsumenten zu verlieren. Werden sensible Daten zwischen dem Konsument und dem Finanzdienstleister über das Widget verschickt, dann muss ein hohes Maß an Datenschutz gewährleistet sein, um den Missbrauch dieser Daten zu verhindern. Geeignete Technologien, die Datenschutz gewährleisten, müssen gefunden und implementiert werden, um sensible Daten abhörsicher zu übermitteln.

4.4 Web-2.0-Anwendungen mit mittlerem Dialoggrad

Web-2.0-Anwendungen mit mittlerem Dialoggrad sind primär zur Darstellung und Verbreitung von Meinungen und Informationen konzipiert, die von Konsumenten erstellt wurden, aber auch ein direkter Dialog zwischen den Konsumenten wird unterstützt. Wir ordnen Wikis, Bewertungsplattformen und Blogs dieser Kategorie zu und beschreiben diese in den folgenden Kapiteln in ihrer Funktionsweise und ihren technischen Voraussetzungen. Mögliche Einsatzgebiete werden erklärt und durch Praxisbeispiele veranschaulicht. Ein Fazit schließt das jeweilige Kapitel ab.

4.4.1   Wikis

4.4.1.1   Darstellung und Funktionsweise

Ein Wiki ist eine offene Sammlung von Artikeln, die auf Webseiten dargestellt werden. Wikis dienen daher primär als Plattformen zur Aggregation von Informationen. Die Inhalte können von jedem Konsument online im Browser über ein einfaches Formular bearbeitet werden ohne dass HTML-Kenntnisse vorhanden sein müssen (Przepiorka 2006; Wagner/Majchrzak 2006). Die Bearbeitung bestehender Artikel oder die Erstellung neuer Artikel innerhalb eines Wikis sind entweder über WYSIWYG-Editoren oder mithilfe einer leicht zu erlernenden Wiki-Syntax möglich und somit sehr schnell durchführbar. Aus diesem Grund wurde für diese Anwendung der Name Wiki gewählt, der vom hawaiianischen Wort „wikiwiki" stammt, welches übersetzt „schnell" bedeutet. In der Wiki-Syntax wird eine Zeichenkombination festgelegt, die dem Text eine spezielle Formatierung vorgibt. Durch diesen simplen Aufbau wird das Schreiben und Gestalten textbasierter Artikel in Wikis sehr vereinfacht (Przepiorka 2006).

Im Hintergrund eines Wikis arbeitet eine so genannte Wiki-Software, welche nichts anderes als ein vereinfachtes Content-Management-System ist (Baumgartner/Kalz 2004). Auf dem Markt sind hier sowohl kostenfreie Open-Source-Lösungen, wie *TWiki* oder *MediaWiki*, oder kommerzielle Software, wie z.B. Socialtext und Confluence erhältlich.

Das Besondere an einem Wiki ist, dass jeder Konsument in der Regel ohne vorherige Registrierung an der Erstellung und Bearbeitung eines Artikels aktiv teilnehmen kann. Konsumenten arbeiten dadurch gemeinschaftlich an den Inhalten, wodurch der Wissensschatz mehrerer Personen in einem Artikel vereint wird (Boulos/Maramba/Wheeler 2006; Kittur/Kraut 2008). Dieser kollektive Wissensschatz wird daher auch als „Wisdom of the Crowds" bezeichnet (O'Reilly 2007). Die inhaltliche Richtigkeit eines Artikels wird durch dieses System konstant von einer größeren Masse an Personen überprüft. Die Inhalte sind demnach kollektiv zusammengetragen und können keiner einzelnen Person mehr direkt zugeordnet werden (Groß/Hülsbusch 2004). Bearbeitet ein Konsument einen Artikel, so wird das Ergebnis jeweils in einer neuen Version gespeichert. Dem Leser wird die jeweils letzte Version des Artikels angezeigt.

Da jeder Konsument einen Artikel bearbeiten kann, ist jedes Wiki der Gefahr des Vandalismus ausgesetzt (Wagner/Majchrzak 2006). Um diese einzuschränken wird jede Änderung und jedes Editieren in einer Historie festgehalten, die zum Teil bis zur ersten Version zurückreicht. Unterstützt wird dies zusätzlich durch eine „RecentChanges"-Seite, die die letzten Änderungen im Wiki chronologisch auflisten (siehe **Abbildung 4.10**) und durch eine „Diff"-Funktion, die Änderungen zwischen zwei Versionen eines Artikels zeigt. Unter der Voraussetzung, dass konstant daran gearbeitet wird, ist hierdurch eine dauerhafte Schädigung des Wikis relativ gering (Przepiorka 2006; Möller 2005).

Abbildung 4.10   Versionshistorie des Artikels zum Begriff „Devisen" bei Wikipedia
(Quelle: Wikipedia 2010)

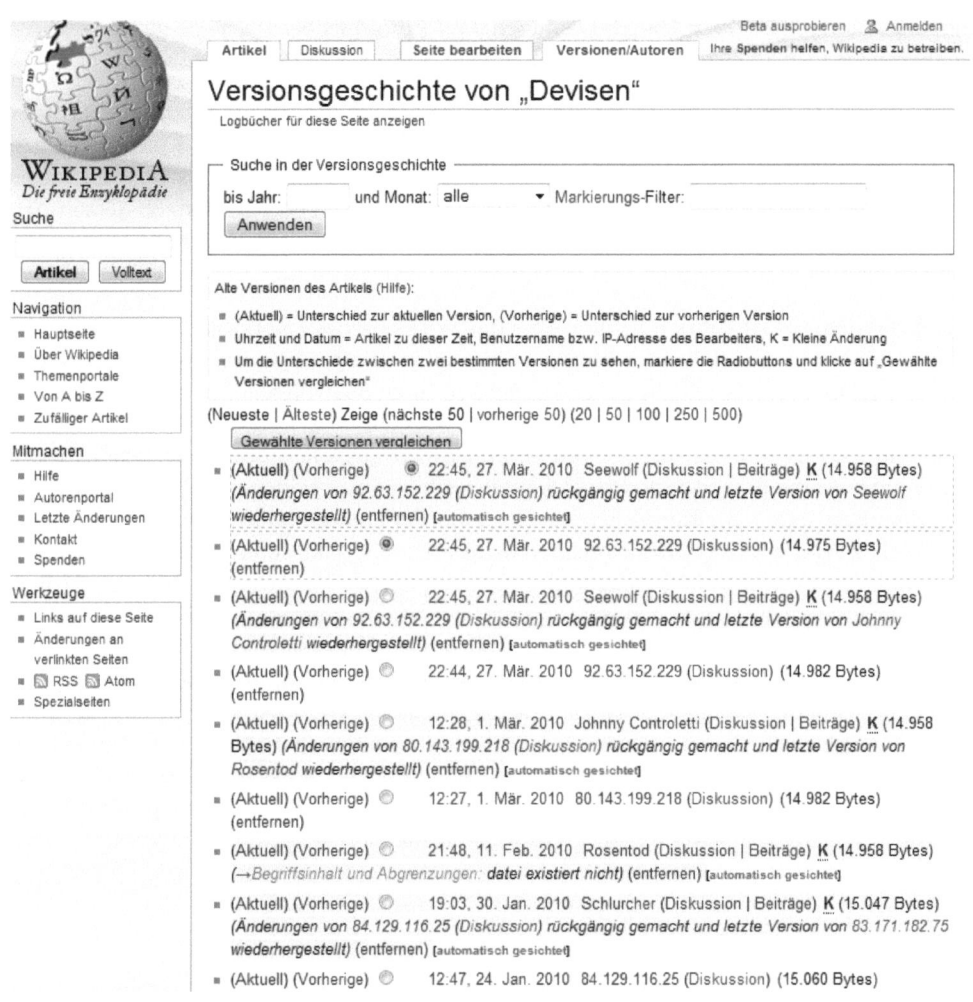

Eine weitere Besonderheit ist, dass Artikel untereinander sehr einfach verlinkt werden können. Letztendlich besteht die Möglichkeit jedes Wort innerhalb eines Textes mit einem anderen Artikel zu verbinden. Taucht in einem Artikel über Wertpapiere das Wort „Börse" auf, so kann dieses Wort direkt mit dem Artikel, der die Börse beschreibt, verlinkt werden. Dadurch entsteht ein geschlossenes Informationsnetzwerk (Przepiorka 2006), welches dem Leser eine angenehme und schnelle Suche nach gewünschten Wiki-Artikeln ermöglicht. Daher werden Wikis, vor allem *Wikipedia*, oft als bevorzugte Informationsquelle eingesetzt, um einen Einstieg in ein Thema zu bekommen (Trump/Klingler/Gerhards 2007).

4.4.1.2   Technische Voraussetzungen für den Einsatz

Für die Bereitstellung eines Wikis werden aus technischer Sicht lediglich ein Internet-Server und eine dort installierte Wiki-Software benötigt. Als Wiki-Software bieten sich die eingangs erwähnten Open-Source-Lösungen *TWiki* und das bei *Wikipedia* eingesetzte *MediaWiki*, aber auch kostenpflichtige Lösungen, wie z.B. Socialtext und Confluence, an.

Ist die Software ausgewählt, so folgt der kritische Schritt der Inhaltserstellung. Da Wikis sehr einfach ohne Programmierkenntnisse direkt über den Browser vom Konsumenten zu bearbeiten sind, stellt die Bedienung hier kein Hindernis dar (Przepiorka 2006). Möchte ein Unternehmen ein Wiki zu Verfügung stellen, so muss es sich entscheiden, ob dessen Artikel nur durch die eigenen Mitarbeiter (bzw. eine Redaktion) erstellt und bearbeitet werden können oder ob es für alle Internetnutzer geöffnet wird.

Die erste Möglichkeit hat den Vorteil, dass das Wiki unter der Kontrolle des betreibenden Unternehmens ist. Vandalismus durch das Einstellen von Artikeln mit unwahren Inhalten oder Verfälschungen bereits bestehender Artikel durch böswillige externe Nutzer kann so eingedämmt werden. Zudem kann verhindert werden, dass Konsumenten mit unzureichendem Fachwissen Artikel mit Fehlinformationen einstellen oder bestehende Artikel durch ihre Bearbeitung verfälschen. Diese Vorgehensweise widerspricht aber dem Web-2.0-Charakter, dass jeder Konsument aktiv an der Erstellung von Inhalten teilhaben kann. Ein solches Wiki wird vom Konsumenten nicht mehr als Wiki, sondern als einfaches Lexikon wahrgenommen, welches alleine der passiven Recherche dient. Die Fülle an Artikeln hängt in diesem Fall alleine von der Aktivität der Mitarbeiter oder der Redaktion ab und die Erschaffung eines kollektiven Wissensschatzes wird eingeschränkt, da die Artikel nur auf deren Wissen beruhen. Ein Wiki, welches die Bearbeitung von allen Konsumenten unterstützt, hat den Nachteil, dass das Unternehmen die Zeit aufwenden muss, alle Artikel kritisch durchzusehen, um unbeabsichtigte Fehlinformationen oder Vandalismus zu verhindern. Je nachdem, wie ein Unternehmen sich entscheidet, muss es entweder alle Artikel selbst erstellen oder die vom Kollektiv erstellten Artikel auf Richtigkeit prüfen. Es gilt abzuschätzen, welche Variante einerseits mehr Kosten verursacht und andererseits einen besseren Service für den Leser bietet.

4.4.1.3   Einsatzgebiete

Grundsätzlich kann ein Finanzdienstleister Wiki-Systeme auf zwei Arten einsetzen: Einerseits kann er selbst ein Wiki erstellen und den Konsumenten anbieten, andererseits kann er auf bestehende Wikis externer Betreiber zurückgreifen und dessen Inhalte auf der eigenen Website einbinden oder verlinken.

Das wohl bekannteste Wiki, die Online-Enzyklopädie *Wikipedia*, bietet an, dass Betreiber von Webseiten die Artikel aus *Wikipedia* in die eigene Seite einbinden können, sofern klar sichtbar ist, dass die Inhalte aus der *Wikipedia* stammen. Dies ermöglicht den Finanzdienstleistern, grundlegende Informationen zu ihren Produkten auf ihrer Webseite zu integrieren, was Kosten- und Zeitersparnisse bewirken kann, gerade bei großen Unternehmen aber Fragen hinsichtlich Corporate Design und Reputation aufwerfen mag.

Bietet der Finanzdienstleister beispielsweise Wertpapierdepots an, so kann er auf den dazugehörigen Artikel in der *Wikipedia* zurückgreifen, um mit unabhängigen Basisinformationen seine Produktseite zu ergänzen.

Eine weitere Möglichkeit ist das Verlinken von Artikeln. Bei Begriffen, die in den Texten auf der Webseite eines Finanzdienstleisters verwendet werden und nach weiterer Erklärung verlangen, bietet es sich an, diese Begriffe direkt mit dem betreffenden Artikel in der *Wikipedia* zu verlinken. Dies erspart dem informationssuchenden Konsumenten die eigene manuelle Suche nach detaillierten Informationen.

Selbst erstellte und angebotene Wikis eignen sich zum Beispiel zur Bereitstellung von Produktinformationen, Strukturierung der so genannten „Frequently-Asked-Questions"-Seiten (FAQ) nach Stichworten oder zum rein unternehmensinternen Wissensmanagement.

1. Bereitstellung von Produktinformationen:

   Bei der Bereitstellung von Produktinformationen kann der Finanzdienstleister Basisinformationen, Zusatzinformationen oder auch Erfahrungsberichte seiner Kunden den Besuchern seiner Webseite zur Verfügung stellen, um die Suche nach Produktinformationen zu erleichtern und die Informationen aufzuwerten (Möhlenbruch/Dölling/Ritschel 2008).

2. Frequently Asked Questions:

   „Frequently Asked Questions", die viele Unternehmen in ihrem Internetauftritt anbieten, müssen keine statischen Seiten sein, sondern können auch als Wiki umgesetzt werden (Wagner 2004). Dies erleichtert dem Konsumenten die Suche nach Informationen einerseits durch die Stichwortsuche und andererseits durch die Verlinkung der Artikel untereinander.

In diesen beiden Einsatzfeldern von Wikis muss der Finanzdienstleister sich entscheiden, ob er die Teilnahme von Konsumenten erlaubt. Die Ergänzung der Produktinformationen durch Erfahrungsberichte von Kunden kann die Glaubwürdigkeit der Konsumenten steigern und signalisiert die Bereitschaft zur Transparenz seitens des Finanzdienstleisters. Ohne die Teilnahme der Konsumenten ist eine solche Ergänzung jedoch nur eingeschränkt möglich und verhindert eine dynamische Entwicklung der Wiki-Inhalte. Besonders ein FAQ-Wiki kann von der Teilnahme der Konsumenten profitieren. Sie können hier einfach und schnell Fragen, die sie haben, einstellen. Der Finanzdienstleister, aber auch Konsumenten, die schon das gleiche Problem zu lösen hatten, können auf diese Fragen antworten. Der Finanzdienstleister muss die Inhalte der Antworten in diesem Fall nur auf Richtigkeit prüfen. Zeit und Kosten für die Beantwortung der Frage selbst können eingespart werden.

3. Unternehmensinternes Wissensmanagement:

   Durch die Vereinigung des Wissens unterschiedlicher Mitarbeiter wird eine gemeinsame Wissensbasis geschaffen, ergänzt und ausgebaut (Przepiorka 2006). Verlässt ein Mitarbeiter die Abteilung, den Standort oder das Unternehmen, so geht sein Wissen damit nicht vollständig verloren (Wagner 2004). Zudem können standardisierte Arbeitsabläufe oder die Tätigkeitsfelder einzelner Mitarbeiter oder Abteilungen beschrieben werden. Zuständigkeiten können dadurch leichter und schneller gesucht und gefunden werden (Przepiorka 2006; Smolnik/Riempp 2006).

4.4.1.4   Prominente Beispiele

Das wohl prominenteste Wiki ist die Online-Enzyklopädie *Wikipedia* (www.wikipedia.org). Sie enthält Artikel in 260 Sprachen zu den verschiedensten Themengebieten. Im November 2009 war die englische Ausführung mit rund 3 Mio. Artikeln die umfangreichste, gefolgt von der deutschsprachigen mit fast 1 Mio. Artikeln (Wikipedia 2009). Hier kann der Konsument auch auf eine Vielzahl an Artikeln zurückgreifen, um sich einen Einstieg in Themen rund um die Finanzwelt, wie z.B. die Altersvorsorge, zu verschaffen.

Wikis, die von Finanzdienstleistern betrieben werden, aber auch dem Konsumenten die Möglichkeit zur aktiven Teilnahme bieten, sind bisher nur in geringem Umfang zu finden. Wirklich erfolgreiche Beispiele sind selten. Eines der wenigen Beispiele ist das *Eco-Wiki* des Tätigkeitsbereichs Asset Management der KBC Bank (www.eco-wiki.de). Die KBC Bank ist einer der führenden Anbieter von nachhaltigen Investments europaweit und seit 1992 auf dem Markt. Sie haben das Eco-Wiki entwickelt, um das Wissen über nachhaltiges Investieren effizient gebündelt und transparent darzustellen und es allen Interessierten, also nicht nur der KBC Bank intern, bereitzustellen (Eco-Wiki 2009). Im Gegensatz zu *Wikipedia* müssen sich Konsumenten hier, um Wiki-Seiten mitgestalten zu können, vorher registrieren. Vielleicht ist dies ein Grund dafür, dass bisher (Stand: November 2009) noch kein Konsument aktiv an diesem Wiki teilgenommen hat. Ein Blick auf die Änderungshistorie zeigt, dass alle Änderungen durch den Administrator vorgenommen wurden.

Die südafrikanische Standard Bank liefert in ihrem „Achiever Blog" ein Finanzglossar, welches stark an ein Wiki-System angelehnt ist (achieverwiki.standardbank.co.za/). Verschiedene Begriffe aus der Finanzwelt von „Access Bond" bis „Windfalls" werden hier so erklärt, dass es auch für den Laien verständlich ist. Dieses Glossar verzichtet jedoch auf verschiedene Standard-Funktionen eines Wikis. Ein Eingabefeld für die Stichwortsuche ist nicht vorhanden. Die Artikel sind untereinander nicht verlinkt, so dass man ein Wort innerhalb eines Artikels, auch wenn es im Wiki einen eigenen Artikel besitzt, erneut nachschlagen muss, anstatt einfach auf das Wort klicken zu können. Die Artikel können zudem nicht von Konsumenten bearbeitet oder ergänzt werden.

Ein weitaus umfangreicheres Finanzglossar auf Basis eines Wikis bietet die internationale Nachrichtenagentur Reuters Group PLC (glossary.reuters.com). **Abbildung 4.11** zeigt den Eintrag, der den Begriff *Bond* erklärt. Im Hintergrund wird die gleiche Software wie bei *Wikipedia*, nämlich *MediaWiki* eingesetzt. Die Artikel werden konstant überarbeitet, wie man in der Änderungshistorie ablesen kann. Jedoch bleibt der Konsument auch hier nur Leser und kann sich nicht an der Gestaltung der Inhalte beteiligen.

Abbildung 4.11 Artikel zum Begriff „Bond" im Finanzglossar von Reuters
(Quelle: Reuters Group PLC 2010)

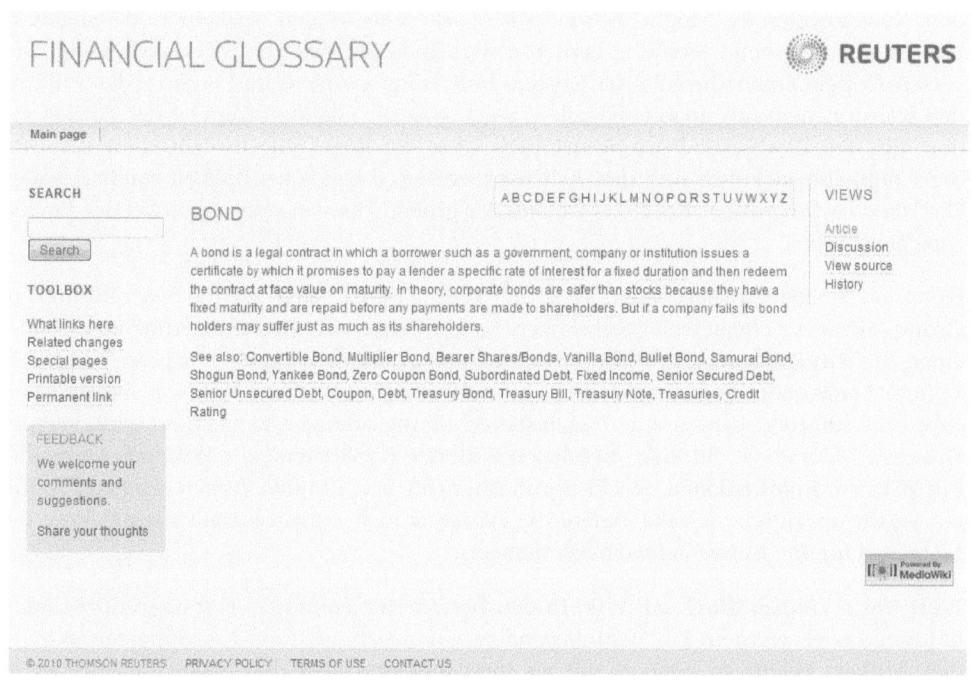

Das *ValueWiki* (www.valuewiki.com) ist ein Beispiel für ein Wiki, welches keinem Unternehmen zugeordnet werden kann. Es handelt es sich um eine Plattform, die speziell auf Wertpapiere ausgerichtet ist. Ziel ist es, die kollaborativen Stärken von Internet-Foren sowie den Informationsgehalt von Finanzportalen auf einer Webseite zu vereinen. So erhält man für jedes Wertpapier, neben einer aktuellen Darstellung des Kursverlaufs, eine aggregierte Auflistung der neuesten Nachrichten und Analysen.

Mit einem unternehmensinternen Wiki konnte Dresdner Kleinwort seit der Einführung im Jahr 2004 Erfolge verzeichnen. Bereits 2.500 Mitarbeiter nutzen die interne Plattform, um Meetings zu vereinbaren, Informationen zu vereinigen und Präsentationen zu erstellen. Informationen wurden nicht mehr nur als statische Anhänge von E-Mails gesehen, sondern bekamen ein aktuelles, dynamisches Ansehen im Kreise der Mitarbeiter. Weitere Fortschritte wurden im Bereich der besseren internen Ressourcennutzung, der effizienteren Teamkommunikation, der Zeiteinsparungen und der leichteren Koordination und Durchführung von Meetings verzeichnet (Socialtext 2006).

4.4.1.5   Fazit und Bewertung

Wikis bieten eine interessante und einfache Möglichkeit dem Konsumenten Informationen zur Verfügung zu stellen. Um der Idee des Wikis richtig zu entsprechen, ist es nötig, auch dem Konsumenten die Möglichkeit zu geben, sich aktiv an den Artikeln zu beteiligen. So fühlt er sich mit seiner Meinung berücksichtigt und das Wiki vergrößert sich stetig. Dies verschafft dem Finanzdienstleister Kosten- und Zeitersparnisse und ergänzt das Wiki für den Konsumenten mit unabhängigem Wissen, was die Glaubwürdigkeit der Artikel fördert. Ein demokratischer Wissensaustausch ist in der Regel jedoch nicht kompatibel mit der Unternehmenskultur und den Arbeitsprozessen, die sich bei Banken etabliert haben. Die Überwindung dieses Konflikts ist eine der großen Herausforderungen bei der Etablierung eines Wikis.

Bietet ein Finanzdienstleister ein Wiki an, dessen Inhalte sich auf die Vermittlung von Grundwissen zur Finanzwelt beschränken, so ist offen, ob dies dem Konsumenten letztlich einen Mehrwert bietet. Dieses Feld wird bereits erfolgreich durch *Wikipedia* besetzt. Es sollte daher vorher überprüft werden, ob und wie sich das eigene Wiki von *Wikipedia* abhebt und aufgrund dessen eine Daseinsberechtigung erlangen kann. Eine erfolgversprechendere Variante ist ein Wiki, welches die direkte Konkurrenz zur *Wikipedia* vermeidet. Ein Wiki mit Informationen und Erfahrungsberichte von Kunden zu den eigenen Produkten würde spezifische Inhalte bieten, die *Wikipedia* nicht führt und auf diesem Weg den Mehrwert für den Konsumenten hervorheben.

Werteffekte können durch ein Wiki in den Bereichen Neukundenwerbung und Kundenbindung erzielt werden. Ein Wiki, besonders wenn sich auch die Konsumenten aktiv an den Artikeln beteiligen können, gilt als innovativ und hebt den Finanzdienstleister als innovatives Unternehmen hervor, da die in der Finanzwelt vorherrschende konservative Unternehmenskultur aufgebrochen wird. Dies verschafft Aufmerksamkeit und kann somit neue Kunden zum Unternehmen führen. Zudem können Erfahrungsberichte bei Produktinformationen innerhalb eines Wikis die Glaubwürdigkeit und den Willen zur Transparenz des Finanzdienstleisters belegen und das Vertrauen des Konsumenten gewinnen, was letztendlich in einem Produktkauf resultieren kann (Werteffekt *Mehr Kundenakquisition:* +). Ein direkter Produktverkauf über das Wiki sollte jedoch nicht angeboten werden, damit die Authentizität der Artikel nicht in Frage gestellt wird (Werteffekt *Mehr Cross-Selling:* O).

Bereiche in einem Wiki, die exklusive Zusatzinformationen zu Produkten bieten und nur den Kunden zugänglich sind, können zur Erhöhung der Wechselkosten des Kunden beitragen und so die Kundenbindung stärken. Die Kundenbindung kann auch gestärkt werden, wenn der Kunde mithilfe des Wikis schnell, bequem und jederzeit Lösungen bei Fragen zum Umgang mit seinem Produkt recherchieren kann und keine Hotline oder einen Filialbesuch in Anspruch nehmen muss (Werteffekt *Mehr Kundenbindung:* ++).

Tabelle 4.8   Bewertung von Wikis

Interessens- gruppe / Kriterium	Konsument	Finanzdienstleister

Chancen	■ Einfache und bequeme Möglichkeit Basis- und auch Detail-Informationen über Finanzprodukte zu erlangen
	
	■ Konsumentenbeteiligung an einem Wiki macht die Artikel unabhängiger und transparenter
		■ Schnelle Verbreitung und gute Strukturierung von Informationen
		
		■ Kosten- und Zeitersparnis durch aktive Beteiligung der Konsumenten an den Inhalten
		
		■ Artikel von Konsumenten können glaubwürdiger und einfacher zu verstehen sein, als Artikel von Fachleuten
		
		■ Werteffekte:
		  – Mehr Kundenakquisition: +
		  – Mehr Cross-Selling: O
		  – Mehr Kundenbindung: ++

Herausforderungen	■ Artikel müssen kritisch gelesen werden, um Fehlinformationen zu erkennen	■ Überwindung der hierarchischen Unternehmenskultur für die Öffnung des Wikis für Konsumentenbeteiligung ■ Gewinnung der kritischen Menge an aktiven Konsumenten ■ Qualitätskontrolle der Konsumenten-beiträge auf Richtigkeit ■ Schnelle Erkennung und Vermeidung von Vandalismus

4.4.2 Bewertungsplattformen

4.4.2.1 Darstellung und Funktionsweise

Bewertungsplattformen ermöglichen Konsumenten kostenfrei Erfahrungen und Meinungen über Produkte und Unternehmen im Internet zu lesen und zu veröffentlichen (Dellarocas 2006). Die Fülle an unabhängigen Instituten oder Fachzeitschriften, die Konsumenten mit Experten-Tests bzw. -Beurteilungen von Produkten versorgen, lässt die Frage aufkommen, ob Bewertungsplattformen eine Daseinsberechtigung haben. Diese Frage lässt sich sehr schnell positiv beantworten, wenn fünf Fakten, die in engem Zusammenhang mit solchen Plattformen stehen, näher betrachtet werden:

1. Vertrauen in verschiedene Informationsquellen:

    Laut einer Umfrage der Marktforschungsagentur AC Nielsen im Jahr 2009 vertrauen 70% der Befragten Konsumentenmeinungen, die online verbreitet werden (2007 waren es bei einer vergleichbaren Erhebung 61%) (AC Nielsen 2009). Nur den Weiterempfehlungen von Bekannten wird laut dieser Erhebung noch mehr vertraut. Artikel in Zeitungen und Magazinen erreichen hier nur Werte von 61% bzw. 59% (siehe auch **Abbildung 4.12**). Konsumenten, die sich nach Produkten und Dienstleistungen erkundigen, vertrauen also primär auf Informationsquellen, die der *Word-of-Mouth-Kommunikation* zuzuordnen sind, wie z.B. Bewertungsplattformen.

2. Keine Berücksichtigung individueller Erfahrungen in Experten-Tests:

    Urteile von Experten eines Instituts oder einer Fachzeitschrift können sich sehr von den individuellen Erfahrungen eines Konsumenten unterscheiden, da verschiedene Vorkenntnisse vorliegen. Ein Konsument auf Informationssuche kann sich in einer Bewertungsplattform den Bewerter heraussuchen, dem er selbst am ähnlichsten ist, und bekommt somit eine Beurteilung, die besser auf seine Vorkenntnisse zugeschnitten ist.

3. Selektiver Test von Produkteigenschaften:

    Experten-Tests untersuchen selten alle Eigenschaften eines Produkts und konzentrieren sich auf die Eigenschaften, die für den Großteil der Konsumenten von Bedeutung sind. Es kann somit vorkommen, dass spezielle Produkteigenschaften, die nur wenigen Konsumenten wichtig sind, nicht im Test auftauchen. Auf Bewertungsplattformen vereinen sich Konsumenten mit den verschiedensten Präferenzen für Produkteigenschaften. Hier ist die Wahrscheinlichkeit hoch, dass ein Konsument auch seine spezifischen Fragen zu einem Produkt klären kann.

4. Heterogenität der Präferenzen:

    Konsumenten können sich in ihren Präferenzen für verschiedene Produkteigenschaften stark unterscheiden. Ein Produkt, das den Präferenzen des einen Konsumenten gut entspricht, kann eventuell die Präferenzen eines anderen Konsumenten nicht bedienen. Dies hat sehr unterschiedliche Bewertungen des gleichen Produktes zur Folge. Auf einer Bewertungsplattform kann sich der Informationssuchende die Bewertungen der

Konsumenten heraussuchen, deren Präferenzen mit den seinigen am besten übereinstimmen. Er erhält so eine Produktbewertung, die besser seinen Produktpräferenzen entspricht.

5. Seltene Tests von Nischenprodukten:

   Konsumenten, die sich über Nischenprodukte erkundigen wollen, finden oft keine Tests von unabhängigen Experten. Aber es ist sehr gut möglich, dass sie auf einer Bewertungsplattform einen anderen Konsumenten finden, der dieses Nischenprodukt schon gekauft und seine Erfahrungen darüber veröffentlicht hat.

Abbildung 4.12 Konsumentenvertrauen in verschiedene Informationsquellen (Quelle: AC Nielsen 2009)

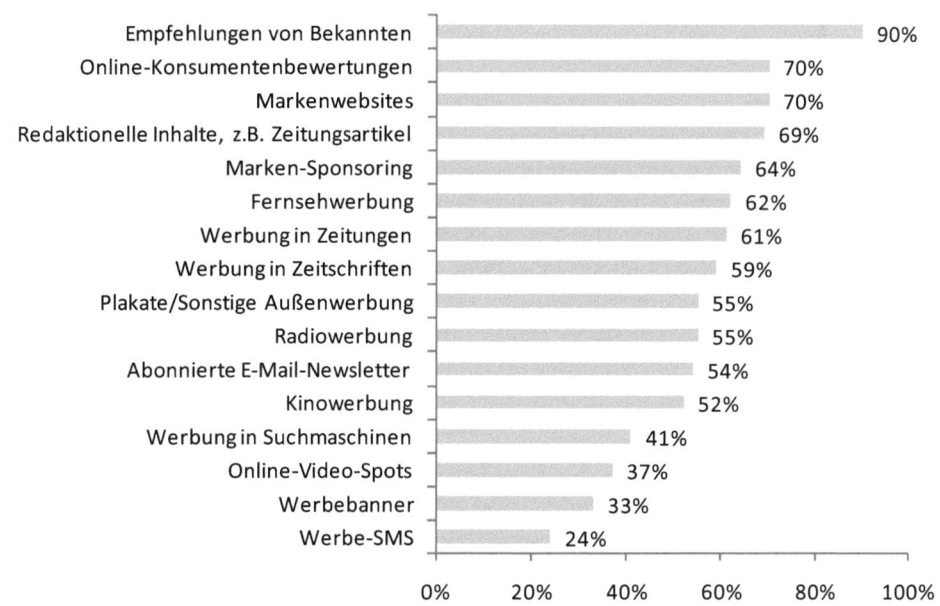

Nahezu alle Bewertungsplattformen vereinen zwei Basisbewertungsfunktionen für Produkte: (1) textbasierte, verbale Bewertungen und (2) formalisierte Bewertungen, meist anhand von fünfstufigen Skalen (Hennig-Thurau 2004). Zudem bieten die meisten Plattformen den Lesern noch an, die Nützlichkeit der Beiträge und die Glaubwürdigkeit der Autoren zu bewerten. Experteninformationen, die auf objektiven Tests oder Untersuchungen basieren, werden auf den Plattformen selten veröffentlicht. Alle Bewertungen beruhen auf den individuellen Erfahrungen der Konsumenten. Die erstellten Bewertungen werden

Oberkategorien zugeordnet und anschließend nach Produktgruppen, Marken oder einzelnen Herstellern eingeteilt. Bei den meisten Bewertungsplattformen muss sich der Konsument registrieren, um danach Bewertungen verfassen und veröffentlichen zu können.

Bewertungsplattformen kann man anhand der Betreiber in die drei Kategorien *unabhängige
Plattformen*, *Händlerplattformen* und *Herstellerplattformen* einteilen, die in **Tabelle 4.9** detaillierter beschrieben werden.

Tabelle 4.9   Kategorisierung der Betreiber von Bewertungsplattformen

Kategorie	Beschreibung	Beispiele
Unabhängige Plattformen	Diese Bewertungsplattformen werden weder von Konsumenten noch von Herstellern betrie-ben und kontrolliert, sondern von einer unab-hängigen dritten Partei. Sie dienen als reine Plattform für Bewertungen ohne dass Produkte direkt angeboten werden.	dooyoo.com ciao.de whofinance.de
Händler-plattformen	Online-Händler werten ihr Serviceangebot gerne mit Bewertungsplattformen auf, die in ihren Online-Shop eingebunden sind. Kunden der Online-Händler können hier bereits ge-kaufte Produkte bewerten. Betrieben und kon-trolliert werden diese Plattformen von den Online-Händlern selbst. Momentan ist diese Form vorzugsweise im Konsumgüterhandel zu finden.	Amazon.de notebooksbilliger.de
Hersteller-plattformen	Onlineauftritte von Produktherstellern oder Dienstleistern beinhalten in der Regel Be-schreibungen der verschiedenen Produkt- und Dienstleistungsangebote. Zur Steigerung der Glaubwürdigkeit können Hersteller eine Pro-duktbewertung einbinden.	hp.com

Durch die bessere Vergleichbarkeit untereinander eignen sich in der Finanzdienstleistungsbranche standardisierte und risikoarme Produkte, wie z.B. Haftpflichtversicherun-
gen, Giro-, Spar- und Festgeldkonten, auf den ersten Blick besser für eine Bewertung. Diese Produkte passen besser auf größere Segmente von Konsumenten und infolgedessen ist
die Reichweite einer Bewertung auch größer. Wie schon am Anfang dieses Kapitels beschrieben, haben jedoch auch Bewertungen von sehr individuellen Produkten einen großen Wert für den Konsumenten. Je mehr es sich durchsetzt, dass Kunden, die von ihnen

bezogenen Produkte bewerten, desto eher wird ein informationssuchender Konsument einen Bewerter finden, der ihm ähnlich ist. Besonders bei Nischenprodukten ist der Konsument fast schon auf Bewertungsplattformen angewiesen, da es wahrscheinlicher ist eine Bewertung eines Kunden zu finden als eine Expertenbewertung. Da bei stark individuellen Produkten oder Nischenprodukten selten ausreichend viele Bewertungen vorhanden sind, um sich ein objektives Bild zu verschaffen, muss der informationssuchende Konsument hier im Stande sein, die teilweise sehr subjektiven Bewertungen sinnvoll zu interpretieren.

Neben der Differenzierung zwischen individuellen und standardisierten Produkten ist es sinnvoll, Produkte nach ihrer hedonischen oder utilitaristischen Funktion zu unterscheiden. Hedonische Güter, wie Musik oder Kunst, werden gefühlsbezogen wahrgenommen und dienen dem ästhetischen oder sinnlichen Vergnügen, der Fantasie und dem Spaß. Utilitaristische Güter, wie eine Waschmaschine, sind Gebrauchsgüter und werden genutzt um eine funktionelle oder praktische Aufgabe zu vollbringen. Hedonische Güter unterliegen einem Positivitätseffekt, das heißt negative Äußerungen werden aufgrund der unterstellten stärkeren subjektiven Wahrnehmung eines solchen Gutes, schwächer bewertet. Beispielsweise wird ein negatives öffentliches Urteil über eine musikalische Darbietung schwächer bewertet, da viele subjektive Komponenten wie Geschmack bei der Bewertung einfließen. Utilitaristische Produkte unterliegen hingegen dem Negativitätseffekt: Negative Äußerungen werden stärker empfunden, da die subjektive Komponente eher zu vernachlässigen ist. Bei dieser Art von Produkten zählen Fakten statt Empfindungen. Der Nutzen von Bewertungen utilitaristischer Produkte ist für den Konsumenten allgemein größer, da sie im Vergleich zu hedonischen Produkten glaubhafter und objektiver wahrgenommen werden (Sen/Lerman 2007). In diesem Zusammenhang sind Finanzprodukte aufgrund ihrer funktionellen Aufgaben den utilitaristischen Gütern zuzuordnen und eignen sich daher gut, um auf einer Bewertungsplattform sinnvoll bewertet zu werden.

Neben dem Finanzprodukt an sich kann auch das damit verbundene Personal beurteilt werden. Auf der Plattform *WhoFinance* (whofinance.de) bewerten Konsumenten ihre Finanzberater und liefern so anderen Konsumenten einen guten Überblick darüber, wo sie einen guten Service erfahren haben.

4.4.2.2   Technische Voraussetzungen für den Einsatz

Word-of-Mouth-Kommunikation, z.B. in Form von Empfehlungen von Freunden und Bekannten, war schon immer eine Möglichkeit sich über Produkte zu informieren. Vor der Verbreitung des Internets war dies in der Regel mit einer Kommunikation unter Anwesenden verbunden. Das Internet vereinfachte den Austausch von Informationen und machte es möglich, Erfahrungen mit Produkten mit einer breiten Masse an Konsumenten zu teilen und somit nicht nur Personen aus dem Bekanntenkreis zu erreichen (Sen/Lerman 2007). Die Konsumenten wurden also zunehmend daran gewöhnt, ihre Informationen über Produkte nicht nur durch die Werbung oder durch Händler, sondern auch durch Erfahrungsberichte von anderen, auch fremden Konsumenten im Internet zu bekommen. Für eine breite Durchsetzung von Bewertungsplattformen war letztendlich die einfache Bedienung verantwortlich, die z.B. durch den Einsatz von Editoren zur Seitenbearbeitung und der damit verbundenen Entwicklung hin zu dynamischen Internetseiten erreicht wurde. Jedermann kann inzwischen ohne spezielle Computer- und HTML-Kenntnisse via Webbrowser Inhalte auf Bewertungsplattformen veröffentlichen und sie mit einer breiten Masse von anderen Konsumenten teilen und diskutieren.

4.4.2.3   Einsatzgebiete

Bewertungsplattformen zeigen insbesondere in zwei Einsatzgebieten ein hohes Potenzial: (1) bei der Unterstützung der Marktforschung und darauf aufbauend die Verbesserung der Produktqualität und (2) bei der Erzeugung und Signalisierung von Transparenz in der Produktqualität für den Konsumenten. Beide Einsatzfelder werden in diesem Kapitel detaillierter beschrieben.

Die Beobachtung der Entwicklung der *Word-of-Mouth-Kommunikation* im Internet durch das Verfolgen der Bewertungen ermöglicht es einem Finanzdienstleister zu erkennen, was er an seinen Finanzprodukten ändern oder verbessern muss, um sie den Wünschen der Konsumenten anzupassen. Konsumentenpräferenzen hängen stark mit aktuellen Umgebungsentwicklungen zusammen und können somit zeitlichen Trends unterliegen. Diese Trends in den Konsumentenpräferenzen können durch das Verfolgen von Bewertungen auf Bewertungsplattformen erkannt und darauf reagiert werden. Erfasste Kundenwünsche sind wertvolle Informationen für die Produktentwicklung und die Marktforschung und können für eine Kundenzufriedenheitsanalyse oder die Verbesserung der Produkte genutzt werden und somit einen Beitrag zur Qualitätssteigerung leisten. Durch die öffentliche Darstellung der Konsumentenmeinungen stellen gerade Bewertungsplattformen für ein Unternehmen ein neues Marketinginstrument oder gar einen Wettbewerbsvorteil dar (Dellarocas/Zhang/Awad 2004). Weiber (2002) erklärt in diesem Zusammenhang das Konzept des Informations-Dreisprungs, welcher sich in drei Phasen unterteilt:

1. *„Information screening"-Phase:* Ein Finanzdienstleister beobachtet die Bewertungen und Beiträge der Konsumenten und wertet diese systematisch aus, um wichtige Informationen zur Kundenzufriedenheit und Wahrnehmung seiner eigenen Produkte sowie der Konkurrenzprodukte zu gewinnen.

2. *„Information processing"-Phase:* Produktverbesserungsvorschläge werden durch den Finanzdienstleister evaluiert und umgesetzt. Ursachen der Kundenbeschwerden werden erforscht.

3. *„Information signalling"-Phase:* Der Prozess der Produktverbesserung auf Basis der Bewertungen wird in der Öffentlichkeit ausgelobt.

Besonders im Finanzdienstleistungsbereich signalisiert die Wahrnehmung der Konsumentenbewertungen durch den Finanzdienstleister, dass er sich um seine Kunden kümmert und sie ernst nimmt. Das Vertrauen in den Finanzdienstleister und dessen Produkte kann auf diese Weise gestärkt werden. Insbesondere bei vertrauensempfindlichen Dienstleistungen, die oft in der Finanzdienstleistungsbranche gehandelt werden, ist dies sehr wichtig.

Auch bei der Absatzprognose können Bewertungen eingesetzt werden. Dellarocas et al. (2007) zeigten, dass Modelle, die Bewertungen mit einbeziehen, präzisere Prognosen lieferten als Modelle ohne Berücksichtigung von Bewertungen. Diese Modelle wurden in der Unterhaltungsindustrie eingesetzt, sind aber auch in der Finanzdienstleistungsbranche vorstellbar.

Ein weiteres Einsatzgebiet von Bewertungen ist die Integration einer Bewertungsfunktion direkt bei den Produktbeschreibungen in den Onlinepräsenzen von Herstellern (siehe auch **Tabelle 4.9**). Hewlett-Packard bietet eine solche Bewertungsfunktion und signalisiert damit einerseits, dass ihr die Meinungen ihrer Kunden wichtig sind und geben den informationssuchenden Konsumenten andererseits mehr Transparenz über die wahrgenommene Qualität und den Leistungsumfang ihrer Produkte. Falls keine eigene Bewertungsfunktion integriert werden soll, ist es auch möglich die Bewertungen von unabhängigen Plattformen in die Produktbeschreibungen einzubinden. RSS-Feeds bzw. Widgets ermöglichen es, dass automatisiert immer aktuelle Bewertungen von unabhängigen Plattformen angezeigt werden können.

4.4.2.4   Prominente Beispiele

Neben Bewertungsplattformen, die verschiedenste Produktkategorien beinhalten, gibt es inzwischen auch Plattformen auf denen Finanzberater bewertet werden können. Beide Fälle werden nun mit je einem prominenten Beispiel erläutert.

Dooyoo.com hat in Europa nach eigenen Angaben mehr als 2,2 Millionen bewertete Produkte aus nahezu allen Kategorien. Auch Finanzprodukte bilden eine solche Kategorie. Die Plattform hat 3,9 Millionen Visits pro Monat und hat 850.000 registrierte Mitglieder in Deutschland, England, Frankreich, Spanien und Italien. Bewertet wird wie auch bei ciao.de auf einer 5-Sterne-Skala und mit einem Erfahrungsbericht. Ebenfalls besitzt der Bewerter die Möglichkeit, Vor- und Nachteile gesondert in Stichpunkten zusammen zu fassen und ein kurzes Fazit abzugeben. Zwar sind viele Bewerter registrierte Mitglieder, man muss aber nicht registriert sein um eine Bewertung vornehmen zu können. So genannte „Dooyoo-Meilen", die Währung in der vergütet wird, erhalten jedoch nur registrierte Mitglieder. Vergütet wird jede geschriebene Bewertung sowie jeder gelesene Bericht. Diese können später im Verhältnis 3:1 gegen „Webmiles" des gleichnamigen, unternehmensübergreifenden Kundenbindungsprogramms der Bertelsmann-Tochter Arvato eingetauscht werden, welche wiederum auf der Internetpräsenz von Webmiles in eine Prämie eingetauscht werden können. Leser haben die Möglichkeit die gelesenen Bewertungen nach Nützlichkeit zu beurteilen. Dooyoo bietet neben der Produktbewertung eine ganze Reihe weiterer Funktionen, wie zum Beispiel die Suchfunktion, das *dooyooMagazin*, eine Kaufberatung, die Preisentwicklung der einzelnen Produkte in den Partnershops und eine Weiterempfehlungsfunktion mit der man gute Produkte an Freunde und Bekannte weiterleiten kann.

Abbildung 4.13   Konsumentenbewertung eines Beraters auf der Plattform WhoFinance
(Quelle: WhoFinance 2010)

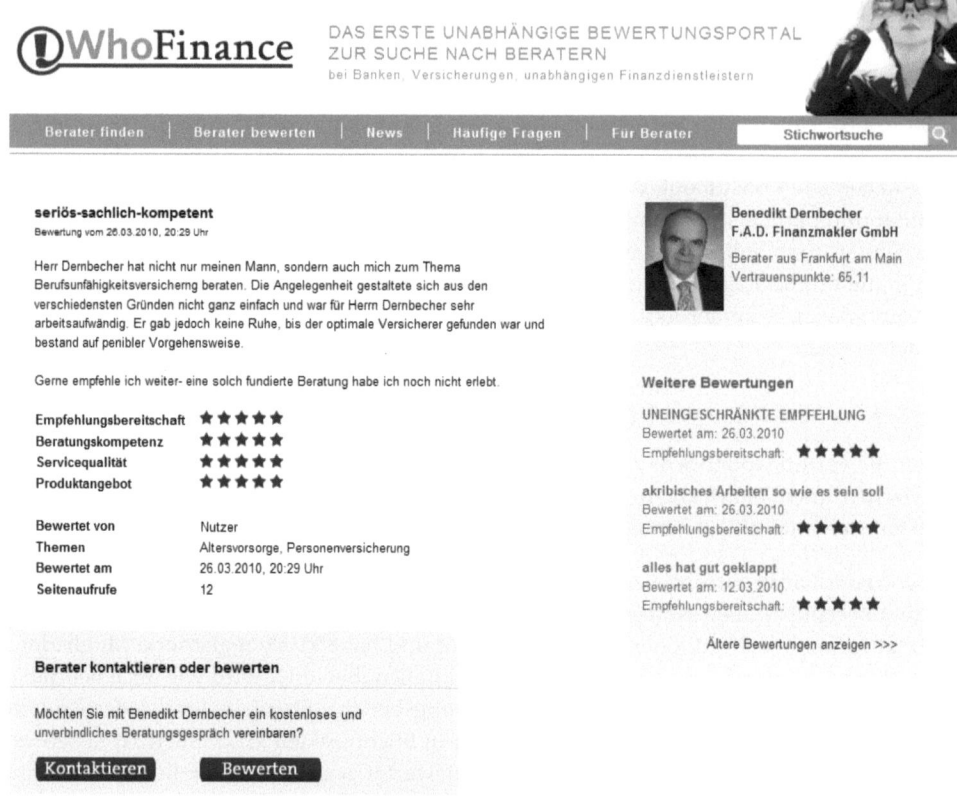

WhoFinance ist eine unabhängige Plattform und ermöglicht Konsumenten eine Bewertung ihres Finanzberaters. Seit September 2007 wurden mehr als 1.300 Berater in Deutschland von ihren Kunden beurteilt. Bewerten darf jeder, der in einer laufenden Geschäftsbeziehung zu dem bewerteten Berater steht, oder innerhalb der letzten drei Monate ein Beratungsgespräch mit dem Berater in Anspruch genommen hat. Jede Bewertung besteht aus einem freien Text, in dem der Konsument den Kontakt und empfundene Vor- und Nachteile detailliert beschreiben kann und einer Einschätzung von vier festgelegten Kriterien (siehe **Abbildung 4.13**). Diese Kriterien sind Empfehlungsbereitschaft, Beratungskompetenz, Servicequalität und Produktangebot und werden auf einer fünfstufigen Skala bewertet. Der zu bewertende Berater muss sich nicht selbst aktiv auf der Plattform registriert haben, auch seine Kunden können ihn auf der Plattform eintragen und sofort eine Bewertung abgeben. Bevor die Bewertung aber letztendlich auf der Plattform veröffentlicht wird, wird sie erst durch die Betreiber geprüft. Eine Vergütung für einzelne Beiträge gibt es nicht, jedoch wird jede Woche, sowie einmal im Monat die aussagekräftigste Bewertung mit 50€ bzw. 500€ belohnt. Neben den Bewertungen bietet *WhoFinance* Tipps zum Thema Finanzdienstleistungen an. Beratern ermöglicht die Webseite, sich eine Profilseite zu erstellen und sich so auf der Webseite zu präsentieren. Das Finanzierungsmodell basiert auf Vermittlungsgebühren, die sie von den Beratern für jeden übermittelten Kontakt erhalten, auf der Schaltung von Werbebannern, sowie auf Marktforschungsaktivitäten.

4.4.2.5   Fazit und Bewertung

Unter allen Informationsquellen genießen Weiterempfehlungen und Konsumentenmeinungen bei den Konsumenten das höchste Vertrauen. Konsumenten, die sich auf Informationssuche befinden, können inzwischen auf eine Fülle an Tests und Bewertungen anderer Konsumenten zurückgreifen und lassen sich teilweise stark von diesen mitunter sehr detaillierten Informationen lenken. Für Finanzdienstleister, die Wert auf ein gutes Image legen und einen guten Kundenkontakt pflegen wollen, ist es unabdingbar die Bewertungen ihrer Produkte zumindest zu verfolgen. Darüber hinaus bietet auch ein aktiver Einsatz von Bewertungsplattformen einige Chancen, um Kundennähe und Produkttransparenz zu signalisieren.

Werteffekte in der Gewinnung von Neukunden werden vor allem dadurch erzielt, dass gut bewertete Produkte mit einer höheren Wahrscheinlichkeit von einem Konsumenten bezogen werden, als Produkte, die nicht auf einer Bewertungsplattform präsent sind. Zwar werden auf Bewertungsplattformen selten direkt Produkte verkauft, jedoch existieren meistens Links zu den Webseiten der Finanzdienstleister, über welche im Anschluss der Kauf vorgenommen werden kann. Eine Auswirkung auf den Umsatz ist somit realisierbar (Werteffekte *Mehr Kundenakquisition:* +++; *Mehr Cross-Selling:* ++). Nach dem Kauf werden, außer der Bewertung des Produkts, keine weiteren Kundenbindungsmaßnahmen mehr mit einer Bewertungsplattform verknüpft. Werteffekte in diesem Feld sind daher nicht eindeutig identifizierbar (Werteffekt *Mehr Kundenbindung:* O). Die wichtigsten Chancen und Herausforderungen werden in **Tabelle 4.10** zusammengeführt.

Besonders für die Marktforschung bieten Bewertungsplattformen die Möglichkeit jederzeit detaillierte Kundenmeinungen zu erlangen, die sonst nur kostenintensiv durch Befragungen oder Interviews erhoben werden können. Diese Meinungen werden aus Eigeninitiative veröffentlicht und sind aus diesem Grund möglicherweise realitätsnaher als Meinungen, die während Befragungen oder Interviews geäußert werden. Bei utilitaristischen Gütern, zu denen Finanzprodukte zählen, werden negative Bewertungen von Konsumenten stärker im Gesamtbild des Produkts gewichtet als positive Bewertungen. Durch die Analyse der vorhandenen negativen Bewertungen und die Verbesserung der Produkte auf Basis der Ergebnisse ist es langfristig möglich zukünftige negative Bewertungen zu reduzieren und die positive Weiterempfehlungsbereitschaft der Konsumenten für die eigenen Produkte zu fördern.

Tabelle 4.10   Bewertung von Bewertungsplattformen

Interessens-gruppe / Kriterium	Konsument	Finanzdienstleister
Chancen	■ Angebot an Finanzprodukten wird transparenter ■ Verbesserung der Produktqualität, wenn der Finanzdienstleister negativen Bewertungen mit Produktverbesserungen begegnet ■ Bewertungen von Konsumenten, die in den Produktpräferenzen ähnlich zum informationssuchenden Konsumenten sind, beinhalten individuellere Informationen ■ Auch Bewertungen für Nischenprodukte können gefunden werden	■ Konsumentenmeinungen können für die Marktforschung, Produktentwicklung und -verbesserung kostengünstig genutzt werden ■ Einbindung von Bewertungen auf der eigenen Plattform signalisiert, dass Kundenmeinungen wichtig sind und ernst genommen werden ■ Bessere Absatzprognosen durch Einbindung von Bewertungen in die Schätzmodelle ■ Werteffekte: – Mehr Kundenakquisition: +++ – Mehr Cross-Selling: ++ – Mehr Kundenbindung: O
Herausforderungen	■ Unterscheidung und Filterung zwischen objektiven und zu subjektiven Bewertungen durch den informationssuchenden Konsumenten ■ Erkennung von Manipulation der Bewertungsplattformen durch die Finanzdienstleister oder auch deren Konkurrenz	■ Konstruktive Kritik muss angenommen und umgesetzt werden, da negative Äußerungen für alle Konsumenten ohne zeitliche Begrenzung abrufbar sind ■ Destruktiver Kritik muss diplomatisch begegnet werden, da kaum eine andere Möglichkeit besteht auf die Verbreitung von Kritik und böswilligen Angriffen in den Bewertungen Einfluss zu nehmen ■ Konsumenten reagieren stärker auf negative als auf positive Bewertungen von Finanzprodukten

4.4.3   Blogs

4.4.3.1   Darstellung und Funktionsweise

Der Begriff *Weblog* setzt sich aus den Worten *Web* (Synonym für das World Wide Web) und *Log* (Synonym für Logbuch) zusammen. In der Praxis hat sich die Kurzform von *Weblog*, nämlich *Blog*, für die Bezeichnung dieser Web-2.0-Anwendung durchgesetzt (Alby 2008).

Autoren von Blogs werden als Blogger bezeichnet. Die Gesamtheit bzw. das Netzwerk, welches sich durch alle Blogs zusammensetzt, wird als Blogosphäre definiert (Zerfaß/Boelter 2005; Wright 2006). Blogs sind häufig aktualisierte, subjektive, oft sehr persönliche Beiträge auf Webseiten, wobei dem Inhalt und den Themengebieten keine Grenzen gesetzt sind. Die einzelnen Beiträge werden fortlaufend publiziert und sind in der Regel chronologisch auf der Webseite aufgelistet und erinnern daher an das Format von Tagebüchern. Öffnet der Blogleser einen Blog wird somit stets der aktuellste Beitrag präsentiert (Przepiorka 2006).

Abbildung 4.14 zeigt den Executive Blogs der RaboPlus Australia, der von Greg McAweeney geführt wird. Neben dem Beitrag des Bloggers (Element 1) beinhaltet ein Blog aus rein technischer Betrachtung in der Regel folgende Funktionen:

- ■ Die **Kommentarfunktion** (Element 2) ermöglicht die Interaktion der Leser mit dem Blogger und der Leser untereinander um über einen Beitrag zu kommunizieren und stellt die wichtigste Funktion eines Blogs dar (Holtz/Demopoulos 2006).

- ■ Die **Blogroll** (Element 5) stellt der Blogger selbst zusammen und beinhaltet eine Linkliste zu den Blogs, die von ihm verfolgt werden oder die er als sehr interessant betrachtet (Holtz/Demopoulos 2006).

- ■ Ein **Trackback** ermöglicht das Herstellen von Verlinkungen zu anderen Blogs. Kommentiert der Blogger einen anderen Blog und nimmt dabei Bezug auf einen eigenen Beitrag, kann durch diese Funktion eine Verbindung zum eigenen Blogbeitrag hergestellt werden. Der Blogger informiert dadurch, dass der jeweilige Beitrag oder dessen Themengebiet auf dem eigenen Blog diskutiert wird (Trump/Klingler/Gerhards 2007).

- ■ **Tagging** ist die Verschlagwortung von Beiträgen. Mehrere Schlagworte werden aus dem Beitrag extrahiert und auf der Startseite in Form einer so genannten Tagcloud platziert um die Suche nach Beiträgen zu erleichtern (Groß/Hülsbusch 2004).

- ■ Über die Bereitstellung eines **RSS-Feeds** (Element 5), der von den Lesern abonniert werden kann, kann der Blogger seine Leser schnell und automatisiert über neue Beiträge informieren ohne dass der Leser selbst nach Neuerungen unter den Beiträgen suchen muss (Groß/Hülsbusch 2004).

- ■ Ältere Beiträge in Blogs, die nicht mehr auf der Hauptseite zu finden sind, werden im **Archiv** (Element 4) gespeichert und sind dort für später eingestiegene Leser abrufbar (Holtz/Demopoulos 2006).

■ **Permalinks** sind die URLs der einzelnen Beiträge. Der Name entsteht dadurch, dass die Beiträge permanent eine klar identifizierbare URL erhalten, die sich nicht mehr verändert (Alby 2008). Beiträge können so auch noch nach langer Zeit unter der gleichen URL abgerufen werden. Verlinkungen von anderen Blogs und Webseiten bleiben immer aktuell und können nicht ins Leere führen.

Blogs stellen meist eine „1:n"-Kommunikation dar, bei der ein Blogger seine Meinung zu einem speziellen Thema an die breite Öffentlichkeit richtet (Bahlinger 2008), die wiederum den Beitrag einfach nur lesen kann, aber auch die Möglichkeit hat durch Kommentare einen Dialog zwischen dem Blogger und den Lesern oder auch unter den Lesern aufzubauen. Wird ein Dialog auch unter den Lesern entfacht, so entwickelt sich die „1:n"-Kommunikation zu einer „n:m"-Kommunikation. Der Beitrag sowie die Kommentare der Leser sind in der Regel für alle Leser einsehbar. Da ein Dialog nicht zwangsweise entstehen muss, aber grundsätzlich möglich ist, ordnen wir Blogs den Web-2.0-Anwendungen mit mittlerem Dialoggrad zu.

Die technischen Funktionen, wie z.B. RSS-Feeds, Blogrolls und Trackbacks, bewirken eine enge Vernetzung der Blogs untereinander. Dadurch können Informationen über einen Blogbeitrag sehr schnell im Internet weitläufig verbreitet werden. Im Vergleich zu Wikis werden in Blogs daher eher aktuellere Themen behandelt als dies bei Wikis der Fall ist (Przepiorka 2006).

Neben den traditionellen Blogs findet seit 2006 eine Kurzform des Bloggens, das so genannte Microblogging, zunehmend Verbreitung. Die bekannteste Microblogging-Plattform ist Twitter, aber auch viele Online-Communities verfügen inzwischen über eine eigene Microblogging-Funktion (z.B. *Facebook*, MySpace) oder haben Twitter auf ihrer Plattform integriert (z.B. *StudiVZ*). Microblogger teilen in ihren Beiträgen, die in der Regel nicht mehr als 140 bis 200 Zeichen betragen dürfen, mit, wo sie sich gerade befinden oder welche Gedanken oder Erlebnisse sie gerade haben und gerne mit anderen teilen möchten. Die Beiträge sind entweder privat oder öffentlich zugänglich und werden auf der Plattform, wie bei einem Blog, chronologisch aufgeführt. Jede Person kann zum *Follower* eines Microblogs werden und wird dadurch immer über die neuesten Einträge des Microbloggers informiert. Microblog-Beiträge, die bei Twitter auch *Tweets* bezeichnet werden, können in der Regel über mehrere Kanäle zur Plattform übertragen werden. Dies kann direkt auf der Plattform geschehen, aber auch per SMS, E-Mail, Instant Messaging oder von anderen Web-Anwendungen aus erfolgen (Java/Song/Finin/Tseng 2007). Die Kürze der Nachrichten, aber auch das Verfassen per SMS, machen Microblogging besonders für den mobilen Einsatz interessant.

Abbildung 4.14   Beschreibung der Elemente eines Blogs am Beispiel des Executive Blogs der RaboPlus Australia
(Quelle: RaboPlus Australia 2010, www.raboplus.com.au/blog/)

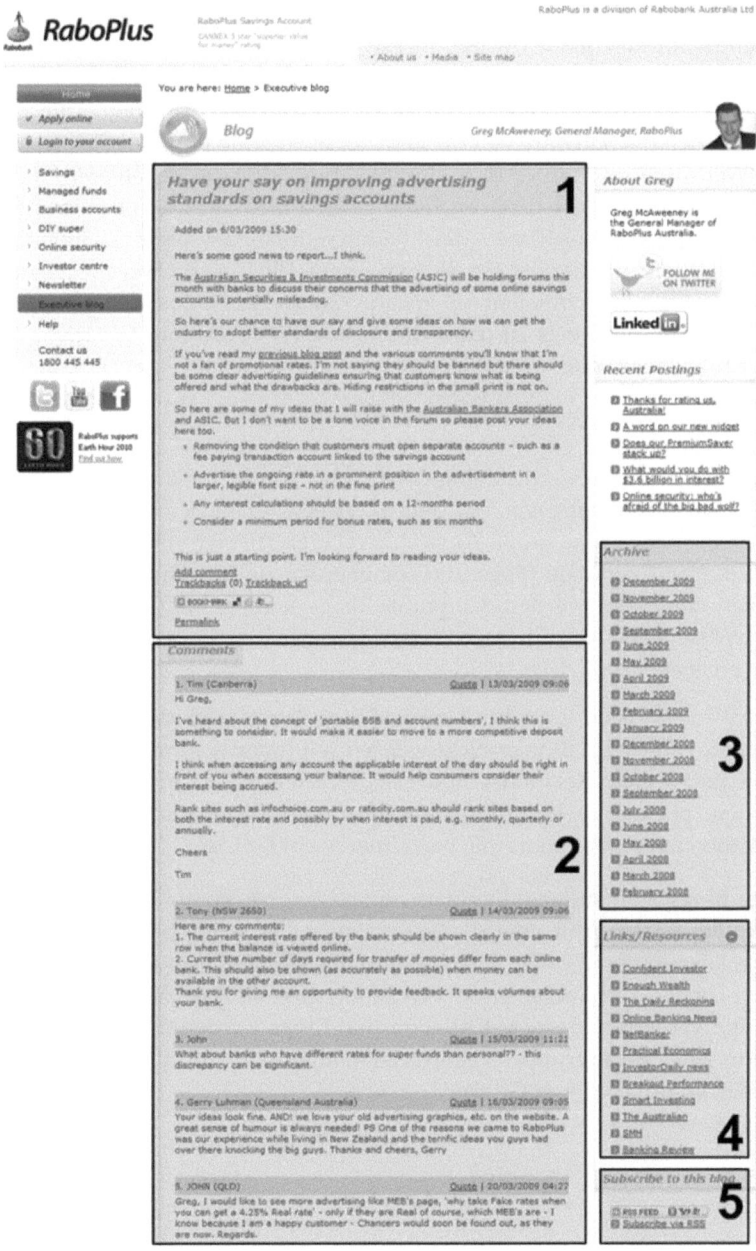

4.4.3.2   Technische Voraussetzungen für den Einsatz

Bevor sich das World Wide Web etablierte, konnte nur eine beschränkte Anzahl an Personen, z.B. Journalisten, Schriftsteller und weitere Personen, die in der Medienwelt tätig waren, ihre Texte und Meinungen einer breiten Öffentlichkeit zugänglich machen. In den frühen Zeiten des World Wide Web hatten nun auch Privatpersonen die Möglichkeit Inhalte zu veröffentlichen, jedoch waren hierzu zumindest HTML-Kenntnisse nötig. Heute ist es durch entsprechende Angebote jedermann möglich in kurzer Zeit kostengünstig einen Blog zu verbreiten (Przepiorka 2006; Alby 2008). Angebote, die sowohl den Webspace als auch die Software liefern, sind z.B. blogger.de und blog.de. Besitzt der Blogger schon Webspace so kann er dort eine Blogging-Software installieren, die einfach zu bedienen ist und meist kostenfrei im Internet erhältlich ist. Das prominenteste Beispiel hierfür ist die Software WordPress. Meist basieren die Blogsysteme auf einfachen Content Management Systemen, über die ein Blogger seinen Blog via Browser von jedem Computer mit Internetzugang mit Inhalten füllen kann (Stauss 2008). Das Verfassen von Beiträgen oder die Gestaltung des Blogs ist dabei durch WYSIWYG-Editoren so leicht durchzuführen, wie der Konsument dies von Office-Software gewohnt ist.

4.4.3.3   Einsatzgebiete

Blogs werden sehr unterschiedlich eingesetzt. Sie lassen sich aber in zwei Gruppen einteilen: Blogs von Privatpersonen, in denen neben einfachen digitalen Tagebüchern (Przepiorka 2006) auch eine große Auswahl weiterer Themen unterschiedlichster Art behandelt wird, und Corporate Blogs, die zur internen und externen Kommunikation von Unternehmen eingesetzt werden. Corporate Blogs können weiter in acht Typen unterschieden werden (siehe **Abbildung 4.15**) aus denen sich die unternehmensrelevanten Einsatzgebiete ergeben.

Zerfaß (2005) kategorisiert die acht Corporate Blog-Typen nach zwei Dimensionen: (1) die Zielgruppe, die mit einem Blog erreicht werden soll (interne Kommunikation, Marktkommunikation und Public Relations) und (2) das Kommunikationsziel (Vermittlung von Informationen, persuasive Kommunikation zur Kundengewinnung und argumentative Kommunikation zur Kundenbindung bzw. Interessenklärung).

Knowledge Blogs unterstützen die unternehmensinterne Kommunikation und dienen als Datenbank oder Glossar mit dem die Mitarbeiter fachspezifisches Wissen untereinander austauschen können (Roell 2003). Das Wissen eines Mitarbeiters kann auf diesem Weg sehr schnell dem ganzen Unternehmen zu Verfügung gestellt, aber auch intern untereinander diskutiert und verbessert werden. **Collaboration Blogs** werden in kleineren Gruppen von Mitarbeitern, z.B. Projektgruppen, eingesetzt und fördern die Kommunikation und Zusammenarbeit innerhalb dieser Gruppe.

Abbildung 4.15   Typisierung von Corporate Blogs (Quelle: Zerfaß 2005)

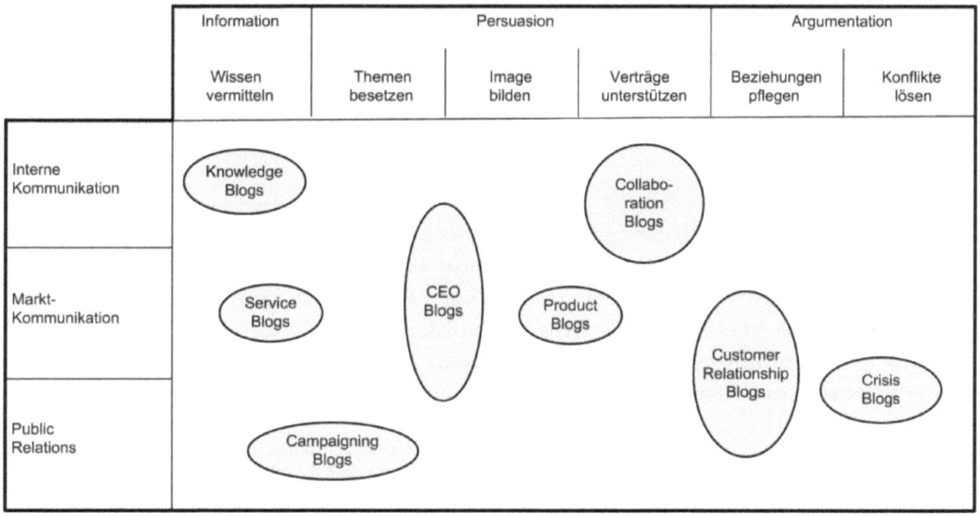

	Information	Persuasion			Argumentation	
	Wissen vermitteln	Themen besetzen	Image bilden	Verträge unterstützen	Beziehungen pflegen	Konflikte lösen
Interne Kommunikation	Knowledge Blogs			Collaboration Blogs		
Markt-Kommunikation	Service Blogs	CEO Blogs	Product Blogs		Customer Relationship Blogs	Crisis Blogs
Public Relations		Campaigning Blogs				

Neben der unternehmensinternen Kommunikation lässt sich auch die Marktkommunikation durch Blogs unterstützen. **Service Blogs** eignen sich dazu potenzielle Kunden mit benötigten Informationen zu versorgen, aber auch als Rückkanal für Kritik und Verbesserungsvorschläge. Ein prominentes Beispiel hierfür ist der Student Loan Blog der US-amerikanischen Bank Wells Fargo (siehe auch Beispiel im nächsten Kapitel). Eine spezifischere Form des Service Blogs ist der **Customer Relationship Blog**. Hier sind die Informationen und die Kommunikation mehr auf die Anliegen der Bestandskunden zugeschnitten. In der Praxis existieren häufig Mischformen beider Blogtypen, die gleichzeitig potenzielle Neukunden und Bestandskunden ansprechen. In **Product Blogs** berichten Mitarbeiter über die Entwicklung und die Besonderheiten einzelner Produkte. Konsumenten haben auf diesem Wege die Möglichkeit Wünsche für die Entwicklung neuer Produkte zu äußern und zu diskutieren und somit eine gewisse emotionale Bindung zum behandelten Produkt aufzubauen.

Campaigning Blogs werden zur Unterstützung von klassischen Public-Relations-Kampagnen eingesetzt. Die Einsatzlänge richtet sich hierbei nach der Länge der dazugehörigen PR-Kampagne. Konsumenten können hier mit den Unternehmen über die PR-Kampagne in Dialog treten. Imageschäden durch auftretende Konflikte, in die ein Unternehmen verwickelt ist, können durch das kurzfristige Einrichten eines **Crisis Blogs** bekämpft oder abgeschwächt werden. Das Unternehmen hat hier die Möglichkeit schnell zu bestimmten negativen Entwicklungen Stellung zu nehmen und Kontakt mit den Betroffenen und Interessierten aufnehmen. Crisis Blogs können sowohl bei Produkt- als auch Unternehmenskrisen aktiviert werden und platzieren sich aus diesem Grund in der Zuordnung zwischen der Marktkommunikation und der Public Relation.

CEO Blogs zeichnen sich dadurch aus, dass hier meist Vorstände oder Geschäftsführer zu Branchenthemen Stellung nehmen. Sehr aktiv war der CEO der Computerfirma SUN Microsystems Jonathan Schwartz, der bis zum Mai 2009 in seinem Blog von einem persönlichen Standpunkt über die Entwicklungen in der eigenen Firma berichtet, aber auch die Strategien von Mitbewerbern kommentiert. CEO Blogs wenden sich sowohl an die eigenen Mitarbeiter als auch an Konsumenten und die interessierte Öffentlichkeit. Sie decken somit die interne Kommunikation, die Marktkommunikation und Public Relation ab.

4.4.3.4   Prominente Beispiele

Vorreiter im Finanzdienstleistungsbereich in Bezug auf Web-2.0-Anwendungen und speziell bei Blogs ist die US-amerikanische Bank Wells Fargo. Neben anderen Web-2.0-Anwendungen betreibt sie mit dem Student Loan Blog (siehe **Abbildung 4.16**) einen Service Blog, in dem Mitarbeiter, die Experten auf diesem Fachgebiet sind, Tipps zur Finanzierung des Studiums und damit verbundenen Finanzprodukten veröffentlichen. Alle Mitarbeiter sind mit Namen und Bild bei ihren Beiträgen aufgeführt.

Als bestes Beispiel für einen CEO Blog im Finanzdienstleistungsbereich wird derzeit der Executive Blog der RaboPlus Australia (**Abbildung 4.14**) in der Community diskutiert (Langlois 2009). Der Geschäftsführer Greg McAweeney berichtet hier über aktuelle Ereignisse in der Branche aber auch über Ereignisse, die nur seine Bank betreffen. Seine persönlichen Statements und die Dialogmöglichkeit, die er durch den Blog vermittelt, helfen dabei die Anonymität zwischen Konsumenten und Unternehmen abzubauen und die Nähe zum Konsumenten zu verstärken. Ein sehr ähnliches Beispiel für einen CEO Blog, ist der von Peter Aceto geführte Blog „Direct Talk" (siehe www.ingdirect.ca/en/aboutus/directtalk). Peter Aceto ist CEO der ING DIRECT CANADA und schreibt seit Mai 2009 in eher unregelmäßigen Abständen Beiträge über seine Tätigkeiten und Erlebnisse im Rahmen seines Job, über neue Finanzprodukte seiner Bank oder auch darüber, wie man Kindern den Umgang mit Ersparnissen beibringt.

Die aufgeführten erfolgreichen Corporate Blogs haben in der Regel eines gemeinsam: Jeder Blog wird von einem Mitarbeiter geführt, der klar mit Namen, Position und teilweise auch mit einem Bild identifiziert ist. Die Beiträge bekommen so eine persönlich Note, wirken authentischer und steigern dadurch das Vertrauen des Lesers in den Inhalt des Blogs. Er kann in diesem Fall genau nachvollziehen mit wem er in Kontakt tritt, falls er Dialogmöglichkeiten, wie die Kommentarfunktion oder E-Mail nutzt.

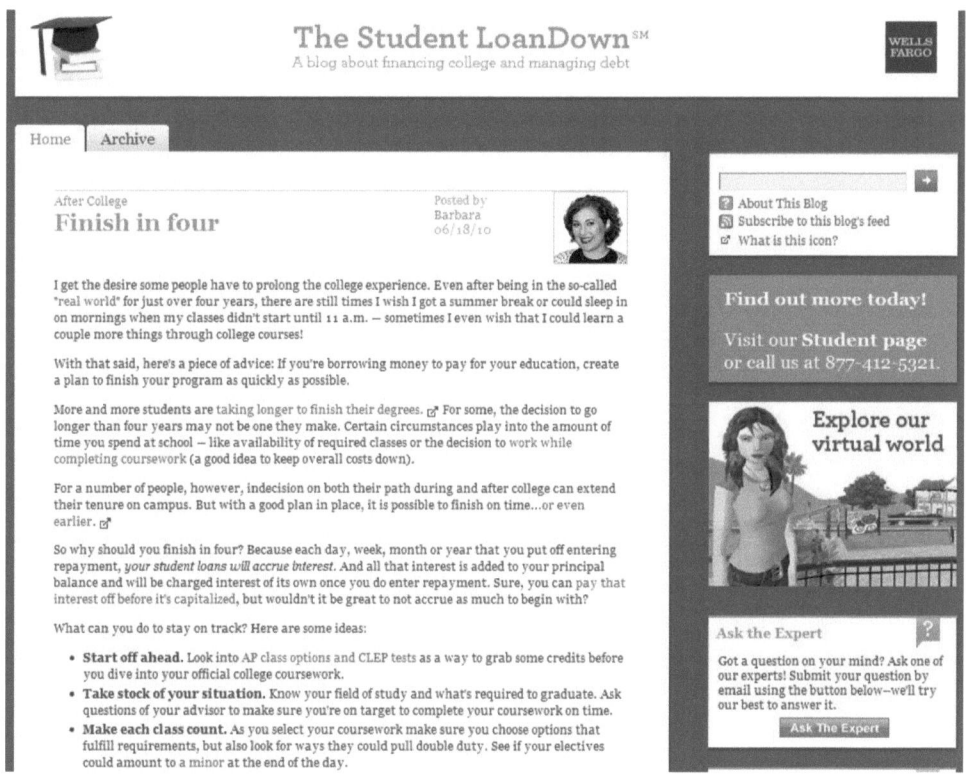

Neben seinem Blog nutzt Peter Aceto auch die Microblogging-Plattform Twitter um dort per Kurznachrichten seine aktuellen Gedanken zu teilen (siehe **Abbildung 4.17**). Im März 2010 hatte er bereits fast 3.000 Follower, die seine Beiträge lesen. Eine sehr umfangreiche Übersicht über weitere Finanzdienstleister, die Twitter nutzen, führt Christophe Langlois auf seiner Webseite Visible-Banking in der Kategorie *Socialmedia Directory* (siehe www.clanglois.blogs.com/internet_banking/).

Abbildung 4.17   Microblog von Peter Aceto auf Twitter
                     (Quelle: Twitter 2010, twitter.com/CEO_INGDIRECT)

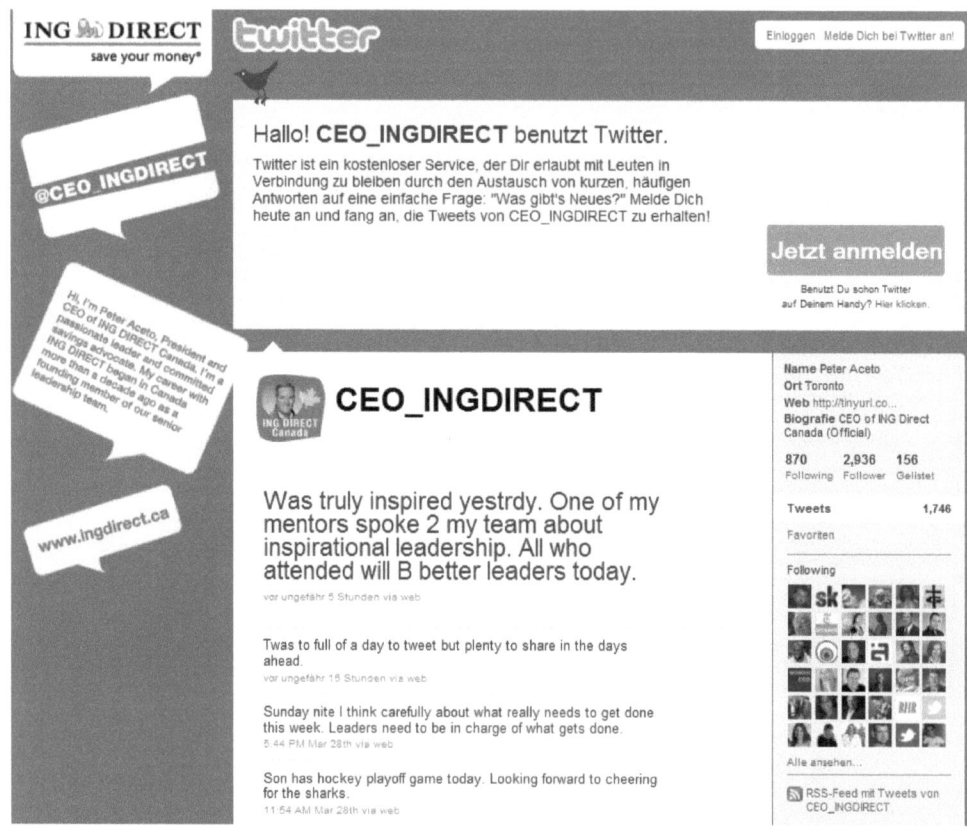

Auch die Bank BNP Paribas Deutschland hat seit November 2009 Microblogging als Dialogkanal zum Konsumenten entdeckt und nutzt seitdem Twitter um Finanz – und Anlagetipps, Wertpapierkurse, Hinweise auf Termine, Veranstaltungen und eigene Videos auf Youtube sowie Links zu lesenswerten Artikeln und Websites zu verbreiten. Der Microblog mit aktuell knapp 2.000 Einträgen (Tweets) ist unter twitter.com/BNPPARIBAS_DE einsehbar und hat momentan 1.237 Follower (Stand: März 2010).

4.4.3.5   Fazit und Bewertung

Blogs können zur internen und externen Kommunikation eingesetzt werden. In der externen Kommunikation mit Konsumenten und Kunden können Blogs einen Informationskanal bieten, der durch die Kommentarfunktion eine Feedbackmöglichkeit besitzt und somit zum Dialogkanal werden kann. Verschiedene Finanzdienstleister aus dem englischsprachigen Raum zeigen schon, wie Blogs erfolgreich eingesetzt werden.

Tabelle 4.11 zeigt, dass die Herausforderungen beim Betreiben eines eigenen Blogs nicht von technologischen Faktoren abhängen, sondern die Pflege und der Umgang mit den Lesern die kritischen Faktoren darstellen. Die Pflege eines Blogs umfasst regelmäßige Veröffentlichung neuer interessanter Beiträge, zeitnahe Reaktion auf Kommentare der Leser und regelmäßige Überprüfung der Kommentare nach sittenwidrigem Inhalt. Auf negative Kommentare muss in der richtigen Weise reagiert werden. Die Löschung eines Kommentars ist eine Reaktion, die außer in absoluten Ausnahmefällen nie angewendet werde sollte (Ausnahmefall: sittenwidriger Inhalt). Die Blogosphäre bemerkt Löschungen sehr zügig und reagiert darauf in der Regel durch weitere negative Kritik. Die Vernetzung der Blogs führt dazu, dass sich diese Kritik relativ schnell viral verbreitet, was die Authentizität des Blogs gefährden und somit zu erheblichen Imageschäden führen kann.

Trotz dieser Herausforderungen hat ein Finanzdienstleister die Chance einen schnell aktualisierbaren Informationskanal zu öffnen, der nicht nur vom Finanzdienstleister zum Konsumenten funktioniert, sondern auch einen Rückkanal bietet, der von jedem Konsumenten mit Internetzugriff sehr leicht zum Dialog genutzt werden kann. Blogs eignen sich daher für die Imagepflege, die Verbreitung von Informationen und die Kommunikation mit Konsumenten in den Phasen vor und nach dem Kauf eines Finanzproduktes.

Konsumenten können durch den Blog und den dadurch gebotenen Service positiv auf einen Finanzdienstleister aufmerksam und auf diesem Wege später sogar zum Kunden werden (Werteffekt *Mehr Kundenakquisition: ++*). Um die Authentizität der Inhalte und Verfasser eines Blogs nicht zu gefährden, sollte jedoch davon abgesehen werden einen Blog zum direkten Produktverkauf zu verwenden. Die Nennung von eigenen Produkten, wenn sie zum Thema des Blogbeitrags passen, kann jedoch erfolgen (Werteffekt *Mehr Cross-Selling: +*). Über die Kommentarfunktion können Fragen zu Blogbeiträgen direkt vom Konsumenten gestellt und dann vom Finanzdienstleister zeitnah beantwortet werden. Nach Zustimmung der Kunden besteht auch die Möglichkeit Beratungsdialoge im Blog zu veröffentlichen und somit aktuellen und potenziellen Kunden Hilfestellung beim Erwerb und im Umgang mit Finanzprodukten zu geben. Antworten zu immer wiederkehrenden Fragen werden so für alle Konsumenten online zugänglich und ersparen die Kontaktierung von Hotlines oder Kundenberatern. Zur Erhöhung der Wechselkosten und damit auch der Kundenbindung ist auch die Einrichtung eines Blogs denkbar, der exklusive Nachrichten und Expertenmeinungen (z.B. zum Aktienmarkt) enthält und nur für Kunden über die Online-Banking-Plattform zugänglich ist (Werteffekt *Mehr Kundenbindung: +++*).

Tabelle 4.11   Bewertung von Blogs

Interessensgruppe / Kriterium	Konsument	Finanzdienstleister

Chancen	■ Direkte Dialogmöglichkeit mit realen Personen
	
	■ Schnelle Beschaffung von Informationen
	
	■ Konsumenten können sich durch Kommentare auch mit anderen Konsumenten austauschen
		■ Umstellung von „One-way"- zu „Many-to-many"-Kommunikation
		
		■ Geringer Aufwand bei der Implementierung: Blog-Software ist kostenlos erhältlich und schnell implementierbar
		
		■ Schnelle Verbreitung aktueller Informationen durch Suchmaschinenfreundlichkeit und Vernetzung innerhalb der Blogosphäre
		
		■ Vermeidung von Image-Schäden durch schnelle Reaktion auf Krisen
		
		■ Reduzierung von redundanter Bearbeitung und Beantwortung wiederholt gleicher Konsumentenfragen durch Veröffentlichung der Beratungsdialoge im Blog
		
		■ Werteffekte:
		  – Mehr Kundenakquisition: ++
		  – Mehr Cross-Selling: +
		  – Mehr Kundenbindung: +++

Herausforderungen	■ Eigenverantwortlicher Umgang mit seinen persönlichen Daten bei der Abgabe von Kommentaren	■ Nicht zu unterschätzender Pflegeaufwand ■ Entscheidung über das Ziel des Blogs muss vorab getroffen werden, um den passenden Blogtypen auszuwählen ■ Bloggende Mitarbeiter müssen eine klar sichtbare Identität haben, um authentisch zu wirken ■ Richtlinien für die bloggenden Mitarbeiter müssen aufgestellt werden ■ Negativen Kommentaren muss schnell, diplomatisch und öffentlich begegnet werden und dürfen keinesfalls gelöscht werden

4.5 Web-2.0-Anwendungen mit hohem Dialoggrad

Web-2.0-Anwendungen mit hohem Dialoggrad sind hauptsächlich für den unmittelbaren Dialog zwischen Konsumenten geschaffen. Wir ordnen die interaktive Verkaufsberatung, Online-Communities und Peer-To-Peer-Lending-Plattformen dieser Kategorie zu und beschreiben diese in den folgenden Kapiteln in ihrer Funktionsweise und ihren technischen Voraussetzungen. Mögliche Einsatzgebiete werden erklärt und durch Praxisbeispiele veranschaulicht. Ein Fazit schließt das jeweilige Kapitel ab.

4.5.1 Interaktive Verkaufsberatung

4.5.1.1 Darstellung und Funktionsweise

Unter der interaktiven Verkaufsberatung wird die Interaktion mit Vertriebsmitarbeitern über interaktive Online-Schnittstellen in synchroner (nahezu zeitgleicher) Kommunikation verstanden (Zschuckelt 2008). Insbesondere zählen hierzu (Web-) Videokonferenz- und Chat-Funktionen, nicht jedoch die deutlich zeitversetzte, asynchrone Kommunikation via E-Mail und auch nicht die Kommunikation mit ChatBots, also auf Künstlicher Intelligenz beruhenden Software-Agenten, die automatisiert antworten.

Abbildung 4.18   Live-Chat der Bank of America (Quelle: Bank of America 2009)

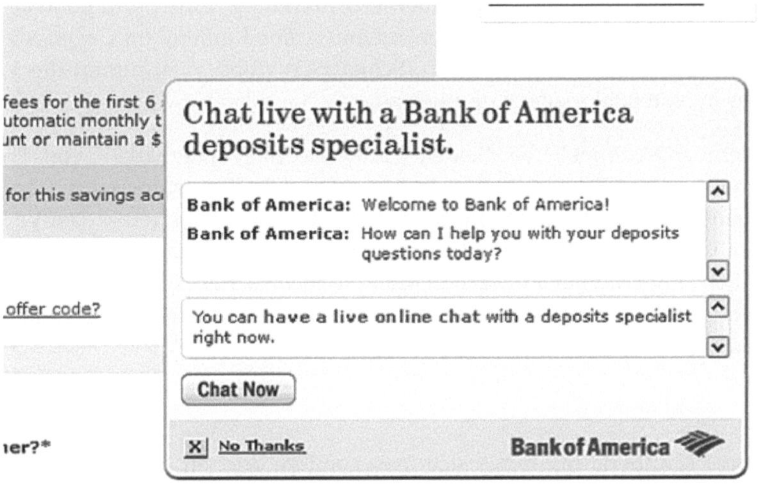

Während Chats schon vor Einführung des WWW existierten und über separate Software erfolgen konnte, wurde dies durch browser-basierte Dienste vereinfacht. Neben der 1:1-Kommunikation können in so genannten *Chat Rooms* auch Gruppengespräche (Van Do-

len/Dabholkar/De Ruyter 2007) stattfinden, im Kontext des Finanzvertriebs wird dies beispielsweise für moderierte Gespräche mit Bankvorständen oder Fonds-Managern genutzt,
die vornehmlich Public-Relation-Zwecken dienen. Beratung zum konkreten Produktverkauf hin erfolgt meist im Zwiegespräch.

Videobasierte interaktive Verkaufsberatung erweitert diese Echtzeitkommunikation dann
typischerweise um eine Videodarstellung und Audio-Übertragung. Gemäß der von Daft und
Lengel (1986) eingeführten Media-Richness-Theorie können Medien nach der *Richness*, also
der Reichhaltigkeit der transportierten Informationen bzw. Informationstypen unterschieden
werden. Bei einer videobasierten Kaufberatung werden nicht nur Textinformationen, sondern audiovisuelle Informationen transportiert, so dass die *Richness* des Mediums höher ist.

4.5.1.2   Technische Voraussetzungen für den Einsatz

Hinsichtlich der technischen Voraussetzungen ist bei der interaktiven Verkaufsberatung
zwischen einer text- und einer videobasierten Beratung zu unterscheiden. Die textbasierte
Beratung setzt auf Kundenseite keine besonderen technischen Gegebenheiten voraus,
jedoch natürlich einer dauerhafte Internet-Verbindung für die Zeit der Beratung. Da die
Klärung von Sachverhalten über Chat typischerweise einen längeren Zeitraum erfordert
als über Telefon (Porter 2003), war dies in der Vergangenheit eher unattraktiv, insbesondere wenn auch die Internetverbindung nach Zeit abgerechnet wird. Mit dem Aufkommen
von Internet-Flatrate-Tarifen ist dies jedoch zu vernachlässigen.

In Form von Videos wird ein höherer technischer Aufwand vorausgesetzt, d. h. insbesondere eine Kamera und eine schnellere Internet-Anbindung. Eine bidirektionale Videodarstellung erfordert auch auf Seiten des Konsumenten eine Kamera. Im Gegensatz zur geringen Diffusion von reinen Videotelefonen (Schnaars/Wymbs 2004) nimmt die Verbreitung
von Kameras in Notebooks jedoch deutlich zu.

Auf Unternehmensseite stellt bei beiden Varianten die Verfügbarkeit von Technik und
Mitarbeitern die wesentlichen Voraussetzungen dar. Im Gegensatz zu asynchronen Kom-
munikationsformen wie E-Mail ergibt sich bei der (synchronen) interaktiven Verkaufsberatung das von Call-Centern bekannte Problem der Abdeckung von Spitzenlast-Situationen,
für die ggf. Personal vorgehalten werden muss. In technischer Hinsicht ist die Ausstattung
von Call-Center-Arbeitsplätzen mit Kamera notwendig, was (analog zur Kundensituation)
mit Standardtechnik erfolgen kann (Zschuckelt 2008).

4.5.1.3   Einsatzgebiete

Die interaktive Kaufberatung bietet sich insbesondere dort an, wo beratungsintensivere,
komplexe Produkte vertrieben worden, typischerweise ein Großteil der Bankprodukte.
Während eines Kauf-Prozesses kann sie genutzt werden, um bei auftretenden Fragen oder
Unsicherheiten des Konsumenten Unterstützung anzubieten und insbesondere den Abbruch des Kauf-Prozesses zu verhindern.

4.5.1.4 Prominente Beispiele

In Deutschland werden Chat-Systeme derzeit kaum verwendet, es gab hier lediglich vereinzelte Versuche, beispielsweise von SWK-Bank und DEVK-Versicherung (Bahlinger 2008). Videobasierte Verkaufsberatung wird über das Internet im Finanzdienstleistungsbereich gar nicht eingesetzt.

Im internationalen Kontext ist hier als Beispiel für eine textbasierte Chat-Kommunikation das Angebot von *Bank of America* und *Sun Trust Bank* zu nennen. Diese bieten Kontobesitzern wie Interessenten eine Chat-Beratung mit einem Bankmitarbeiter an und bewerben dies auch offensiv auf der Website.

Abhängig von der vom Kunden gewählten Produktsparte wird bei der *Sun Trust Bank* neben traditionellen Kontaktmöglichkeiten wie (Telefon-) Hotline und E-Mail-Support-Adresse auch ein Live-Chat angeboten, der von 8–18 Uhr erreichbar ist. Zur Kontaktaufnahme ist die Eingabe von Vorname, E-Mail-Adresse und Produkt, zu dem die Beratung erfolgen soll, notwendig. Anschließend erfolgt die Zuweisung eines freien Agenten, eine personalisierte Ansprache und Beratung bis zur Hinleitung auf einen Produktabschluss.

4.5.1.5 Fazit und Bewertung

Für den Konsumenten wird die interaktive Verkaufsberatung in aller Regel als ein zusätzlicher Kommunikationskanal angeboten, der zumeist die Hotline ergänzt und praktisch keine Risiken eröffnet. Je nach technischer Ausgestaltung ist die Interaktive Verkaufsberatung zum Teil mit erheblichem laufendem Aufwand verbunden. Die Zusammenfassung von traditionellen Telefon-Hotlines und der interaktiven Verkaufsberatung in einem Call Center kann dies entschärfen (Pinedo/Seshadri/Shanthikumar 2000). **Tabelle 4.12** fasst die Chancen und Herausforderungen der interaktiven Verkaufsberatung zusammen.

Für den Finanzdienstleister ist die Vermeidung von Kaufabbrüchen als wesentliche Chance hervorzuheben, die daher auch unmittelbare Auswirkungen auf die Werteffekte zeigt. Potenzielle Neukunden, die online ein Finanzprodukt erwerben wollen, sich aber aufgrund fehlender Informationen oder Unsicherheit über korrekt übermittelte Daten kurz vor dem Abbruch des Kaufvorgangs befinden, bietet die interaktive Verkaufsberatung die Möglichkeit genau zu diesem kritischen Zeitpunkt ohne Medienbruch durch einen Klick einen Kundenberater zu kontaktieren und Unklarheiten zu beseitigen. Kaufabbrüche können so eingeschränkt werden (Werteffekt *Mehr Kundenakquisition:* ++). Gleiches gilt, wenn bestehende Kunden zusätzliche Finanzprodukte erwerben wollen. Durch den vorhandenen Sichtkontakt kann gerade eine Videokommunikation dem Kunden einen Filialbesuch ersparen und den Erwerb weiterer Finanzprodukte oder auch die Beratung im Umgang mit bereits erworbenen Finanzprodukten vereinfachen (Werteffekt *Mehr Cross-Selling:* ++). Finanzdienstleister, die ihren Kunden interaktive Verkaufsberatung bieten, eröffnen einen zusätzlichen Kommunikationskanal, den die Konkurrenz eventuell noch nicht anbietet und erhöhen so die Wechselkosten (Werteffekt *Mehr Kundenbindung:* ++).

Tabelle 4.12   Bewertung der interaktiven Verkaufsberatung

Interessens- gruppe Kriterium	Konsument	Finanzdienstleister

Chancen	■ Direkte, niedrigschwellige Dialogmöglichkeit mit realen Personen
	
	■ Direkte Klärung von Problemen möglich
	
	■ Kein Medienbruch
		■ Vermeidung von Kaufabbrüchen
		
		■ Beratung wird (insbesondere bei Chat) dokumentierbar und kann bei Beschwerden als Beleg genutzt werden
		
		■ Werteffekte:
		  – Mehr Kundenakquisition: ++
		  – Mehr Cross-Selling: ++
		  – Mehr Kundenbindung: ++

Herausforderungen	■ Bei Videokommunikation ist breitbandige Anbindung erforderlich, bei bidirektionaler Videokommunikation ist auch eine Kamera am Computer erforderlich ■ Bi-direktionale Videokommunikation ist von vielen Konsumenten nicht erwünscht. Kommunikation mit und ohne Videoübertragung muss angeboten werden	■ Geringer Aufwand bei der Implementierung von Text-Chats ■ Bei Videokommunikation erhöhter technischer Aufwand, falls Standardhardware nicht ausreicht ■ Zeitliche Verfügbarkeit stellt hohe Anforderung an Mitarbeiter-Einsatzplanung; bei reinem Text-Chat ggf. in einem Call Center / Customer Contact Center zusammenzufassen ■ Beratung wird (insbesondere bei Chat) auch durch den Kunden gut dokumentierbar und kann bei Beschwerden als Beleg genutzt werden

Insbesondere bei einem Chat ist die gute Dokumentierbarkeit des Beratungsdialogs gleichzeitig als Chance aber auch als Herausforderung zu beurteilen. Sowohl der Finanzdienstleister als auch der Kunde können Dialogprotokolle bei Beschwerden als Beleg zur Durchsetzung ihrer Interessen einsetzen.

Wie schon in Kapitel 2.3.3 beschrieben, übernimmt der Computer immer mehr Aufgaben, die in der Vergangenheit anderen Geräten überlassen waren. Der Konsument ist zunehmend gewohnt Kommunikation, die er in der Vergangenheit per Telefon geführt hat, vom Computer per Chat oder auch per Videokommunikation zu tätigen. Finanzdienstleister müssen diesen Trend beachten und dürfen nicht darauf setzen, dass das Telefon der einzige Kommunikationskanal in Echtzeit neben dem Filialbesuch bleibt.

4.5.2   Online-Communities

4.5.2.1   Darstellung und Funktionsweise

Für den Begriff *Online-Community* existieren verschiedene Definitionen. Eine der passendsten ist die von Barnatt (1998). Er definiert eine Online-Community als eine Gruppe von Menschen, die eine gemeinsame Affinität teilen, dessen Aufrechterhaltung jedoch nicht abhängig von physischer Interaktion oder einem gemeinsamen Standort ist (Barnatt 1998). Rheingold (1993), der als Erfinder des Begriffs *Virtual-Community* gilt, definiert diese als soziale Zusammenkunft, die sich dadurch ergibt, dass Menschen lange genug öffentliche Diskussionen im Internet führen, um darauf persönliche Beziehungen untereinander aufzubauen. Die Begriffe *Virtual-Community* und *Online-Community* stellen letztendlich nur verschiedene Begriffe für das gleiche Phänomen da. Die meisten Online-Communities geben ihren Nutzern die Möglichkeit persönliche Profilseiten zu erstellen und andere Nutzer, mit denen sie sich auf irgendeine Weise verbunden fühlen, in eine Kontaktliste (auch Buddyliste) aufzunehmen. Jeder Konsument, der sich eine Profilseite eines anderen Konsumenten anschaut, kann in der Regel auch dessen Kontaktliste einsehen. Über eine visuelle Projektion dieser Verbindungen zwischen den Konsumenten lässt sich ein so genanntes soziales Netzwerk darstellen. Aus diesem Grund werden Online-Communities, bei denen die Schaffung von Kontakten im Vordergrund steht, auch als *webbasierte soziale Netzwerke* bezeichnet (Lawrence 2009). In diesem Buch steht der Überbegriff *Online-Community* als Stellvertreter für *Virtual-Community* und *webbasierte soziale Netzwerke*.

Online-Communities haben in den vergangenen vier Jahren einen enormen Anstieg an registrierten Nutzern erfahren. Primär hängt dies damit zusammen, dass die meisten Online-Communities vorher jeweils einen speziellen Themenfokus hatten und sich somit dort nur Konsumenten als Mitglied registrierten, die Interesse an dem jeweiligen Themengebiet hatten. *Myspace* (www.myspace.com) hatte den Schwerpunkt bei Musikern und anderen Kreativen gesetzt. Die Zielgruppe von *StudiVZ* (www.studivz.net) und *Facebook* (www.facebook.com) waren ursprünglich Studenten. Nach und nach registrierten sich aber auch immer mehr Konsumenten, die nicht studieren, aber viele Studenten im Freundeskreis hatten. Zunehmend öffneten sich diese Online-Communities auch offiziell für Konsumenten außerhalb der ursprünglichen Zielgruppe und die Anzahl der Registrierungen nahm durch die entstehenden Netzeffekte stark zu. Plattformen wie *Wer-kennt-wen* (www.wer-kennt-wen.de) in Deutschland oder *Bebo* (www.bebo.com) in Großbritannien, die ohne strikte Zielgruppe gegründet worden sind, kamen auf den Markt und profitierten von den Bedürfnis der Konsumenten, ihre sozialen Netzwerke auf das Internet zu übertragen und neue Verbindungen zu knüpfen. Die Anzahl der registrierten Nutzer der weltweit größten Online-Community *Facebook* ist seit dem Jahr 2006 von 10 Mio. auf 400 Mio. Nutzer im Jahr 2010 angestiegen (Wiese 2010). Die primär in Deutschland aktiven Online-Communities *StudiVZ* (inkl. der Partnernetzwerke *SchülerVZ* und *MeinVZ*) haben aktuell 16 Mio. Nutzer (Stand: März 2010 (StudiVZ 2010)), *Wer-kennt-wen* vereint 7 Mio. Nutzer (Stand: März 2010 (Wer-kennt-wen 2010)).

Online-Communities lassen sich nur schwer eindeutig definieren. In **Tabelle 4.13** werden sie daher anhand ihrer Charakteristika (Boyd/Ellison 2007) beschrieben und anhand der Funktionalitätsgruppen von Richter und Koch (2008) gezeigt für welche Funktionen die Charakteristika zuständig sein können. Eine Beschreibung der Funktionalitätsgruppen folgt im Anschluss.

Inzwischen ist es nahezu unmöglich eine komplette Liste der Funktionen, die eine Online-Community bietet, zu erstellen. Durch Widgets sind dem Funktionsumfang keine Grenzen mehr gesetzt. Die Öffnung der Schnittstellen für andere Programmierer und auch die Standardisierung dieser Schnittstellen durch OpenSocial eröffnet für jeden Programmierer die Möglichkeit Widgets mit zusätzlichen Funktionen zu erstellen und in einer Community zur Verfügung zu stellen. Widgets ordnen wir daher allen Funktionalitätsgruppen zu. *Facebook* und *Myspace* waren unter den ersten, die ihre Plattformen für Widgets geöffnet hatten. *StudiVZ* ist im Dezember 2009 nachgezogen und bietet jetzt auch die Einbindung von Widgets in den Profilseiten an. In der englischen Version von *Facebook* heißen Widgets *Applications*, in der deutschen Version werden sie als *Anwendungen* bezeichnet. Bei *StudiVZ* werden sie *Apps* genannt.

Tabelle 4.13   Charakteristika von Online-Communities

Charakteristika	Beschreibung	Funktionali-tätsgruppen
Registrierung	Kann durch den wahren oder einen fiktiven Namen erfolgen	IM
Startseite	Zentraler Bereich, in dem der Konsument alle Aktivitäten seiner Kontakte angezeigt bekommt	NA
Profilseite	Meist designtechnisch vorgegebene Webseite, auf denen Konsumenten sich verbal durch Merkmale, Vorlieben oder auch Fotos beschreiben	IM
Pinnwand	Bereich auf der Profilseite, in dem andere Konsumenten Nachrichten oder auch Links hinterlassen können	NA, GA

Charakteristika	Beschreibung	Funktionalitätsgruppen
Statusmeldung	Microbloggingfunktion, über die Konsumenten auf ihrer Profilseite mitteilen, wo sie sich gerade befinden, was sie gerade machen und vieles mehr	KA, KM, NA, GA
Kontaktliste (Buddyliste)	Liste, in die der Konsument andere Konsumenten mit denen er in Verbindung steht als Kontakt hinzufügen kann und über die soziale Netzwerke visualisiert werden können	KA, KM
Foto-/Videoalben	Alben in die der Konsument Fotos oder auch Videos hochladen und somit mit anderen Konsumenten teilen kann	IM, S, KA, NA, GA
Tagging	Markierung/Verlinkung von befreundeten Konsumenten auf Fotos oder Video. Ein Klick auf die Markierung führt zur jeweiligen Profilseite	IM, KM, NA
Profilseiteneinstellungen	Einstellungen, über die der Konsument z.B. die Inhalte seiner Profilseite ändert und regeln kann, welche seiner Inhalte und Aktivitäten für andere Konsumenten sichtbar sind	IM
Widgets	Zusätzliche Anwendungen, die der Konsument in seine Profilseite oder in den privaten Bereich integrieren kann	IM, S, KA, KM, NA, GA
Internes Nachrichtensystem	Kommunikationssystem über das Konsumenten innerhalb der Online-Community durch das Verschicken von Nachrichten (vergleichbar mit E-Mails) kommunizieren können	GA
Gruppen	Vereinigungen von Konsumenten zu bestimmten Themen (zu einer Art „Sub-Community") auf einer Webseite innerhalb der Online-Community, die z.B. Diskussionsforen enthält. Gruppenmitgliedschaften	IM, S, KA, NA , GA
Foren	Diskussionsplattformen innerhalb einer Online-Community in denen sich Konsumenten über verschiedene Themen gemeinsam unterhalten können	KA, NA, GA

IM=Identitätsmanagement; S=(Experten-)Suche; KA=Kontextawareness; KM=Kontaktmanagement; NA=Netzwerkawareness; GA=Gemeinsamer Austausch

Nicht jeder Konsument ist bereit alle Informationen, die er auf seiner Profilseite zeigt, mit allen anderen Konsumenten zu teilen. Daher sind die Einstellungsmöglichkeiten der Privatsphäre in den letzten Jahren zunehmend wichtiger geworden. Über die Profilseiteneinstellungen kann der Konsument regeln, welche Bereiche seines Profils und Aktivitäten von anderen Konsumenten eingesehen werden können, und zuordnen, welche Gruppe an Konsumenten wie viel sehen dürfen. Beispielsweise kann eingestellt werden, dass nur Konsumenten, die sich in der eigenen Kontaktliste befinden und dadurch „Freunde" sind, Fotoalben oder verlinkte Fotos sehen können. Auch die Sichtbarkeit seiner Gruppenmitgliedschaften auf der Profilseite können vom Konsumenten geregelt werden. Gruppenmitgliedschaften sind oft auch Ausdruck bestimmter Einstellungen, Hobbies, Affinitäten oder Charaktereigenschaften. **Abbildung 4.22** (siehe Kapitel 4.5.2.3) zeigt, dass die Gruppenmitgliedschaften teilweise eine relativ genaue demografische und psychografische Beschreibung des Konsumenten zulassen.

Richter und Koch (2008) fassen die Funktionen von Online-Communities in sechs Gruppen zusammen, die in **Abbildung 4.19** entlang der Prozesskette des webbasierten Social Networking abgebildet werden. Sie sind in einer typischen, aber nicht streng vorgeschriebenen, Reihenfolge angeordnet. **Tabelle 4.13** hat bereits gezeigt, dass sich die verschiedenen Charakteristika von Online-Communities nicht trennscharf zu den Funktionalitätsgruppen zuordnen lassen, da sie meist mehrere Funktionen erfüllen.

Das **Identitätsmanagement** umfasst alle Funktionen, die es dem Konsumenten ermöglichen sich selbst in der Community darzustellen und bewusst, aber kontrolliert persönliche Daten zu verbreiten. Dies ist beispielsweise durch die Gestaltung seiner Profilseite oder auch durch Gruppenmitgliedschaften, die auf den Profilseiten gezeigt werden (z.B. bei *StudiVZ*) möglich. Die **(Experten-)Suche** steht für verschiedene Funktionen zur Erleichterung der gezielten Suche nach anderen Konsumenten, beispielsweise durch standardisierte Suchkriterien. **Kontextawareness** bedeutet, dass die Konsumenten die Möglichkeit haben, ihr persönliches Netzwerk (auch für andere Konsumenten) zu visualisieren. Anhand der Beziehungen, die sie zu anderen Konsumenten in der Online-Community pflegen, können sie zeigen, wem sie vertrauen. Der Vertrauensaufbau zu unbekannten Konsumenten, die aber im sozialen Netzwerk (also auf der Kontaktliste) befreundeter Konsumenten enthalten sind, kann so erleichtert werden. Auch gemeinsame Gruppenmitgliedschaften und Vorlieben, die auf der Profilseite verbreitet werden, können beim Vertrauensaufbau behilflich sein. Die **Netzwerkawareness** repräsentiert Funktionen, die es den Konsumenten ermöglichen ihre Kontakte über ihre Aktivitäten auszutauschen und sich so im Netzwerk auffälliger zu zeigen. Microblogs bzw. Statusmeldungen oder auch Hinweise auf die Geburtstage befreundeter Konsumenten sind Hilfsmittel zur Steigerung der Netzwerkawareness. Der **gemeinsame Austausch** zwischen den Konsumenten wird unter anderem durch das interne Nachrichtensystem, die Foren in und außerhalb der Gruppen, aber auch durch geteilte Fotoalben, Videos, gepostete Links und die Microbloggingfunktion unterstützt. **Kontaktmanagement** umschreibt alle Funktionen, die bei der Pflege des persönlichen Netzwerks helfen. Dazu gehört beispielsweise die Möglichkeit andere Konsumenten zur Kontaktliste hinzuzufügen, sie wieder zu entfernen, Kontakten Schlagworte zuzuordnen und sie danach zu gruppieren.

Abbildung 4.19 Funktionalitätsgruppen in Online-Communities
(Quelle: Richter/Koch 2008)

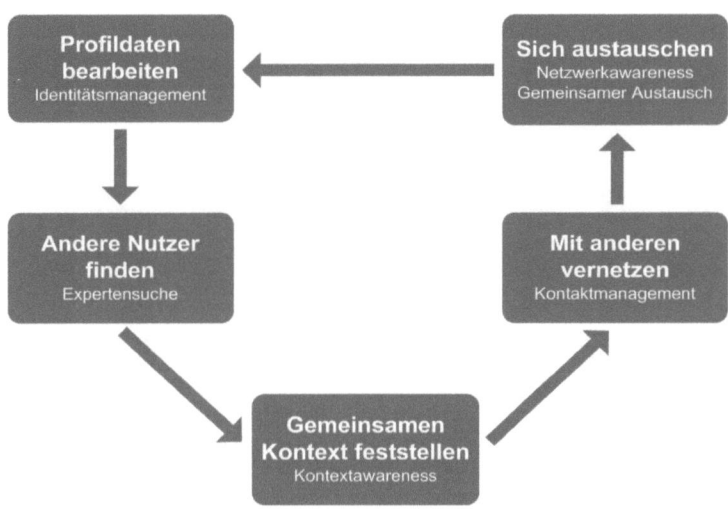

Aktuell im Internet präsente Online-Communities können anhand von zwei Dimensionen sortiert werden (siehe **Tabelle 4.14**). Eine Dimension ist der Themenumfang, der behandelt wird. Hier kann zwischen Online-Communities mit und ohne Themenfokus differenziert werden. Die andere Dimension betrifft den Benutzerkreis der Online-Community und unterteilt sich in offene und geschlossene Online-Communities (Richter/Koch 2008). Bei offenen Online-Communities kann sich jeder Konsument registrieren ohne bestimmte Auflagen zu erfüllen. Bei geschlossenen Online-Communities müssen bestimmte Voraussetzungen für eine Registrierung erfüllt sein. Eine Voraussetzung kann beispielsweise sein, dass er von anderen, bereits etablierten Mitgliedern der Online-Community eingeladen werden muss. Wurde die Online-Community von einem Finanzdienstleister gegründet, so kann er zur Auflage machen, dass sich nur seine Kunden registrieren dürfen. Bei unternehmensinternen Plattformen werden nur Mitarbeiter als Nutzer zugelassen.

Online-Communities, die auf finanzielle Themen ausgerichtet sind (Finanzcommunities), werden zum Feld *Mit Themenfokus* zugeordnet. Diese kann man noch anhand einer dritten Dimension unterscheiden: **abhängige Finanzcommunities** werden von Finanzdienstleistern betrieben (z.B. von Cortal Consors oder Maxblue), **unabhängige Finanzcommunities** stehen in keiner Verbindung zu einem etablierten Finanzdienstleister (z.B. Stockpickr, Wallstreet-online) (Weiber/Meyer 2002).

Tabelle 4.14   Zuordnung von Online-Communities nach Benutzerkreis und
                     Themenfokus

		Themenumfang	
		Mit Themenfokus	**Ohne Themenfokus**
Benutzerkreis	**Offen**	■ Xing.de ■ Stockpickr.com ■ Wallstreet-online.de ■ Cortalconsors.de	■ Facebook.com ■ StudiVZ.net ■ Myspace.com ■ Bebo.com
	Geschlossen	■ Schwarzekarte.de	■ Werkenntwen.de ■ Asmallworld.com

4.5.2.2   Technische Voraussetzungen für den Einsatz

Der Konsument benötigt für die Nutzung einer Online-Community nur ein internetfähiges Endgerät. Möchte er z.B. mobil darauf zugreifen, so ist ein Mobiltelefon mit Internetzugang nötig, welches entweder einen Browser besitzt oder die Installation von Widgets bzw. Apps unterstützt. Viele Online-Communities (z.B. *Facebook*, *StudiVZ*) bieten inzwischen Apps für Mobiltelefone an, über die man auf einen umfangreichen Teil der Community-Funktionen (z.B. Abrufen von Nachrichten, Upload von Fotos) zurückgreifen kann. Möchte der Konsument über die Microblogging-Funktion einer Online-Community eine persönliche Statusmeldung abgeben oder aktualisieren, so reicht es meist aus, eine SMS an eine vom Community-Betreiber eingerichtete Nummer zu schicken.

Die stark zunehmende Anzahl an registrierten Nutzern in den führenden Online-Communities (z.B. *Facebook*, *StudiVZ* oder *Myspace*) wurde vor allem durch einen viralen Effekt und letztendlich auch durch Gruppenzwang ausgelöst. Nachdem die kritische Masse an Nutzern gewonnen war, haben diese Konsumenten ihre Freunde und Bekannte aufgefordert sich ebenfalls zu registrieren, damit sie mit ihnen auf einfache Weise Kontakt halten, Inhalte (z.B. Fotos und Videos) teilen und in Diskussionsgruppen Meinungen austauschen können. Je mehr Freunde und Bekannte bei einer Online-Community registriert waren, desto höher wurde der Anreiz auch Teil dieser Community zu werden. Auch die zunehmende Anzahl an Smartphones, die den mobilen Zugang zur Online-Community maßgeblich erleichtert haben, war besonders in den Jahren 2008 und 2009 für eine weitere Intensivierung der Nutzung von Online-Communities verantwortlich. Während der Konsument vorher bei der Nutzung an den Standort des Computers gebunden war, kann er sich nun frei bewegen, ohne auf den Zugang zu seiner Community verzichten zu müssen. Er kann z.B. unterwegs schauen, wo sich seine Kontakte gerade aufhalten und selbst auf einfachem und schnellem Weg veröffentlichen, wo er sich selbst gerade befindet und ein Treffen mit seinen Kontakten sehr spontan einrichten. Auch ein direkter Upload eines gerade erstellten Fotos auf die eigene Profilseite ist inzwischen kein Problem mehr. Im Januar 2009 nutzten bereits 14% der damals 150 Mio. registrierten Konsumenten *Facebook* über ihr Smartphone (Scholz 2009).

Die Öffnung von Schnittstellen, z.B. durch OpenSocial, trägt auch einen großen Anteil am Erfolg und an der Verbreitung von Online-Communities. Offene Schnittstellen geben Programmierern die Möglichkeit Widgets zu entwickeln oder bereits programmierte Widgets in der Community anzubieten. Widgets mit neuen Funktionalitäten erweitern die Funktionen einer Online-Community. Sie können auch Anwendungen ersetzen, die der Konsument vorher noch auf anderen Webseiten wahrgenommen hat und nun zentral im persönlichen Bereich seiner Online-Community ausführen kann. Infolgedessen wird auch der Zeitanteil ansteigen, den er in der Online-Community verbringt.

Finanzdienstleister, die an bestehenden Online-Communities teilnehmen wollen, haben (wie der Konsument) außer einem Internetzugang keine anderen technologischen Voraussetzungen zu erfüllen. Möchten sie eine eigene abhängige Finanzcommunity erschaffen, so sind ein Webserver und eine Community-Software erforderlich. Die meisten Community-Softwareprodukte basieren auf Content Management Systemen, die mit den benötigten Community-Funktionen ergänzt werden. So kann man z.B. beim kostenlos erhältlichen Open Source CMS Joomla die Erweiterung Jomsocial installieren, die das CMS mit Community-Funktionen ergänzt.

Rein technisch gesehen, gibt es durch das ausreichende Angebot an Softwarelösungen für die Gründung von Online-Communities kaum Hindernisse. Die zentrale Markteintrittsbarriere wird durch Netzeffekte gesetzt. Etablierte Online-Communities haben bereits eine große Anzahl an registrierten Nutzern versammelt, die dort mit ihren Freunden und Bekannten vernetzt sind und auf diesem Weg weitere Konsumenten anlocken. Findet der Finanzdienstleister, der eine eigene abhängige Finanzcommunity gründen möchte, keinen klar erkennbaren Mehrwert, den er Konsumenten anbieten kann, so wird er den Konsumenten, die schon in einer etablierten Online-Community registriert sind, kaum überzeugen können sich auch noch bei ihm zu registrieren.

4.5.2.3   Einsatzgebiete

Online-Communities bieten Finanzdienstleistern vielfältige Einsatzbereiche. **Tabelle 4.15** verschafft hierfür einen Überblick.

Tabelle 4.15   Handlungsmöglichkeiten für Online-Communities

Art der Beteiligung / Einsatzbereich	Gründung einer abhängigen Finanzcommunity	Beteiligung an unabhängigen Online-Communities
Kundenbetreuung	■ Einrichtung von Foren ■ Direkte Kontaktmöglichkeit zwischen Finanzdienstleister und Konsumenten bzw. Kunden über internes Nachrichtensystem ■ Bereitstellung von Werkzeugen zur Verwaltung der Finanzen	■ Einrichtung von Unternehmensprofilseiten mit aktuellen Informationen und Kontaktmöglichkeiten für Kunden und potenzielle Kunden ■ Einrichtung von Profilseiten der Mitarbeiter für den direkten Kundenkontakt ■ Angebot von Widgets mit aktuellen Finanznachrichten ■ Bewertungen und Empfehlungssysteme, Nutzung von viralen Effekten
Transaktionen	■ Einbindung von Online-Banking-Funktionen	■ Bereitstellung von Widgets mit Online-Banking-Funktionen (z.B. Finanzstatus)
Werbung	■ Platzierung von Werbebannern anderer Unternehmen ■ Cross-Selling: Platzierung eigener Werbebanner	■ Platzierung von Werbebannern ■ Widgets mit Corporate Branding auf Profilseiten werden von anderen Konsumenten gesehen ■ Einbindung eines „Teilen"-Widgets auf der eigenen Webseite
Marktforschung	■ Screening der Diskussionsforen nach Kundenwünschen und Beschwerden	■ Screening der Diskussionsforen und Diskussionen in Gruppen und der Profilseiten

Tabelle 4.15 zeigt, dass die Entscheidung, ob Finanzdienstleister eine eigene abhängige Finanzcommunity gründen oder ob sie in unabhängigen Online-Communities aktiv werden möchten, zum Teil unterschiedliche Handlungsmöglichkeiten in den vier Einsatzbereichen gestatten, die nun detaillierter erläutert werden.

1. Gründung einer eigenen Online-Community

  – Kundenbetreuung:

    Finanzdienstleister, die eine eigene abhängige Finanzcommunity gründen, können über Foreneinträge die Probleme und Fragen ihrer Kunden erkennen und diesen durch das Forum direkt durch Beratung weiterhelfen. Die Problemlösung wird dadurch auch für andere Konsumenten sichtbar, so dass diese bei analogen Problemen und Fragen dort Lösungsmöglichkeiten recherchieren können ohne den Finanzdienstleister direkt zu kontaktieren. Bei sensiblen Themen können sich die Konsumenten über das interne Nachrichtensystem mit Mitarbeitern des Finanzdienstleisters direkt austauschen und so eine persönliche Betreuung wahrnehmen. In diesem Fall sollten die Mitarbeiter mit einem eigenen Nutzer-Account ausgestattet sein, so dass der Konsument nicht mit einem eher anonymen Unternehmens-Account kommunizieren muss. Dieser Kanal dient letztendlich zur Ergänzung der bestehenden Kontaktmöglichkeiten über Filiale, Telefon und E-Mail. Zudem können in der Finanzcommunity Werkzeuge bereitgestellt werden, die dem Konsumenten den Umgang mit den eigenen Finanzen erleichtern. Solche Werkzeuge müssen nicht zwingend ausschließlich mit den Finanzprodukten verbunden sein, die vom Finanzdienstleister bezogen werden, der die Community betreibt. Werkzeuge zur Erstellung einer eigenen Finanzübersicht oder zur Erstellung eines Sparplans können hilfreich für den Konsumenten sein.

  – Transaktionen:

    Werden solche Werkzeuge mit den vom Konsumenten bezogenen Finanzprodukten verbunden, so bietet es sich an, Werkzeuge zur Tätigung von Transaktionen in der Community bereitzustellen. Online-Banking-Funktionen sind hier beispielsweise einsetzbar.

  – Werbung:

    Zur Generierung von Werbeeinnahmen können in der eigenen Community Werbebannerplätze an andere Unternehmen verkauft werden. Selbstverständlich muss hier auf die Auswahl der werbenden Unternehmen geachtet werden, damit man keine Konkurrenz auf der eigenen Plattform zulässt. Um Cross-Selling-Potenziale zu nutzen, können auch auf den Konsumenten zugeschnittene Werbebanner geschaltet werden. Der Finanzdienstleister kann mit diesen Bannern Produkte anpreisen, welche der Konsument noch nicht gekauft hat und die sehr gut zu seinem Finanzproduktportfolio passen.

  – Marktforschung:

    Da viele Beiträge in den Diskussionsforen aus den Problemen und Wünschen der Konsumenten entstehen, sind diese sehr gut für die Marktforschung geeignet. Häufig auftretende Probleme mit den Finanzprodukten können so schneller erkannt und beseitigt werden. Zudem kann das Wissen rund um Konsumentenwünsche und -probleme bei der Entwicklung von neuen Finanzprodukten mit einbezogen werden.

2. Beteiligung an unabhängigen Online-Communities

– Konsumentennähe und Kundenbetreuung:

   Eine Präsenz mit größerer Reichweite, als eine eigene abhängige Finanzcommunity, kann durch die Beteiligung an schon vorhandenen und etablierten Online-Communities erzielt werden. Viele Online-Communities, wie z.B. *Facebook*, *Xing* oder auch *StudiVZ*, bieten es an, dass Finanzdienstleister selbst eine Profilseite anlegen können. Über solche Profilseiten kann der Finanzdienstleister mit anderen Konsumenten über das interne Nachrichtensystem in den Dialog treten, Foren und Diskussionsgruppen eröffnen oder auch aktuelle Informationen über das eigene Unternehmen als Text, Foto und Video bereitstellen. Besitzt ein Finanzdienstleister Zugang zu aktuellen Finanznachrichten, so kann er diese in der Online-Community als Widget anbieten und den Nutzern der Online-Community einen Mehrwert bieten.

   Eine persönlichere Variante der Kundenbetreuung oder auch der Neukundenwerbung wird erreicht, wenn der Finanzdienstleister seine Finanzberater und Kundenbetreuer mit eigenen Profilseiten im Namen des Unternehmens agieren lässt. Konsumenten können in diesem Fall den Mitarbeiter persönlich anschreiben und Beratung oder Betreuung wahrnehmen. Neben Filiale, Telefon und E-Mail eröffnet sich dadurch ein zusätzlicher Kommunikationskanal, der zudem ein persönlicheres Verhältnis zwischen Konsument und Mitarbeiter des Finanzdienstleisters erzeugen kann. Durch seine Beteiligung an den Foren innerhalb der Diskussionsgruppen kann der registrierte Mitarbeiter zusätzlich auf sich aufmerksam machen.

   Kommentare von Konsumenten an der Pinnwand des Finanzdienstleisters können deren Bewertungen über die Zufriedenheit mit seinen Leistungen enthalten. Es ist absehbar, dass in Zukunft auf solchen Mitarbeiterprofilseiten ähnliche Bewertungssysteme implementiert werden könnten, wie sie beispielsweise die Bewertungsplattform *WhoFinance* bietet (siehe Kapitel 4.4.2.4). Auch denkbar ist die Einbindung der Bewertungen von *WhoFinance* über OpenSocial-Schnittstellen auf den Facebook-Profilseiten der Finanzberater. Viele Online-Communities besitzen die Funktion „Freunde vorschlagen" mithilfe derer ein Konsument seinen Kontakten weitere Kontakte innerhalb der Community vorschlagen kann. Es ist nur eine Frage der Zeit und der ausreichenden Beteiligung an Finanzberatern in einer Online-Community, bis diese Funktion auch gezielt zur Empfehlung von Finanzberatern zwischen den Konsumenten verwendet werden kann.

   Bei welchen aktuell erfolgreichen Online-Communities eine Aktivität durch Unternehmens- oder Mitarbeiterprofilseiten ein höheres Potenzial hat, ist nicht einfach zu erschließen. Während bei eher geschäftlich orientierten Online-Communities, wie z.B. *Xing*, hauptsächlich Personen registriert sind, die sich schon im Berufsleben befinden und daher einen Bedarf nach Finanzprodukten haben könnten, sind bei Online-Communities ohne spezielle Ausrichtung, wie z.B. *Facebook* und *StudiVZ*, eine größere Anzahl an Konsumenten erreichbar. Zudem werden letztere Plattformen von ihren Nutzern meist regelmäßiger und mit einer höheren Frequenz besucht (Busemann/Gscheidle 2009). Zwar haben Nutzer von *Facebook* aufgrund der eher jungen Altersstruktur vielleicht noch keinen ausgeprägten Bedarf an Finanzprodukten, jedoch können Finanzdienstleister hier schon frühzeitig durch ihre Präsenz auf sich aufmerksam machen und den Kunden von morgen im Gedächtnis bleiben.

– Transaktionen:

Zur Vereinfachung von Transaktionen können Finanzdienstleister Online-Banking-Funktionen über Widgets exklusiv für Kunden bereitstellen. Für einfache Online-Banking-Transaktionen spart sich der Kunde dadurch den Besuch der Webseite des Finanzdienstleisters und kann diese direkt von seiner Online-Community aus durchführen. Von der technologischen Seite sind solche Widgets kein Problem mehr. Das große Hindernis liegt hier in den Bedenken der Konsumenten in Bezug auf den Datenschutz bei der Eingabe von sensiblen, persönlichen Finanzdaten und deren Übertragung von der Online-Community zu den Servern des Finanzdienstleisters.

– Werbung:

Viele unabhängige Online-Communities bieten Werbeflächen an, auf denen Finanzdienstleister mit Werbebannern neue Kunden akquirieren können. Bereitgestellte Widgets sollten ein Design vorweisen, welches klar mit dem Finanzdienstleister verbunden wird. Installiert ein Konsument ein solches Widget, so kann dies jeder Besucher der Profilseite sehen und der Finanzdienstleister bleibt als Anbieter des Widgets im Gedächtnis.
Findet der Konsument Inhalte auf der Webseite des Finanzdienstleisters interessant und möchte diese gerne mit seinen Kontakten in seiner Online-Community teilen, so kann der Finanzdienstleister dies mithilfe der Integration eines so genannten Share-On-Widgets auf der eigenen Webseite erheblich vereinfachen. Mit wenigen Klicks hat der Konsument die Möglichkeit den Link zu diesen Inhalten automatisiert auf der Pinnwand seiner Profilseite zu platzieren und mit einem persönlichen Kommentar auszustatten. Beispielsweise bei *Facebook* wird seinen Kontakten dieser Link mit dem persönlichen Kommentar automatisch angezeigt, wenn er eingeloggt ist. **Abbildung 4.20** zeigt eine Webseite der ING DIRECT CANADA mit integriertem Share-On-Widget. Der Konsument kann nahezu jede Webseite der ING DIRECT CANADA mit seinen Kontakten in einer Online-Community teilen. Klickt er auf den Menüpunkt „Share This" der auf **Abbildung 4.20** unten links zu sehen ist, so öffnet sich das Widget in dem der Konsument auswählen kann über welche Plattform er die Webseite verbreiten möchte. Verschiedene Online-Communities (z.B. *Facebook, Myspace*), Microbloggingplattformen (z.B. Twitter) oder auch Social-Bookmarking-Seiten (z.B. Delicious) stehen zur Auswahl.

Abbildung 4.20   Share-on-Widget auf der Webseite der ING DIRECT CANADA
(Quelle: ING DIRECT CANADA 2010)

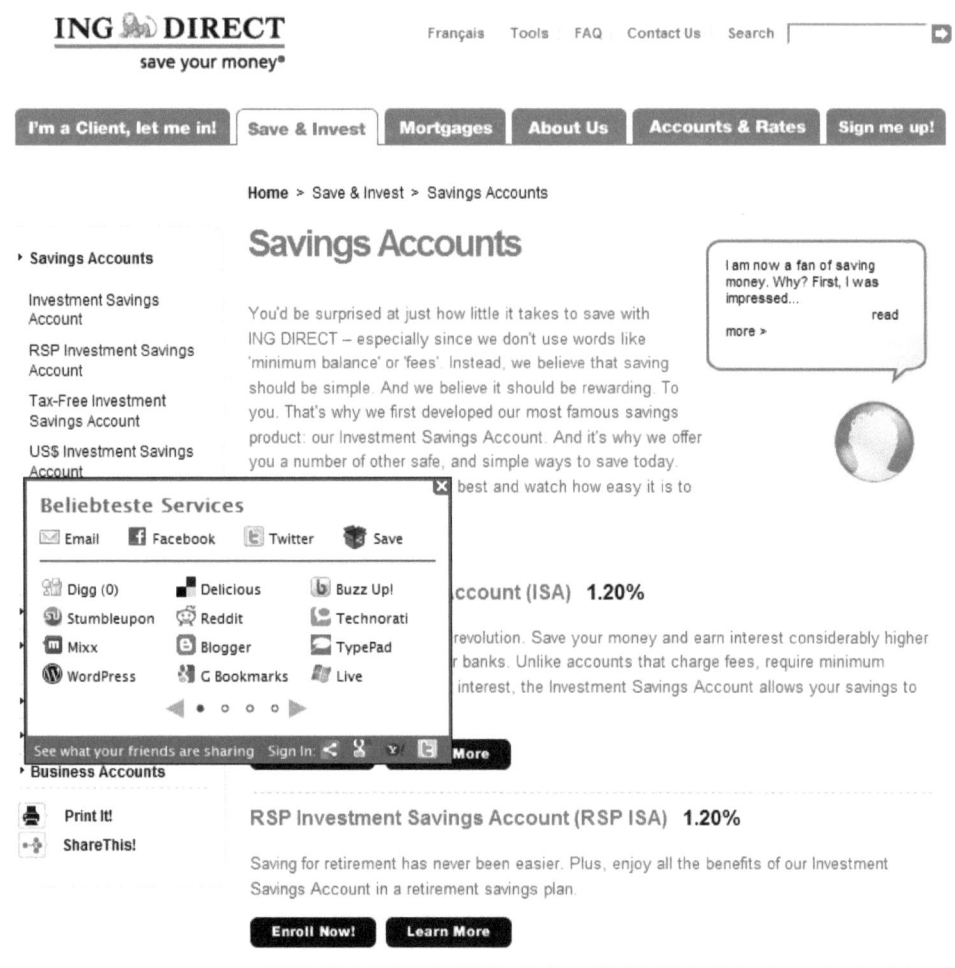

– Marktforschung:

Auch in unabhängigen Online-Communities können die Probleme, Wünsche und Einstellungen von Konsumenten gegenüber Finanzdienstleistern oder deren Produkte in den Foren der Diskussionsgruppen recherchiert werden. Allein bei *StudiVZ* gab es im Dezember 2009 zahlreiche Diskussionsgruppen, die den Namen eines Finanzdienstleisters in ihrer Bezeichnung zeigten: Deutsche Bank ca. 110 Gruppen, Commerzbank ca. 100 Gruppen oder auch die Sparkassen mit 300 Gruppen. Darunter befinden sich Gruppen von Fans, Gruppen von Mitarbeitern, die ihre

Unternehmenszugehörigkeit zeigen möchten und auf diesem Weg das Unternehmen menschlicher wirken lassen, aber auch Gruppen von Konsumenten, die sehr kritisch gegenüber Finanzdienstleistern stehen und dies mit Gleichgesinnten diskutieren. Unter anderem kann die Beobachtung der verschiedenen Gruppen eingesetzt werden, um das Ansehen eines Finanzdienstleisters unter den Konsumenten bewerten zu können. Bei der Suche nach Gruppen zum Stichwort „Aktien" findet man bei *StudiVZ* über 90 Gruppen mit teilweise bis zu 3.800 Mitgliedern, die sich dort über den Wertpapierhandel und andere Finanzdienstleistungen austauschen. **Abbildung 4.21** zeigt eine Gruppendiskussion von StudiVZ-Nutzern über Gebühren und Preise verschiedener Online-Broker. Auch *Facebook* und *Xing* haben zahlreiche Diskussionsgruppen rund um das Thema Finanzen.

Ein näherer Blick auf die Profilseiten der Konsumenten zeigt, dass sich dadurch die Möglichkeit ergibt, anhand der Informationen auf den Profilseiten und den Gruppenmitgliedschaften (siehe **Abbildung 4.22**), Konsumenten relativ genau in Bezug auf ihre Hobbies, Affinitäten oder auch Charaktereigenschaften zu beschreiben. In produktrelevanten Gruppen könnten somit detailliertere Informationen über Zielgruppen gewonnen werden. Von der Verfolgung einer solchen Marktforschungsstrategie ist aber abzuraten. Nachrichten darüber, dass Nutzerdaten zu Marktforschungszwecken missbraucht wurden, hat unter der Nutzerschaft in den letzten Jahren immer wieder zu starker Empörung geführt und kann auch zum Boykott der betreffenden Online-Community oder der Unternehmen, die Marktforschung auf diese Weise betreiben, führen.

Abbildung 4.21   Nutzerdiskussion bei StudiVZ über die Gebührenstruktur von Online-Brokern (Quelle: StudiVZ 2009)

Nutzer A   schrieb
am 14.12.2009 um 22:25 Uhr

"* Kostenlose Analysefunktionen und Trading-Services "

??? was bekommst du denn bei comdirect.??? Analystenberichte, die es auch auf anderen Seiten gibt und geschätzte KGVs usw.

[Nachricht]

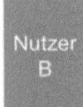

Nutzer B   schrieb
am 14.12.2009 um 22:15 Uhr

Fremde "Analysen" bringen dir nicht mal ansatzweise soviel wie eine günstige Gebührenstruktur.

[Nachricht]

Nutzer C   schrieb
am 14.12.2009 um 21:54 Uhr

bin mir unschlüssig...
auf der einen Seite möchte ich wenig bezahlen, und a ist 9,90 ja schon fast das doppelte von den 5 Euro bei flatex. Zum anderen wäre es vlt auch mal nett paar Analysen zu lesen. Bitte mal paar Kommentare und Einschätzungen von euch :)

(ich habe mir auch die letzten Artikel zum Thema durchgelesen hier in der Gruppe, es war aber nichts anständiges dabei!)

EDIT: Bei Flatex günstig handeln und die Analysen wo anders herbekommen - Alternative? :)

comdirect
* Kostengünstiger Wertpapierhandel ab 9,90 Euro
* Kostenlose¹ Depotführung
* Kostenloses Verrechnungskonto
* Kostenlose Analysefunktionen und Trading-Services
* Handeln an über 50 Börsen weltweit
* Mobile Realtimekurse, Börsennachrichten und Handel
* Kostenlose Bereitstellung aller Wertpapier-Abrechnungen in der PostBox

flatex
Online-Order 5,90 € flat (Festpreis = unabhängig vom Ordervolumen)
Aktien-CFDs 0,05%*, min. 5 €
Erteilung / Änderung einer Limitorder, Orderstreichung kostenfrei
Realtime-Kurse an deutschen Börsen

e-trade
Minimumgebühr 9,95 EUR*
Generell
Erteilung einer Limitorder kostenfrei
Order-, Limitänderungen/Orderstreichungen kostenfrei
Teilausführungen kostenfrei
* bei Konto-/Depoteröffnung 50 Realtime-Kursabfragen gratis
* pro Monat 25 Realtime-Kursabfragen gratis
* pro ausgeführter Order 10 Realtime-Kursabfragen gratis

maxblue
mind. 7,90 Euro*
Mit Direct Trade können Sie bis zu 30% der beim börslichen Handel anfallenden Gebühren sparen.

zuletzt geändert am 14.12.2009 um 22:03 Uhr

[Nachricht]

Abbildung 4.22 Gruppenmitgliedschaften als Charakterbeschreibung von Konsumenten (Quelle: StudiVZ 2009)

Dieser Konsument...

Gruppen [bearbeiten]

* "Angelina Jolie meine Göttin"
* Apple Maniacs
* Backpacking Australien / Neuseeland
* Bernd Stromberg AG
* BMW Freunde
* Die Grünen sind nur noch FDP mit besserem Image!
* Eintracht Frankfurt
* Financial Times Leser
* Frankfurt Clubbing
* i love my nike sneakers!
* Ich will PIZZA!!!!!!!!!!!!!
* Radfahren, Laufen, Triathlon
* Ralph Lauren - rettet den Stil!
* SPIEGEL-Leser wissen mehr
* starbucks addicts
* The Police

...ist großer Fan von Angelina Jolie

...war in Australien und Neuseeland

...ist treuer Apple-User

...mag Comedy

...fährt BMW/ würde gerne BMW fahren

...ist Fussballfan

...hält wenig von den Grünen

...liest Financial Times und Spiegel

...liebt Starbucks-Kaffee

...treibt Ausdauersport

...bevorzugt bestimmte Marken

...bevorzugt Rockmusik

4.5.2.4 Prominente Beispiele

Die Einsatzgebiete und Möglichkeiten, die sich durch Online-Communities ergeben sind vielfältig. Beispiele dazu werden im Folgenden untergliedert in Maßnahmen bei abhängigen Finanzcommunities und Maßnahmen in unabhängigen Online-Communities behandelt.

Abhängige Finanzcommunities werden derzeit hauptsächlich von Direktbanken, die kein eigenes Filialnetz haben, betrieben und dienen zur Kundenbetreuung. In Deutschland sind solche Communities derzeit bei den Direktbanken Cortal Consors, Comdirect sowie maxblue (Deutsche Bank) zu finden. In erster Linie sind Kunden der jeweiligen Bank in den Communities zu finden, aber auch Nicht-Kunden können Mitglied werden. Die Nutzer nehmen das Angebot zahlreicher themenbezogener Foren wahr, um sich entsprechend ihrem Interessenschwerpunkt auszutauschen oder um sich anfangs in die Community zu integrieren. Einsteiger-Foren, die bei allen drei Finanzcommunities zu finden sind, helfen den Nutzern bei den ersten Schritten. Hier stellen sie u.a. technische Fragen zur Funktionsweise der Plattform sowie fachliche Fragen zum Wertpapierhandel. Erfahrene Community-Mitglieder stehen hier mit Rat zur Seite. Sie beantworten nicht nur die zuvor gestellten Fragen, sondern schreiben auch hilfreiche Beiträge, wenn bspw. aus Diskussionen ersichtlich wird, dass Grundlagen über bestimmte Themen fehlen, zu denen sie entsprechendes Wissen besitzen. Die Nutzer unterstützen sich untereinander und fördern dadurch das Gemeinschaftsgefühl. Die Glaubwürdigkeit der Beiträge wird mit Links oder Charts belegt. Kauf- oder Verkaufsempfehlungen – wofür die Mitglieder selbst verant-

wortlich sind– gehören auch zu den täglichen Aktivitäten der Nutzer. Besonders qualifi-
zierte Nutzer können bspw. bei Cortal Consors die Rolle des Moderators in einem Forum
ihres Interesses übernehmen. Dadurch stehen sie anderen Nutzern mit Rat und Tat zur
Seite und fassen lange Diskussionen zusammen. Moderatoren treffen sich untereinander
und pflegen einen engen Kontakt zum Unternehmen. Das Angebot einer Moderatorenrolle
kann auch als ein Anreiz für Nutzer interpretiert werden, sich mehr und mehr in die
Community einzubinden. Anhand einer gegenseitigen Bewertung können Nutzer äußern,
welchen anderen Nutzern sie vertrauen. Dies wird auf den Profilseiten angezeigt.

Beispiele für Finanzcommunities, die unabhängig von Finanzdienstleistern gegründet
wurden, sind *Stockpickr* oder *Wallstreet-online*. Das US-Finanzportal Stockpickr.com liefert
den Anlegern einen Einblick in professionell geführte Portfolios und Depots der Mitkon-
kurrenten. Das Portal zeigt seinen Nutzern verwandte Aktien auf, die in den Depots anderer Anleger mit derselben Ausgangsaktie liegen. Anleger erhalten eine Auskunft über die
Korrelation ihrer Investitionen zu anderen Werten. Auch in Deutschland wurden im Jahr
2008 zwei Finanz-Communities gegründet, die ähnlich wie Stockpickr ihren Nutzern eine
Plattform bieten wollten, um virtuell den Handel mit Aktien anhand von realen Kursen zu
erlernen und zu üben: *Myratings.de* und *Tradingbird.de*. Beide Communities finanzierten
sich durch Werbung, mussten aber zum Ende des Jahres 2009 aufgrund zu geringer Wer-
beeinnahmen aufgegeben werden.

Wallstreet-online.de ist nach eigenen Angaben Deutschlands größte und aktivste Finanzcommunity. Das Portal ist auf die Themen Börse, Finanzen und Kommunikation speziali-
siert und spricht eine klar definierte Internet-Zielgruppe an: Männlich, zwischen 20 und 45
Jahren, höheres Einkommen und hohe Risikobereitschaft (SES Research GmbH 2007).
Mitglieder haben die Möglichkeit sich an Diskussionen in etwa 80 Foren zu beteiligen, mit
einem kostenlosen Portfolio-Service ein individuelles Musterdepot zu erstellen und ohne
Risiko den Umgang mit Aktien zu trainieren oder ihr Anlagedepot nachzubilden. Zudem
bietet die Website umfassende Informationen zum weltweiten Finanzmarkt an.

Ein anderes interessantes Beispiel für eine Finanzcommunity, die nicht primär Themen
rund um Aktienhandel und Co behandelt, sondern allgemein auf den Umgang mit finanziellen Mitteln eingeht, ist *Wesabe.com*. Die Plattform bietet ihren Nutzern Werkzeuge zur
Verwaltung der eigenen Budgets. Jeder Nutzer kann seine Budgetverwaltung anderen
Nutzern zeigen. Auf diesem Weg soll gefördert werden, dass sich die Nutzer in der Community gegenseitig austauschen und Tipps zum besseren Umgang mit den eigenen finanziellen Mitteln geben. Eine kollektive Intelligenz von der alle Mitglieder profitieren können, soll auf dieser Plattform geschaffen werden. Um den Zugang zur Community über
verschiedene Wege zu ermöglichen, bietet Wesabe eine Applikation für das iPhone, eine
optimierte Webseite für den mobilen Zugang und Desktop-Widgets für die gängigsten
Betriebssysteme.

Abbildung 4.23 Vorstellung der Finanztools auf der Webseite der Finanzcommunity Wesabe (Quelle: Wesabe 2010)

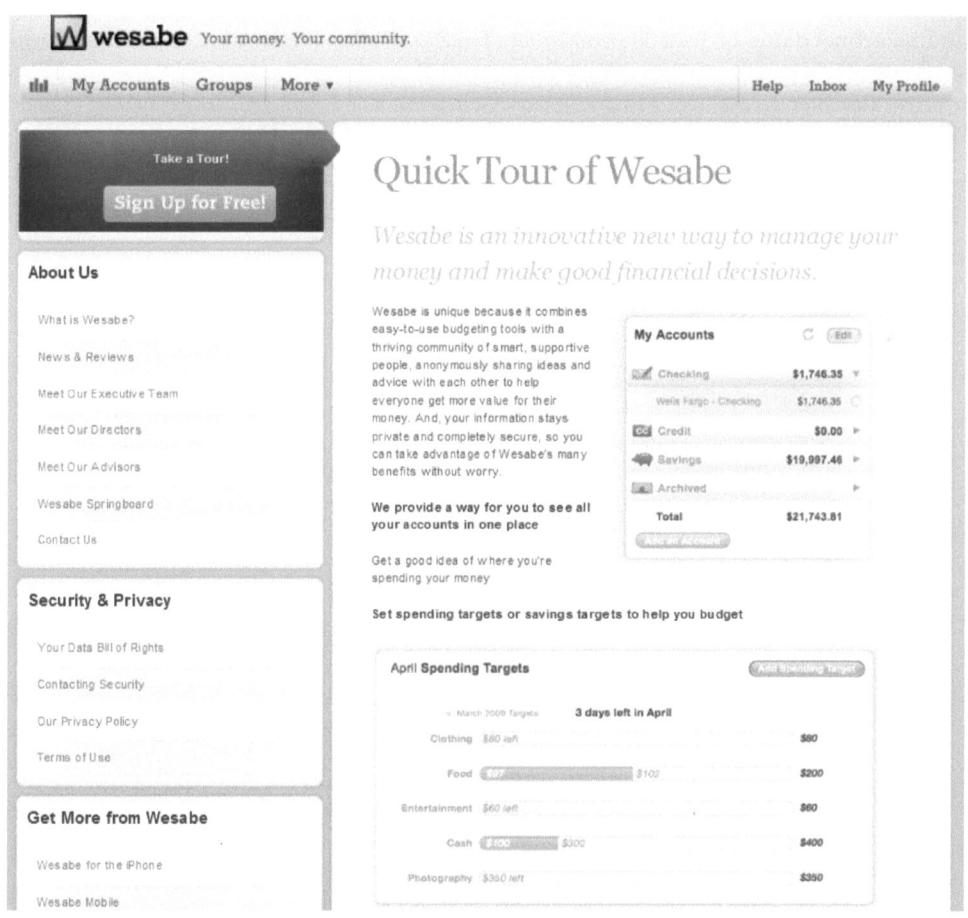

In **unabhängigen Online-Communities**, z.B. *Facebook*, *StudiVZ* oder *Xing*, können Finanzdienstleister entweder durch eigene Profilseiten oder auch durch das Angebot von Widgets teilnehmen. Auch initiiert von Konsumenten findet in einigen sozialen Netzwerken schon ein reger Austausch zu Finanzthemen statt.

Bei *Facebook* sind inzwischen einige Finanzdienstleister durch eigene Profilseiten vertreten. Unter anderen sind die ING DIRECT USA (siehe **Abbildung 4.24**), Citibank, Deutsche Bank, Wells Fargo oder auch BNP Paribas zu finden und berichten auf ihren Profilseiten über aktuelle interne Entwicklungen oder stellen Fotos und Videos online. Facebook-Nutzer können ihre Verbundenheit oder Sympathie mit diesen Finanzdienstleistern ausdrücken, indem sie „Fan" von deren Profilseiten werden. Auch Peter Aceto, der CEO der

ING Direct Canada, ist mit einer eigenen Profilseite in *Facebook* vertreten. Jeder Konsument hat dadurch die Möglichkeit, ihm eine Kontaktanfrage oder eine Nachricht über *Facebook* zu schicken. Auf den Profilseiten der Nutzer wird dies danach angezeigt. Eine ähnliche Präsenzmöglichkeit für Finanzdienstleister bietet *StudiVZ* durch so genannte Edelprofile und berechnet dafür ca. € 3.000 pro Monat (Treiß 2009). Im Gegensatz zu normalen Profilseiten der Konsumenten ist die Anordnung und Gestaltung von Informationen auf Edelprofilen flexibler gelöst. Der Finanzdienstleister kann das Edelprofil somit besser an seine Bedürfnisse anpassen als dies bei einer normalen Profilseite möglich wäre.

Abbildung 4.24   Profilseite der ING DIRECT USA bei Facebook (Quelle: Facebook 2010)

Zunehmend werden auch Widgets von Finanzdienstleistern angeboten, die Konsumenten entweder auf ihrer Profilseite oder im privaten Bereich ihres Zugangs implementieren können. Beispiele sind das MyMoney-Widget, mit dem der Konsument seinen aktuellen Finanzstatus aggregiert über alle Konten einsehen und auf ausgewählte Online-Banking-Funktionalitäten zurückgreifen kann (siehe auch Kapitel 4.3.2.4), sowie das PayPal- und das PayPal-SendMoney-Widget. Jeder Konsument, der seinem Profil diese Widgets hinzugefügt hat und PayPal einsetzt, kann Geld an andere PayPal-Nutzer versenden oder einfordern (siehe **Abbildung 4.25**) ohne *Facebook* verlassen zu müssen. Im Dezember 2009 hatten diese Widgets 2.799 (PayPal Widget) und 389 (PayPal-SendMoney-Widget) regelmäßige Nutzer. Auch der größte europäische Anbieter für Online-Bezahlsysteme *Click and Buy* möchte sich bei *Facebook* etablieren. Beträge von bis zu 2.500 € können seit Anfang 2010 mithilfe des Buxter-Widgets von *Click and Buy* zwischen Facebook-Nutzern überwiesen werden (Siebenhaar 2010; Click and Buy 2010).

Abbildung 4.25   Einfordern von Geldbeträgen über das PayPal-Widget bei Facebook
(Quelle: Facebook 2010)

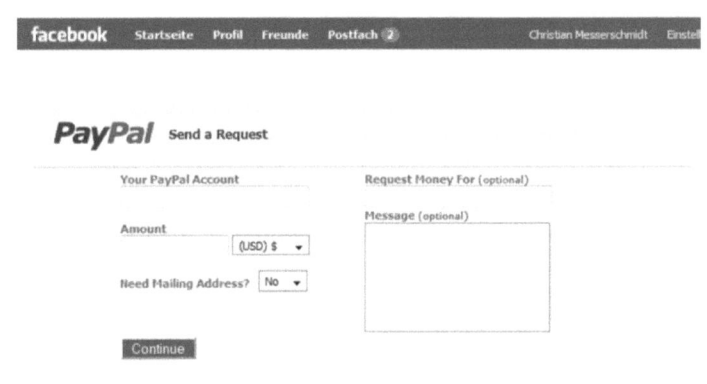

4.5.2.5   Fazit und Bewertung

Online-Communities, wie z.B. *Facebook* und *StudiVZ*, eröffnen die Möglichkeit schnell und einfach mit den dort registrieren Konsumenten in Kontakt zu kommen. Viele Finanzdienstleister sind besonders bei diesen Online-Communities schon durch Profilseiten, Widgets und Gruppen vertreten und zeigen so ihre Offenheit für die neuen sozialen Medien. Online-Communities können auch als eine Art Zentrum des Web 2.0 beurteilt werden, da viele Funktionen von anderen Web-2.0-Anwendungen bereits auch von dort genutzt werden können. Blogs und Microblogs, Foto- und Video-Sharing, Widgets und Instant-Messenger-Dienste werden entweder selbst von Online-Communities angeboten oder können von externen Angeboten über offene Schnittstellen eingebunden werden. Gerade die Vernetzung zwischen Konsumenten und verschiedenen Web-2.0-Anwendungen, die auf Online-Communities zusammenläuft, zeigt ein hohes Potenzial um Informationen, die ein Finanzdienstleister an die Konsumenten weitergeben möchte, auf virale Weise zu verbreiten.

Die Kommunikation, vor allem zwischen jungen Konsumenten, verlagert sich zunehmend von E-Mails und Telefon in Online-Communities. Analog dazu wäre auch die Kommunikation zwischen Konsumenten und Kundenbetreuern der Finanzdienstleister denkbar. Vor dem Kauf eines Finanzprodukts können Finanzberater diesen Kanal hervorragend einsetzen, um mit potenziellen Kunden in den Dialog zu treten und sie mit Informationen zu versorgen (Werteffekt *Mehr Kundenakquisition:* ++). Nach dem Kauf kann eine direkte und persönliche Kundenbetreuung darüber abgewickelt werden (Werteffekt *Mehr Kundenbindung:* +++). Zudem ist es möglich auf den Profilseiten von Mitarbeitern Bewertungssysteme einzurichten, über die Konsumenten deren Leistungen direkt bewerten können. Gute Bewertungen können in Empfehlungen resultieren, die sich über die Vernetzung viral in der Online-Community verbreiten und zu neuen Kunden führen können.

Inzwischen sind bei *Facebook* schon die ersten Online-Shops in Profilseiten von Unternehmen implementiert. Ob der Konsument genug Vertrauen in diese Plattform hat, um auch Käufe darüber abzuwickeln, wird sich erst in Zukunft zeigen. Gerade bei Finanzprodukten, die in der Regel längerfristige Vertragsbindungen mit sich bringen und beim Abschluss sensible Daten den Konsumenten benötigen, ist es daher noch fraglich, ob ein direkter Produktverkauf über eine unabhängige Online-Community von den Konsumenten akzeptiert wird. Die Informationsbereitstellung und die Beratung per internem Nachrichtensystem oder per implementiertem Instant-Messenger-Dienst können aber aktuell schon eingesetzt werden, um Kaufentscheidungen von Konsumenten heranzuführen. Der Kauf eines Finanzprodukts wird letztendlich vorerst weiterhin auf der Webseite des Finanzdienstleisters und nicht in der Online-Community stattfinden. Bei abhängigen Finanzcommunities, die direkt mit der jeweiligen Online-Banking-Plattform verbunden sind, sieht dies anders aus. Finanzdienstleister können dort ihren Kunden Cross-Selling-Angebote machen, die diese direkt über die Online-Banking-Plattform kaufen können (Werteffekt *Mehr Cross-Selling:* ++).

Eine zukünftige Möglichkeit Umsatz zu erzielen, ist die Bereitstellung von Widgets, über die Transaktionen ausgeführt werden können. Implementieren die Konsumenten solche Widgets in den privaten Bereich ihrer Online-Community, so kann dies die Anzahl an gebührenpflichtigen Transaktionen, z.B. den Aktienhandel, steigern. Viele Konsumenten haben dennoch große Bedenken in Bezug auf die Sicherheit der übermittelten Daten. Daher ist die Zeit noch nicht reif, um ein solches Szenario umzusetzen. Jeder Finanzdienstleister sollte jedoch schon an einer Lösung arbeiten, um diese rechtzeitig einsetzen zu können und die Wechselkosten seiner Kunden dadurch zu erhöhen.

Tabelle 4.16   Bewertung von Online-Communities

Interessens-gruppe / Kriterium	Konsument	Finanzdienstleister
Chancen	■ Kontakte können global bequem gepflegt werden ■ Neue Kontakte können ohne physische Anwesenheit geknüpft werden ■ Informationen können schnell verbreitet werden ■ Austausch und Wissensteilung mit anderen Konsumenten über Finanzprodukte ■ Direkte Kontaktmöglichkeit zu Finanzdienstleistern und deren Mitarbeitern ■ Widgets können Transaktionen vereinfachen	■ Direkte Kontaktmöglichkeit zu Konsumenten und Kunden ■ Sympathie von Konsumenten kann gezeigt werden ■ Einfache Implementierung von Empfehlungssystemen ■ Schnelle virale Verbreitung von Informationen durch die Vernetzung an die Konsumenten ■ Werteffekte: – Mehr Kundenakquisition: ++ – Mehr Cross-Selling: ++ – Mehr Kundenbindung: +++
Herausforderungen	■ Sensibler Umgang mit persönlichen Daten ■ Online-Mobbing durch andere Konsumenten	■ Nicht zu unterschätzender Zeitaufwand für die Pflege einer Profilseite und die Beantwortung von Nachrichten der Konsumenten ■ Klare Richtlinien für den Informationsumfang auf Profilseiten müssen formuliert werden (z.B. welche firmeninternen Informationen dürfen enthalten sein) ■ Schneller Diffusion von negative Kritik durch die Vernetzung der Konsumenten muss begegnet werden

Es wurde bereits gezeigt, dass es auf der technischen Seite keine ernstzunehmenden Hindernisse bei der Gründung einer eigenen Finanzcommunity gibt. Der Finanzdienstleister muss sich also entscheiden, ob er sich an schon bestehenden Online-Communities, wie z.B. *Facebook* und *StudiVZ*, beteiligt oder eine eigene gründet. Die Entwicklungen zeigen, dass auch die Welt der Online-Communities immer weiter aggregiert wird. In allen großen Online-Communities kann durch die Funktion der Gruppengründung eine Art „Sub-Community" gebildet werden, die sich auf spezifische Themengebiete fokussiert. Daher ist es möglich, dass Online-Communities, die nur spezifische Themengebiete abdecken, in Zukunft in den großen Online-Communities aufgehen und als eigene Plattform vom Markt verschwinden. Aus diesem Grund ist eine Beteiligung an etablierten Online-Communities durch die Gründung einer Sub-Community besonders für die Finanzdienstleister empfehlenswert, die bisher keine gut funktionierende eigene abhängige Finanzcommunity betreiben. Dies vereint den Charakter einer eigenen Finanzcommunity, die aber als Sub-Community nicht auf die Netzeffekte der übergeordneten etablierten Online-Community verzichten muss. Ein weiterer Vorteil ist, dass viele Konsumenten schon auf diesen Plattformen registriert sind und somit Netzeffekte erzeugt werden. Bei Gründung einer eigenen Finanzcommunity müssten die Konsumenten erst durch verschiedene Maßnahmen, wie z.B. Werbung, auf die Plattform gelockt werden.

4.5.3   Peer-to-Peer-Lending

4.5.3.1   Darstellung und Funktionsweise

Mit dem Begriff Peer-to-Peer-Lending werden elektronische Märkte bezeichnet, auf denen Kreditangebot und -nachfrage direkt zusammengeführt werden. In Abgrenzung zu Plattformen für den Handel von Anleihen oder verbrieften Krediten sind hier explizit Plattformen für den Handel privater Kredite zwischen Konsumenten gemeint (Meyer 2007; Mitschke 2007; Berger/Gleisner 2009).

Der elektronische Marktplatz als Website im World Wide Web stellt die grundlegenden Rahmenbedingungen für den privaten Kredithandel sicher und übernimmt die administrative Abwicklung der Kredite. Grundsätzlich lassen sich die Marktplätze durch den Mechanismus unterscheiden, welcher den Kredithandel ermöglicht. Auf einigen Marktplätzen bieten Kreditgeber in einem Auktionsmechanismus darauf, ein Kreditgesuch anteilig oder komplett zu finanzieren, andere Marktplätze übernehmen den Abgleich zwischen Kreditgeber und -nehmer selbst (Meyer 2007). Aufgrund regulatorischer Rahmenbedingungen sind die Marktplätze derzeit nur national tätig und unterscheiden sich in ihrer Ausgestaltung z. T. erheblich. Mittlerweile existiert eine große Zahl von Anbietern, die sich als Kreditmarktplatz bezeichnen, jedoch der obigen Definition zum Teil nicht standhalten.

Transaktionen auf elektronischen Kreditmarktplätzen finden zumeist anonym zwischen Kunden mit fiktiven Benutzernamen statt (siehe **Abbildung 4.26** für ein Beispiel eines Kreditgesuch). Dadurch herrschen große Informations-Asymmetrien zwischen Kreditgebern und Kreditnehmern. Da die Kredite zudem unbesichert sind, ist das Risiko für Kreditgeber hoch, das eingesetzte Kapital zu verlieren (Meyer 2007). Ein Ansatz zur Begrenzung des Verlustrisikos stellt die Nutzung von Intermediärsleistungen dar, wie sie auf manchen Kreditmarktplätzen durch Marktteilnehmer angeboten werden (Berger/Gleisner 2009).

Der US-amerikanische Anbieter *Prosper* (www.prosper.com) beispielsweise stellt für alle Marktteilnehmer zur Einschätzung der Bonität eine Verschuldungskennzahl (*Debt-to-Income* Ratio, DTI) sowie ein Kreditrating der potenziellen Kreditnehmer zur Verfügung. Das Rating und die DTI wird von der Kreditratingagentur Experian basierend auf dem Risikomodell Experian Scorex Plus^{SM} bereitgestellt und resultiert aus der individuellen Kredithistorie. Die Marktteilnehmer können zudem freiwillig weitere Informationen zur Verfügung stellen, um ihre finanzielle Situation und ihre Kreditwürdigkeit darzustellen. Kreditnehmer haben dabei grundsätzlich einen Anreiz, ihre „Qualität" (den Kapitalwert der avisierten Projekte, die eigene Kreditwürdigkeit bzw. Rückzahlungsmoral, usw.) besser darzustellen, als sie tatsächlich ist (*„moral hazard"*).

Abbildung 4.26   Beispiel eines Kreditgesuchs am deutschen Marktplatz smava
                     (Quelle: smava 2009)

Als Bestandteil der Plattform hat *Prosper* (wie auch die deutsche Neugründung *smava*) so genannte Gruppen etabliert. Gruppen sind ein Zusammenschluss von Mitgliedern, diese überprüfen und bewerten die Kreditwürdigkeit einzelner Mitglieder ergänzend zum bereitgestellten Rating. Damit agieren diese Gruppen autark als Intermediär im Sinne der oben genannten Definition und können potenziell einen Mehrwert für die Marktteilnehmer schaffen, indem sie Informationen über Kreditnehmer produzieren, die zunächst nicht öffentlich verfügbar sind.

Jeder Marktteilnehmer kann eine Gruppe gründen und als Gruppenleiter verwalten. Dabei kann er Aufnahmekriterien für die Mitgliedschaft in der Gruppe frei festlegen und durchsetzen. Ein potenzieller Kreditnehmer kann sein Kreditgesuch freiwillig innerhalb der Gruppe durch den Gruppenleiter prüfen lassen und dem Gruppenleiter dazu zusätzliche, persönliche Informationen offen legen. Der Gruppenleiter verifiziert beispielsweise Identität und finanzielle Situation durch Telefonate mit dem Kreditnehmer oder dessen Arbeitgeber, sowie aufgrund eingeforderter persönlicher Dokumente wie Kontoauszügen oder Rechnungen. Diese freiwillige Prüfung durch den Gruppenleiter soll die Anzahl der Gebote auf das eigene Kreditgesuch erhöhen und dadurch zu niedrigeren Kreditzinsen führen. Zudem kann der Gruppenleiter die laufende Kreditrückzahlung überwachen und wird bei Zahlungsverzögerungen informiert, um so ggf. Einfluss auszuüben. Der Gruppenleiter konnte hierfür bei *Prosper* zeitweise auch eine Vergütung erhalten („Group Leader Reward").

4.5.3.2   Technische Voraussetzungen für den Einsatz

Elektronische Kreditmarktplätze sind in technischer Hinsicht nur wenig anspruchsvoll. Im Gegensatz zu typischen E-Commerce-Anwendungen für den Versandhandel verschiebt sich jedoch die Gewichtung vom Frontend etwas mehr zu den Backend-Systemen, da die Abwicklung von Krediten eine Dienstleistung darstellt, die grundsätzlich der Bankenaufsicht unterliegt und beispielsweise (banktypische) spezielle Auskunftspflichten des Betreibers bestehen.

Im Hinblick auf das Frontend nutzen die Anbieter am Markt teilweise intensiv Techniken wie RSS-Feeds, um potenziellen Kreditgebern laufend (ihren Wünschen entsprechend) passende Kreditgesuche vorzuschlagen (Beispiel: smava.de). Eine Nutzung von (Video-)Chat-Funktionen zu Kommunikation mit potenziellen Kreditnehmern und auch innerhalb einer Gruppe ist denkbar, aktuell wird dies aber im Wesentlichen über (formulargestützte) private E-Mail und Foren abgebildet. In der ermöglichten Partizipation der Konsumenten am Produkt (nämlich dem bereitgestellten Kredit) liegen somit die technischen Vorbedingungen für die Verbreitung.

Weniger ausschlaggebend ist (zumindest aktuell) die globale, länderübergreifende Dimension des Internet, da aufgrund der regulatorischen Vorgaben, kaum länderübergreifende Marktplätze zu erwarten sind, allenfalls (wie im Fall von *Zopa*) Anbieter, die auf mehreren nationalen Märkten aktiv sind.

In nicht-technischer Hinsicht gründet das bemerkenswerte Wachstum auch darauf, dass das Internet schichtenübergreifend akzeptiert ist und nicht, wie in den Anfangsjahren, nur von einer klar abgrenzbaren Nutzergruppe genutzt wird. Hierdurch wird zum Einen eine Diversifizierung in Art und Umfang der Kreditgesuche und –Investoren erreicht, zum Anderen aber auch die Nutzung durch Kreditnehmer mit schlechteren Bonitäten ermöglicht, die aktuell einen relevanten Anteil am Gesamtmarkt darstellen.

4.5.3.3   Einsatzgebiete

Peer-to-Peer-Lending eignet sich primär für das Privatkundengeschäft auf Anleger- und Kreditnehmer-Seite, d. h. für Konsumenten, da hier die Vorteile des Monitorings durch Gruppen und die Prüfung der individuellen Profilseiten von Kreditsuchenden ausgespielt werden können.

Die Investition in Unternehmenskredite erfordert eine Bonitätsprüfung mit wesentlich höherem Komplexitätsgrad, welche durch (fachfremde) Privatpersonen kaum erbracht werden kann und vom Aufwand (Prüfung von Bilanzen etc.) auch in keinem Verhältnis zur Investitionssumme steht. Zwar könnte auch hier die Bonitätsprüfung delegiert werden, beispielsweise an eine klassische Rating-Agentur wie z. B. Moody's, jedoch stünden die Kreditmarktplätze dann in direkter Konkurrenz zu Anleihen-Emissionen am Kapitalmarkt. Kreditmarktplätze für Unternehmen kleinerer und mittlerer Größe (KMU) konnten sich bis dato auch nicht etablieren.

Ähnlich verhält es sich mit komplexen Krediten von Privatpersonen, hier ist insbesondere an Baufinanzierungen zu denken. Prinzipiell sind diese über Kreditmarktplätze darstellbar (und werden auch von einzelnen Anbietern angeboten), jedoch ist auch hier zur Bonitätsbeurteilung ein höheres Maß an Expertise notwendig, die eine Delegation an einen professionellen Dienstleister erfordert und auch bei der Verwaltung der Sicherheit (Grundschulden o. ä.) einen höheren Aufwand nach sich zieht. Zudem ist der Markt derzeit noch relativ eng, so dass die im Vergleich zu Konsumentenkrediten hohen Volumina von Baufinanzierungen nicht in kurzen Zeiträumen an Kreditgeber vermittelt werden können.

4.5.3.4   Prominente Beispiele

Eine Übersicht prominenter Anbieter ist in **Tabelle 4.17** gegeben. Gleichfalls wird in der Tabelle gezeigt, welche Bank für den jeweiligen Marktplatz die Transaktionsdienstleistung erbringt.

Tabelle 4.17   Anbieter von Kreditmarktplätzen für das Peer-to-Peer-Lending

Anbieter	Prosper	Zopa	Smava
URL	www.prosper.com	www.zopa.co.uk	www.smava.de
Märkte	USA	UK, USA, Italien, Japan	Deutschland
Mitglieder	940.000*	150.000**	o. A.
Bonitätsprüfung	Experian	Equifax	Schufa
Kooperierende Bank	Wells Fargo Inc.	The Royal Bank of Scotland	biw AG Bank für Investments und Wertpapiere
Maximale Kreditsumme	25.000 USD	25.000 USD	10.000 EUR
Zinsfindung	Auktion	Auktion	Durch KN festgelegt
Preise (in % der Kreditsumme)	KN einmalig 1%-2%; KG jährlich 0,5%-1% der ausstehenden KS	KN einmalig 0,5%; KG einmalig 0,5%	KN einmalig 1%

*Stand 25.03.2010; ** Stand 18.05.2007; KN = Kreditnehmer; KG = Kreditgeber; KS = Kreditsumme*

4.5.3.5   Fazit und Bewertung

Der Nutzen von Kreditmarktplätzen für den Konsumenten liegt auf der Hand. **Tabelle 4.18** zeigt, dass es für einen Finanzdienstleister schwierig ist durch elektronische Kreditmarktplätze Werteffekte zu erzielen, da sie insbesondere im Markt der Kleinkredite letztendlich nicht als neues Betätigungsfeld sondern als eher Konkurrenz antreten. Zwar greifen nahezu allen Anbieter für die Abwicklung (abhängig auch von der juristischen Ausgestaltung) auf eine Bank zurück, jedoch übernimmt diese vorrangig (weniger margenträchtige) Transaktionsaufgaben. Auch die Expertise in der Bewertung bonitätsrelevanter Informationen von Banken wird bislang nicht im Geschäftsmodell von Kreditmarkplätzen berücksichtigt, da diese Expertise ebenfalls vom Anbieter von Bonitätsinformationen (z. B. Schufa, Experian) bereitgestellt wird.

Tabelle 4.18   Bewertung des Peer-to-Peer-Lending

Interessens- gruppe Kriterium	Konsument	Finanzdienstleister

Chancen	■ Kreditgesuche, die bei etablierten Banken nicht angenommen werden, können durch private Investoren bedient werden.
	
	■ Kreditgeber erhalten eine einfache Möglichkeit, in ein breites Sortiment unterschiedlicher Kreditrisiken zu investieren
	
	■ Durch den Disintermediations-Effekt entfällt die Spanne zwischen Einlagen- und Kreditzins und reduziert sich auf die Provisionen des Marktplatzbetreibers, d. h. Investoren erhalten theoretisch höhere Anlage-Zinsen und Kreditnehmer bezahlen geringere Kreditzinsen.
		■ Engagement als Transaktionsbank möglich; jedoch nur wenig Wertschöpfung und damit Profit
		
		■ Engagement mit Risiko-Bewertungs-Expertise möglich, jedoch hohe Konkurrenz durch Rating-Dienstleister
		
		■ Werteffekte:
		  – Mehr Kundenakquisition: O
		  – Mehr Cross-Selling: O
		  – Mehr Kundenbindung: O

Herausforderungen	■ Größere Investments als Kreditgeber sind mit hohem Aufwand bei der Auswahl der Kreditnehmer verbunden ■ Anonymität des Kreditnehmers fraglich, da zwar keine Namen, aber doch sehr detaillierte Informationen gegeben werden	■ Für Neuanbieter: hoher juristischer Aufwand ■ Konkretes Geschäftsmodell nicht einfach internationalisierbar ■ Geringe Effizienzgewinne und damit kaum günstigere Kredite als bei traditionellen Online-Kredit-Anbietern ■ Etablierung eigener Kreditmarktplätze mit hohen Reputationsrisiken verbunden

Die Etablierung eigener Kreditmarktplätze von etablierten Banken ist eher unwahrscheinlich, da dies in Konkurrenz zum traditionellen Geschäftsmodell steht und durch den starken Partizipations-Charakter von Web-2.0-Anwendungen Reputationsrisiken entstehen können (Heng/Meyer/Stobbe 2007). Die Etablierung von elektronischen Kreditmarktplätzen erfordert jedoch, nicht zuletzt aufgrund der regulatorischen Anforderungen, einen vergleichsweise hohen Aufwand, der in der Technik, aber vor allem auch in der juristischen Ausgestaltung des Geschäftsmodells liegt.

4.6   Strukturierung von Web-2.0-Anwendungen im Finanzdienstleistungsbereich

Neben der naheliegenden Einteilung von Web-2.0-Anwendungen nach dem technischen Kriterium Dialoggrad, gebietet eine ökonomische Betrachtung des Phänomens Web 2.0 auch eine Strukturierung nach ebensolchen Kriterien. Die in diesem Kapitel vorgestellte Strukturierung erfolgt anhand der zwei Dimensionen *Produktinvolvement* und *Kaufprozessphase*. Die Einteilung nach *Kaufprozessphasen* zeigt, ob eine Anwendung eher zur Suche und dem Austausch von Informationen über ein Finanzprodukt (Vor- und Nachkaufphase) oder zur Unterstützung von Transaktionen (Kaufphase) eingesetzt werden kann. *Produktinvolvement* misst das Interesse und die Wichtigkeit, die ein Konsument Finanzprodukten zuteilt. Je ausgeprägter das Interesse und je wichtiger Finanzdienstleistungen für den Konsumenten sind, desto eher ist er dazu motiviert, Zeit für (passive) Informationsrecherche und (aktive) Kommunikation aufzuwenden (Aldlaigan/Buttle 2001). Auch das Fachwissen und (damit verknüpft) das Verlangen nach immer spezifischerem Wissen nehmen mit steigendem *Produktinvolvement* zu. **Abbildung 4.27** gibt einen Überblick über die Zuordnung der acht beschriebenen Web-2.0-Anwendungen auf die neun Felder, die sich durch die zwei Dimensionen *Produktinvolvement* und *Kaufprozessphase* ergeben. Eine Begründung für die Zuordnung der jeweiligen Web-2.0-Anwendung auf eines oder mehrere der neun Felder, liefern wir in den folgenden Absätzen.

1. Niedriges Produktinvolvement

    Ein Konsument mit niedrig ausgeprägtem *Produktinvolvement* sucht nach Basisinformationen, um sich ein Grundwissen zu einer Gruppe an Finanzprodukten anzueignen. In der Vorkaufphase bietet es sich an dem Konsumenten Audio- oder Videopodcasts bereitzustellen, anhand derer er sich die benötigten Informationen anhören oder ansehen kann. In der Nachkaufphase kann der Konsument im Umgang mit dem erworbenen Finanzprodukt geschult werden. Falls ein Finanzprodukt über einen Onlinezugang verwaltet werden kann, z.B. ein Aktiendepot, so kann die Bedienung des Zugangs durch einen Videopodcast dokumentiert werden.

    Informationen, die einem Konsumenten mit niedrigem *Produktinvolvement* in der Vorkaufphase zur Orientierung auf dem Markt helfen, kann er sich auch über Bewertungsplattformen beschaffen. Die Meinungen anderer Konsumenten, die bereits bestimmte Finanzprodukte nutzen und damit Erfahrungen gemacht haben, können dem Konsumenten einen guten Überblick geben, welche Finanzprodukte für ihn in engere Auswahl kommen. Nachdem er eigene Erfahrung mit dem Finanzprodukt gesammelt hat, kann er auf die Bewertungsplattform zurückkehren und seine Erfahrungen durch eine eigene Bewertung aktiv beschreiben oder seine Erfahrung mit derer anderer Konsumenten abgleichen.

Während der Kaufphase bietet es sich an, dem Konsumenten eine Kontaktmöglichkeit durch interaktive Verkaufsberatung (Chat/Instant Messenger, Voice-over-IP) bereitzustellen. Bei komplexen Transaktionen bevorzugt der Konsument einen Echtzeitkontakt zu einer beratenden Instanz. Andere Web-2.0-Anwendungen können dies nicht in diesem Ausmaß bieten.

Auf den ersten Blick scheint der Einsatz von Web-2.0-Anwendungen besonders bei standardisierten Finanzprodukten einfach zu sein. Beispielsweise über die Platzierung von Links in Widgets, in Beiträgen bei Blogs oder Bewertungsplattformen oder sogar in der Kommunikation zwischen den Nutzern von Online-Communities können Finanzprodukte relativ einfach zum Kauf angeboten werden. Letztendlich wird der Konsument, der dem Link folgt, aber zur Webseite des Finanzdienstleisters geführt, auf der die Transaktion durchgeführt wird. Web-2.0-Anwendungen bereiten bisher den Kauf eines Finanzprodukts entweder vor (Vorkaufphase) oder nach (Nachkaufphase). Die wirkliche Transaktion findet jedoch nicht dort statt. Aus diesem Grund können der Kaufphase in der vorliegenden Strukturierung generell nur Anwendungen zugeordnet werden, die wirklich während der Transaktion genutzt werden. Dies sind Peer-to-Peer-Lending-Plattformen für Konsumenten mit hohem *Produktinvolvement* und die interaktive Verkaufsberatung.

2. Mittleres Produktinvolvement

Mit steigendem *Produktinvolvement* wächst auch der Bedarf an spezifischeren Informationen. Diese Konsumenten sind nicht nur daran interessiert, ihren Bedarf an Finanzprodukten irgendwie zu decken, sondern sie möchten ein Finanzprodukt, was gut zu ihren Lebensbedingungen passt und mit dem sie nach dem Kauf einen sichtbaren Mehrwert erzielen können. Den Bedarf an Basisinformationen haben diese Konsumenten weitgehend gedeckt und es werden detailliertere Informationen benötigt, um das passende Finanzprodukt auszuwählen oder nach dem Kauf erfolgreich damit umzugehen.

In der Vorkaufphase kann dieser Bedarf durch das Lesen von Wiki-Artikeln gedeckt werden. Hier können sowohl noch benötigte Basisinformationen als auch weitergehende, spezifische Informationen recherchiert werden. Meinungen von ausgewiesenen Experten oder anderen Konsumenten, die über Expertenwissen verfügen, oder zusätzliche Informationen von Finanzdienstleistern kann der Konsument durch das Verfolgen von Weblogs bekommen. Zudem bietet sich hier die Möglichkeit, über die Kommentarfunktion direkt mit dem Blogger oder auch anderen Lesern in Kontakt zu kommen und die bereitgestellten Informationen zu diskutieren oder Unklarheiten zu beseitigen.

Über Widgets kann der Konsument automatisiert Newsfeeds beziehen, die über Produktneuheiten oder auch über aktuelle Marktentwicklungen aufklären. Der Konsument mit mittleren *Produktinvolvement* kann sich somit über neue Finanzprodukte informieren lassen und sich so einen besseren Marktüberblick verschaffen, bevor er das passende Finanzprodukt auswählt. Der Konsument mit hohem *Produktinvolvement*, z.B. Personen, die sich intensiv mit dem Handel von Aktien beschäftigen, erlangen über ein Widget mit Newsfeed aktuelle Marktinformationen, die ihnen bei der Entscheidung helfen, welche Aktien es sich lohnt zu kaufen und welche aus dem eigenen Depot abgestoßen werden sollten. Widgets werden aus diesem Grund an der Schnittstelle zwischen mittlerem und hohem *Produktinvolvement* platziert.

Abbildung 4.27 Strukturierung von Web-2.0-Anwendungen nach Kaufprozessphase und Produktinvolvement

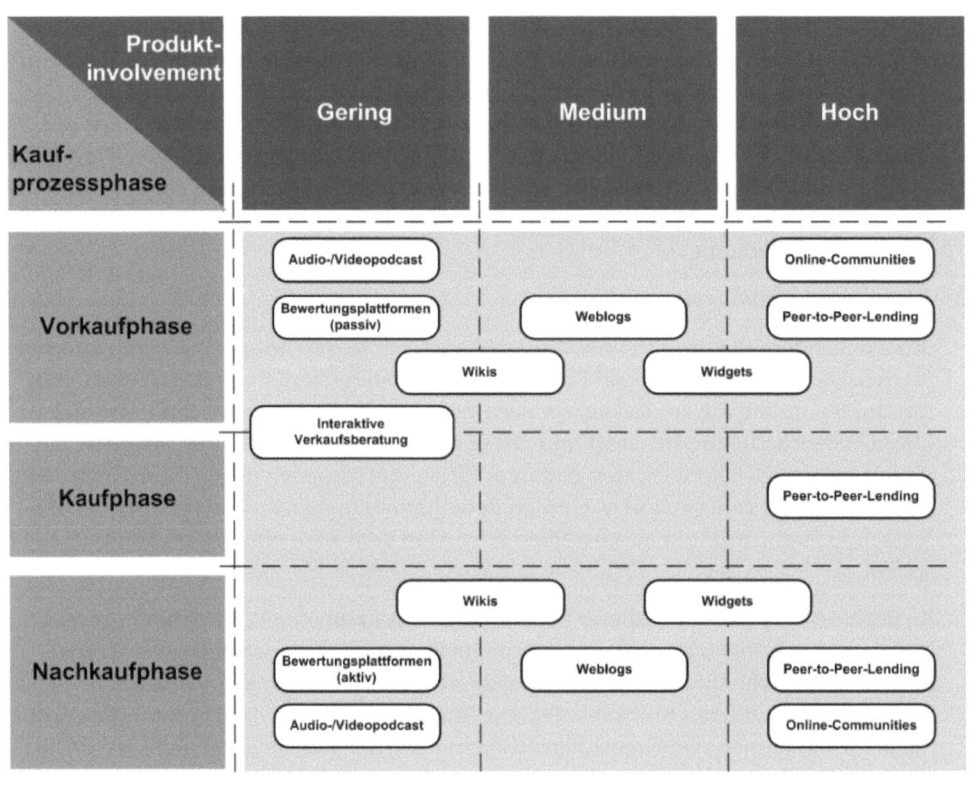

3. Hohes Produktinvolvement

Konsumenten mit einem hohen *Produktinvolvement* benötigen die aktuellsten Informationen über schon gekaufte (Nachkaufphase) oder neue Finanzprodukte (Vorkaufphase), die es sich zu erwerben lohnt, automatisiert in Echtzeit. Widgets mit Newsfeeds können solch einen Push-Dienst leisten. Sehr spezifische oder individuelle Informationen können in Online-Communities durch den Dialog mit anderen Konsumenten, die sich in ihren Präferenzen ähnlich sind, erlangt werden. Im Gegensatz zum Besuch beim Finanzberater, kann hier das jeweils verlangte Ausmaß an Anonymität vom Konsumenten selbst gewählt werden.

Konsumenten, die Peer-to-Peer-Lending-Plattformen nutzen, haben sich meist schon ausgiebig mit Finanzprodukten, insbesondere Krediten, beschäftigt und kennen die damit verbunden Abläufe und Marktbegebenheiten. Dies zeugt von einem hohen *Produktinvolvement*. Peer-to-Peer-Lending-Plattformen unterstützen den kompletten Kaufprozess. In der Vorkaufphase bieten Kreditnehmer den potenziellen Investoren Kreditgebern Informationen über den Zweck des Kredits und ihre Person. Sind Investoren gefunden, so werden die Transaktionen auch über diese Plattformen abgewickelt. In der Nachkaufphase können die Rückzahlungen über die Plattform überwacht werden und ggf. anschließend die Kreditnehmer bewertet werden.

Insgesamt zeigt die Strukturierung anhand der zwei Dimensionen, dass ein Finanzdienstleister, die von uns beschriebenen acht Web-2.0-Anwendungen hauptsächlich in der Vorkaufphase und der Nachkaufphase einsetzen kann, um Konsumenten oder seine Kunden besser zu betreuen. Die Wahl der richtigen Web-2.0-Anwendungen hängt zudem davon ab, wie intensiv sich die Konsumenten, die der Finanzdienstleister erreichen möchte, schon mit einem Finanzprodukt beschäftigt haben bzw. wie groß deren Interesse an diesem Finanzprodukt ist. Mithilfe der Strukturierung in **Abbildung 4.27** kann der Finanzdienstleister auswählen, welche Web-2.0-Anwendung er einsetzen muss, um entweder einfache Basisinformationen oder ständig aktuelle und/oder komplexe Detailinformationen an die Konsumenten zu vermitteln.

5 Empirische Analyse der aktuellen Nutzung und der Nutzungswünsche

5.1 Darstellung der Studie

Im Rahmen unserer Forschungsarbeit im E-Finance Lab (www.efinancelab.de) haben wir eine umfangreiche Befragung durchgeführt, die mithilfe eines Onlinepanels eine Stichprobengröße von 1.033 Probanden erreichte. Bei der Erhebung wurde mithilfe einer Quotensetzung darauf geachtet, dass die Stichprobe repräsentativ für Internetnutzer in Deutschland ist.

Ziel unserer Studie war die Aufstellung eines Status quo der konsumentenseitigen Nutzung sowie der Wichtigkeit von Web-2.0-Anwendungen speziell in Bezug auf Finanzdienstleistungen. Zudem wollten wir herausfinden, bei welchen Web-2.0-Anwendungen die Konsumenten mit dem Angebot von Finanzdienstleistern zufrieden sind und an welchen Stellen sie eine Ausweitung des Angebots wünschen.

Die Befragung teilte sich auf in Fragen zur allgemeinen Nutzung des Internet, zur allgemeinen Nutzung der in Kapitel 4 behandelten Web-2.0-Anwendungen, sowie zur passiven und aktiven Nutzung und der Wichtigkeit dieser Anwendungen im direkten Zusammenhang mit Finanzdienstleistungen. Zudem haben wir erhoben in welchen der drei Kaufprozessphasen die Web-2.0-Anwendungen bei den Probanden primär eingesetzt werden. Nach einer kurzen Einführung in die demografischen Merkmale der Stichprobe in **Tabelle 5.1** vergleichen wir zuerst die allgemeine passive und aktive Nutzung von Web-2.0-Anwendungen mit der Nutzung in Bezug auf Finanzdienstleistungen. Im Anschluss zeigen wir, in welcher Kaufprozessphase die Probanden die verschiedenen Web-2.0-Anwendungen nutzen und wie wichtig ihnen dessen Einsatz ist. Darauf aufbauend analysieren wir, bei welchen Web-2.0-Anwendungen die Probanden eine Ausweitung der Aktivitäten seitens der Finanzdienstleister wünschen. Abschließend zeigen wir, welche individuellen Eigenschaften der Probanden einen Einfluss auf deren Nutzungsintensität von Web-2.0-Anwendungen haben und bilden Nutzerprofile.

Die Stichprobe teilt sich nahezu paritätisch in weibliche und männliche Probanden. 42% der Probanden sind unter 40 Jahren alt. Betrachtet man das monatliche Nettoeinkommen, so liegt ca. die Hälfte bei unter 2.000€, 28% verdienen mehr als 2.000€ netto. 19% wollten hierzu keine Angabe machen. Der mit 33% größte Anteil hat eine berufliche Ausbildung abgeschlossen, was sich in einem Anteil von 45% Angestellten widerspiegelt. Ein Viertel der Probanden kann einen Hochschulabschluss vorweisen. 17% haben mit dem abgeschlossenen Abitur die Voraussetzungen für einen Hochschulbesuch erfüllt.

Tabelle 5.1   Demografische Stichprobenbeschreibung

Kriterium	Ausprägung	Anzahl	Anteil
Geschlecht	Weiblich	497	48%
	Männlich	536	52%
Alter	bis 19 Jahre	25	2%
	20 bis 29 Jahre	186	18%
	30 bis 39 Jahre	232	22%
	40 bis 49 Jahre	270	26%
	50 bis 59 Jahre	240	24%
	über 60 Jahre	80	8%
Monatliches Nettoeinkommen	unter 1.000€	225	21%
	1.001€ bis 2.000€	329	32%
	2.001€ bis 3.000€	185	18%
	3.001€ bis 4000€	51	5%
	4.001€ bis 5.000€	23	2%
	über 5.000€	28	3%
	Keine Angabe	192	19%
Bildung	Haupt-/Realschulabschluss	254	24%
	Abitur	179	17%
	Abgeschlossene Ausbildung	338	33%
	Hochschulabschluss	254	25%
	Keine Angabe	8	1%
Tätigkeit	Schüler	14	1%
	Auszubildender	12	1%
	Student	73	7%
	Angestellter	463	45%
	Beamter	61	6%
	Selbständiger	96	10%
	Leitender Angestellter	68	7%
	derzeit ohne Beschäftigung	168	16%
	keine Angabe	78	8%

Kriterium	Ausprägung	Anzahl	Anteil
Haushaltsgröße	Eine Person	240	23%
	Zwei Personen	379	37%
	Drei Personen	210	20%
	Vier Personen und mehr	204	20%

Direkte Rückschlüsse auf ein geregeltes Einkommen anhand der Tätigkeit können bei insgesamt 68% der Probanden gezogen werden. Dies setzt sich aus 58%, die in einem abhängigen Beschäftigungsverhältnis stehen (Angestellte, leitende Angestellte und Beamte) und 10%, die ihr Einkommen aus selbständiger Arbeit beziehen, zusammen. Geringes bis gar kein Einkommen kann bei 17% (Schüler, derzeit ohne Beschäftigung) vermutet werden. 60% leben in Haushalten mit ein bis zwei Personen.

5.2 Nutzung der Web-2.0-Anwendungen

Zur Erfassung der aktuellen Nutzung von Web-2.0-Anwendungen, die in **Abbildung 5.1** dargestellt ist, wurden die Probanden zuerst gefragt, inwiefern sie die in diesem Buch beschriebenen Anwendungen passiv und aktiv nutzen. Die passive Nutzung repräsentiert den Informationsabruf und das Lesen und Beobachten von Inhalten und Beiträgen, die durch die Web-2.0-Anwendungen zur Verfügung gestellt werden. Aktive Nutzung bedeutet, dass die Probanden selbst Inhalte beisteuern, z.B. durch das Schreiben von Beiträgen und Kommentaren in Weblogs, das Verfassen und Diskutieren von Bewertungen, die Programmierung von Widgets oder durch aktive Kommunikation in Online-Communities.

Die Intensität der passiven und aktiven Nutzung wurde durch eine Skala erhoben, bei der jeder Proband bewerten musste, ob er die jeweilige Web-2.0-Anwendung noch nie, selten, mindestens einmal pro Monat, pro Woche oder pro Tag nutzt. Die Nutzung wurde zuerst allgemein (ohne Beschränkung auf bestimmte Themengebiete) und danach im Zusammenhang mit Finanzdienstleistungen erhoben. **Abbildung 5.1** zeigt die allgemeine passive und aktive Nutzung von Web-2.0-Anwendungen.

Passiv dominiert die Nutzung von Wikis. 38% der Probanden besuchen mindestens einmal pro Woche ein Wiki um Artikel zu lesen. Der Anteil, der Wikis mindestens einmal pro Monat zur Recherche von Informationen besucht, macht mit 64% schon über die Hälfte der Stichprobe aus. Online-Communities besuchen 27% zur Unterhaltung oder zur Recherche von Informationen mindestens einmal pro Woche. Plattformen, die Videos zum direkten Konsum als Download anbieten, werden von 27% der Probanden genutzt. Bewertungsplattformen haben im Vergleich dazu einen geringeren Anteil an wöchentlichen Besuchern. Allerdings beträgt der Anteil derer, die mindestens einmal pro Monat dort nach Bewertungen von Produkten suchen, immerhin 39%. Da man selten in jeder Woche sondern eher ab und zu im Monat wichtige Kaufentscheidungen treffen muss, bei denen man

Produktbewertungen zu Rate ziehen möchte, scheint dies plausibel. Der Anteil der Probanden, die mindestens einmal wöchentlich Widgets einsetzen um z.B. mit aktuellen Informationen versorgt zu werden, ist zwar mit 18% vergleichbar zu den Bewertungsplattformen, jedoch gibt es nur wenige Probanden, die Widgets ab und zu im Monat benutzen. Die geringste passive Nutzung unter den aufgeführten Web-2.0-Anwendungen erfahren Weblogs und Audiopodcasts. Mindestens einmal pro Woche lesen nur 10% der Probanden die Beiträge in Weblogs, und nur 10% laden neue Podcast-Episoden auf ihr Endgerät, um sie dann anzuhören.

Bei der aktiven Nutzung wurden noch zusätzlich drei weitere Dienste aufgenommen, die auf Web-2.0-Technologien basieren und nur aktiv nutzbar sind: Chat/Instant Messenger, Voice-over-IP-Telefonie (VoIP) und Videokonferenzen. Besonders Chat/Instant Messenger erfreuen sich einer häufigen aktiven Nutzung. 45% der Probanden kommunizieren textbasiert mindestens einmal pro Woche mit anderen Nutzern dieser Dienste. Betrachtet man die übrigen Web-2.0-Anwendungen, so zeigt sich, dass die aktive Nutzung weitaus geringer ausfällt als die passive Nutzung. 19% der Probanden nehmen mindestens einmal pro Woche aktiv am Leben in ihrer Online-Community durch Kommunikation über interne Nachrichten oder Beiträgen in internen Diskussionsforen teil. Die Prominenz, die gerade Online-Communities, wie *StudiVZ* und *Facebook* seit 2008 in der Presse erlangt haben, könnte eine intensivere Nutzung erwarten lassen. Artikel oder Beiträge zu Diskussionen in Wikis und Bewertungen auf Bewertungsplattformen werden von 9% bzw. 11% mindestens einmal pro Woche verfasst und veröffentlicht. An der sog. *Blogosphäre* beteiligen sich insgesamt 6% durch eigene Weblogs oder Kommentare zu fremden Weblogs. Videoplattformen/-podcasts zeigen eine sehr ähnliche Struktur in der aktiven Nutzungsintensität. Wie auch beim Schlusslicht Audiopodcasts ist hier die geringe aktive Beteiligung wahrscheinlich mit dem erforderlichen Aufwand zu begründen. Während bei den häufiger aktiv genutzten Web-2.0-Anwendungen eine Beteiligung durch das Verfassen eines Textes geleistet werden kann, benötigt man zur Aufnahme von Video- oder Audiodateien für Podcasts geeignete Aufnahmegeräte. Zwar hat der Funktionsumfang von Computern oder auch Mobiltelefonen in den letzten Jahren stetig zugenommen und die Erstellung von Audio- und Videoaufnahmen deutlich bequemer gemacht, jedoch scheinen die Probanden eine textbasierte Beteiligung bei Web-2.0-Anwendungen zu bevorzugen. Neben dem damit verbundenen Aufwand kann auch der Bedarf an Anonymität ein Grund sein. Stimme und Bild können leichter auf eine Person zurückgeführt werden, als Texte, die auf den meisten Plattformen auch bereitgestellt werden können, ohne sich eindeutig identifizieren zu müssen.

Die aktive Nutzung von Widgets fällt auch mit gerade 3% wöchentlicher Nutzung äußerst gering aus. Eine aktive Nutzung bedeutet hier, dass die Probanden entweder selbst eigene Widgets bereitstellen oder Widgets nicht nur als Newsfeed nutzen, sondern auch Transaktionen darüber ausführen. Verschiedene Webseiten haben beispielsweise Webwidgets von Touristikunternehmen (z.B. Expedia) integriert über die der Konsument direkt eine Reisebuchung tätigen kann. Ein Grund für die geringe aktive Nutzung von Widgets kann also darin liegen, dass nur wenige Probanden Fachkenntnisse haben, um eigene Widgets zu programmieren. Aufgrund der Fülle an vorhandenen Widgets scheint auch kein Bedarf dafür vorzuliegen. Ein zweiter Grund könnte sein, dass Webwidgets nicht immer als solche erkannt werden und daher von den Probanden bei der Bewertung der Frage nicht berücksichtigt werden konnten.

Abbildung 5.1   Allgemeine Aktiv- und Passivnutzung von Web-2.0-Anwendungen

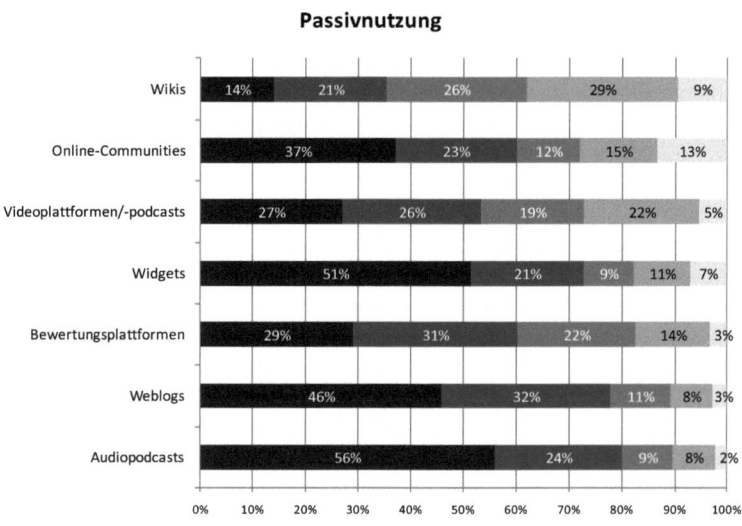

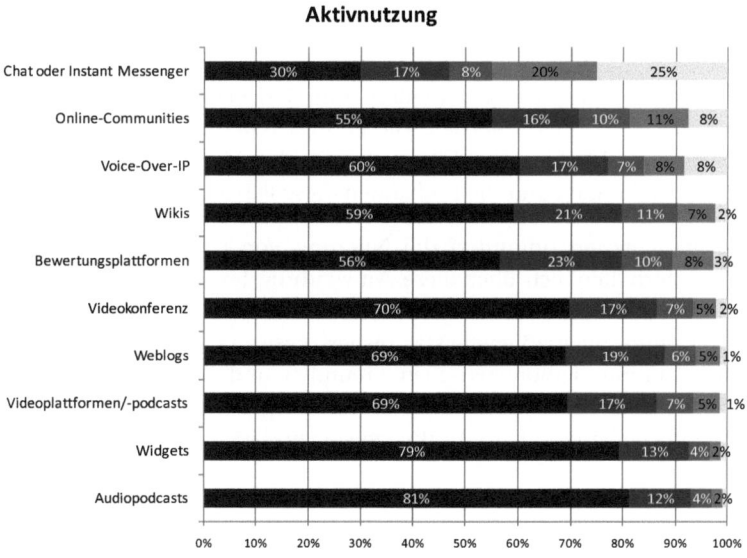

Alle Probanden, die bei der allgemeinen aktiven und passiven Nutzung mindestens eine seltene Nutzung berichteten, wurden zusätzlich noch gefragt, ob sie diese Web-2.0-Anwendungen auch zur Informationsrecherche oder zur Kommunikation nutzen, wenn sie sich mit Finanzdienstleistungen beschäftigen. Da hier eine geringe tägliche Nutzung vorzufinden war, wurden zur besseren Übersicht die beiden Antwortskalen „mindestens einmal pro Woche" und „mindestens einmal pro Tag" in der Auswertung zusammengefasst. **Abbildung 5.2** zeigt die Ergebnisse zur passiven und aktiven Nutzung von Web-2.0-Anwendungen in Bezug auf Finanzdienstleistungen. Auf den ersten Blick wird sofort klar, dass Web-2.0-Anwendungen weder passiv noch aktiv einen hohen Stellenwert einnehmen, wenn sich die Probanden mit Finanzdienstleistungen auseinandersetzen. Die in **Abbildung 5.1** dargestellte themenübergreifende allgemeine Nutzung ist hier ausgeprägter.

Im Gegensatz zur allgemeinen passiven Nutzung nehmen Bewertungsplattformen hier den ersten Rang bei der Nutzungsintensität ein. 31% lesen mindestens einmal pro Monat Bewertungen, um sich über Finanzdienstleistungen zu informieren und um die Meinungen anderer Konsumenten darüber zu erfahren. Wikis folgen mit einem Anteil von 25% der Probanden. Bei einer zusätzlichen Frage gaben 21% an, dass sie ihr Basiswissen über Finanzdienstleistungen durch das Lesen von Wiki-Artikeln auffrischen.

Die Informationsrecherche zu Finanzdienstleistungen ist für 18% der Probanden der Grund für einen zumindest monatlichen Besuch einer Online-Community. Videos mit beispielsweise aktuellen Nachrichten über die Marktlage oder Hinweisen zum Umgang mit Finanzdienstleistungen werden von 16% einmal im Monat und teilweise öfter abgerufen und angeschaut. Ein ähnliches Nutzungsverhalten zeigt sich bei Weblogs. Diese dienen 17% zur monatlichen Informationsrecherche.

Widgets und Audiopodcast zeigen die geringste passive Nutzung. Nur jeweils 8% erlangen über diese Kanäle monatlich oder öfter ihre Informationen. Besonders bei Widgets ist dies überraschend, da sich diese Web-2.0-Anwendung, besonders beim Aktienhandel, hervorragend dazu eignet, um automatisch mit den neuesten Informationen über die Marktentwicklung versorgt zu werden. Die geringe Nutzung von Audiopodcasts könnte daran liegen, dass Nachrichten und Informationen über Finanzdienstleistungen sehr komplexe Inhalte haben können und die Probanden diese lieber lesen als sie sich anzuhören.

Bei der aktiven Nutzung dominiert die Nutzung von Chat/Instant-Messenger-Anwendungen. 19% unterhalten sich über diese Anwendung textbasiert mindestens einmal pro Woche mit Freunden, Bekannten oder mit ihrem Finanzberater über Finanzdienstleistungen. Da sehr wenige Finanzdienstleister bisher diesen Dialogkanal anbieten, findet der Hauptteil der Kommunikation zwischen Freunden und Bekannten statt. Viele Instant-Messenger-Systeme unterstützen inzwischen auch Sprachkommunikation, was die mindestens wöchentliche Nutzung von VoIP-Diensten erklärt.

Abbildung 5.2   Aktiv- und Passivnutzung von Web-2.0-Anwendungen für Finanzdienstleistungen

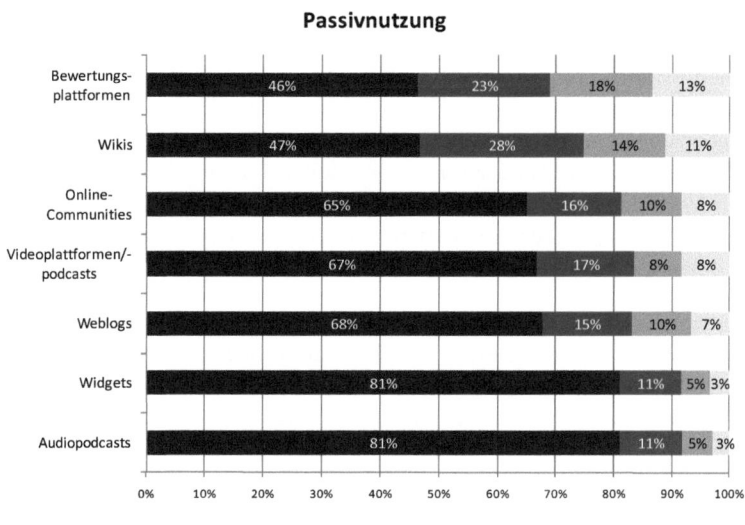

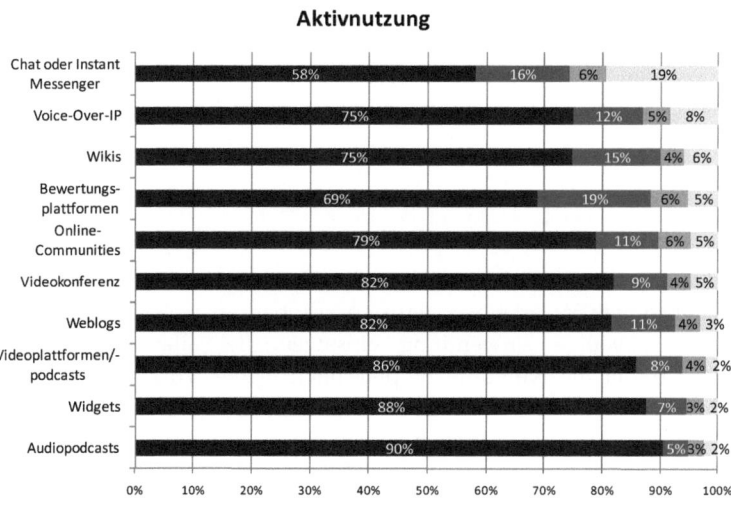

10% der Probanden beteiligen sich aktiv mindestens einmal pro Monat an Wikis durch das Verfassen von Artikeln zu Finanzthemen oder der Diskussion über die Fehlerfreiheit von schon vorhandenen Artikeln. Dies zeigt zwar eine geringe, aber dennoch vorhandene Bereitschaft, dass erlangte Wissen über Finanzdienstleistungen mit anderen Konsumenten teilen zu wollen. Bewertungen über Finanzdienstleistungen werden von 11% der Probanden mindestens einmal pro Monat auf den dafür vorgesehenen Plattformen platziert, um so die eigenen Erfahrungen an andere weitergeben zu können und eine Finanzdienstleistung entweder zu empfehlen oder vor dem Kauf zu warnen. In Online-Communities tauschen sich ebenso 11% der Probanden mindestens einmal pro Monat über Finanzdienstleistungen mit anderen Mitgliedern aus oder stellen Informationen in internen Diskussionsforen zur Verfügung. Gerade einmal 7% der Probanden nutzen häufiger Weblogs, um entweder eigene Beiträge über Finanzdienstleistungen zu verfassen oder durch Kommentare zu den Beiträgen fremder Weblogs mit anderen Bloggern in Kontakt zu treten.

Eine noch geringere aktive Teilnahme der Probanden ist bei Videoplattformen/-podcasts, Widgets und Audiopodcasts zu erkennen. Dies deckt sich mit den Ergebnissen zur allgemeinen Nutzung von Web-2.0-Anwendungen und ist daher höchstwahrscheinlich auch auf die, im Vergleich zu textbasierten Inhalten, aufwendigere Produktion zurückzuführen. Aktive Nutzung von Widgets bei Finanzdienstleistungen kann beispielsweise der automatische Abruf von Kontoinformationen oder die Übermittlung von Online-Banking-Transaktionen in einem Desktop-Widget sein. Die Angst vor unzureichendem Datenschutz ist hier der Hauptgrund für die Nichtnutzung. Bei der Frage, was ihnen bei der aktiven Nutzung eines solchen Widgets am wichtigsten sei, bewerteten 72% der Probanden auf einer Skala (von 1=„vollkommen unwichtig" bis 5=„sehr wichtig") die Sicherheit der übermittelten Daten als wichtig bzw. sehr wichtig. Zudem wurde erhoben, ob die Probanden ein Desktop-Widget, welches immer den aktuellen Kontostand anzeigt, herunterladen und nutzen würden. Von 67% der Probanden kam die Antwort, dass die Nutzung eines solchen Desktop-Widgets für sie sehr unwahrscheinlich ist.

5.3   Nutzung und Wichtigkeit je Kaufprozessphase

Um einen detaillierten Einblick in die Art der Nutzung von Web-2.0-Anwendungen für Finanzdienstleistungen zu erlangen, wurden erhoben, in welcher Kaufprozessphase die Probanden die jeweilige Anwendung einsetzen. Bei allen einbezogenen Web-2.0-Anwendungen findet die Nutzung hauptsächlich in der Vorkaufphase gefolgt von der Nachkaufphase statt. Beim Treffen der Kaufentscheidung und letztendlich beim Kauf spielen fast alle Web-2.0-Anwendungen derzeit eine untergeordnete Rolle.

Bei der Recherche von Informationen vor dem Kauf und bei der Kommunikation mit anderen Konsumenten, die bereits Erfahrungen mit der benötigten Finanzdienstleistung gemacht haben oder über Fachwissen verfügen, werden von den Probanden hauptsächlich Bewertungsplattformen (33%) und Wikis (20%) besucht. Bewertungsplattformen bieten detaillierte Konsumentenmeinungen über die benötigten Finanzdienstleistungen und Wikis können das nötige Basiswissen vermitteln, sowie zur Begriffsklärung herangezogen werden. Um in den direkten Dialog mit anderen Konsumenten zu kommen und sich beraten zu lassen, können Online-Communities besucht werden, in denen hilfsbereite Mitglieder zu finden sind. 14% der Probanden nutzen daher Online-Communities in der Vorkaufphase. Weblogs zu finanziellen Themen werden meist von Bloggern geschrieben, die entsprechendes Fachwissen vorweisen können. Zudem gibt es Finanzdienstleister, deren Finanzberater selbst aktiv einen Weblog führen und potenziellen Kunden darüber Empfehlungen und Tipps zur Verfügung stellen. 13% der Probanden besuchen vor dem Kauf Weblogs. Für einen unmittelbaren Dialog in Echtzeit bieten sich Chats/Instant-Messenger-Systeme an. Hier kann beispielsweise interaktive Verkaufsberatung von Finanzberatern in Anspruch genommen werden. Die übrigen Web-2.0-Anwendungen werden von weniger als 10% der Probanden vor dem Kauf genutzt.

In der Nachkaufphase zeigen nur Bewertungsplattformen und Wikis über 10% Nutzung. Bewertungsplattformen werden nach dem Kauf besucht, um (1) selbst die bezogene Finanzdienstleistung zu bewerten, (2) die eigene Produktwahrnehmung mit derer anderer Bewerter zu vergleichen oder (3) anhand vorhandener Bewertungen zu erfahren, wie am besten mit der Finanzdienstleistung umzugehen ist. Wikis können auch nach dem Kauf weiterhin zur Begriffserklärung dienlich sein.

Um einen ersten Anhaltspunkt für die zukünftige Entwicklung der Nutzung zu erlangen, wurden die Probanden zudem gebeten zu bewerten, wie wichtig ihnen die Nutzung jeder einzelnen Web-2.0-Anwendungen in den drei Kaufprozessphasen ist. Bewertet wurde auf einer Skala von 1=„vollkommen unwichtig bis 5=„sehr wichtig". **Abbildung 5.4** bildet den Anteil der Probanden ab, die die jeweilige Web-2.0-Anwendung als „wichtig" oder „sehr wichtig" bewerten haben.

Abbildung 5.3   Nutzung von Web-2.0-Anwendungen je Kaufprozessphase

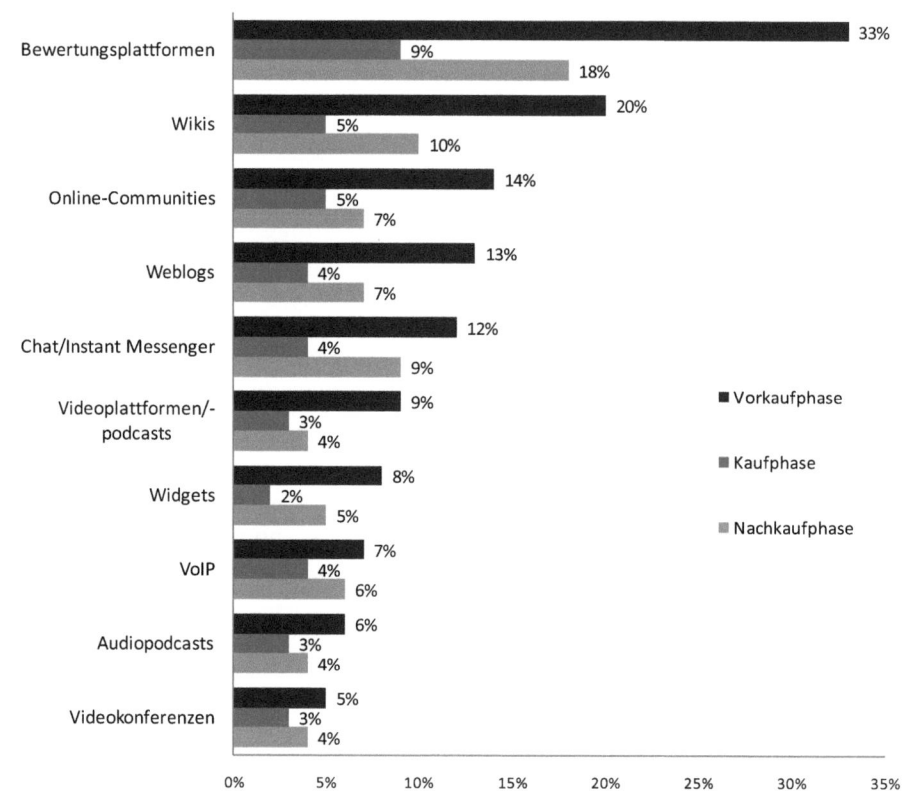

Hier zeigt sich ein sehr ähnliches Bild wie bei der wirklichen Nutzung je Kaufprozessphase. Bewertungsplattformen sind 32% der Probanden wichtig, um sich vor dem Kauf zu informieren. Obwohl Wikis bei der tatsächlichen Nutzung noch vor Online-Communities und Weblogs lagen, liegen sie überraschenderweise bei der Wichtigkeit mit jeweils 13% Zustimmung auf gleicher Höhe.

Videokonferenzen stehen bei der wirklichen Nutzung besonders in der Nachkaufphase mit 4% an letzter Stelle. Es fällt daher auf, dass trotzdem für 11% der Probanden die Nutzung dieses Kanal nach dem Kauf wichtig wäre. Dies kann darauf zurückzuführen sein, dass diese Probanden gerne Kundenbetreuung über diesen Kanal in Anspruch nehmen würden. Da sie über Videokonferenzen den Kundenbetreuer sehen und hören können, kann dies einen direkten Filialbesuch ersetzen.

Abbildung 5.4   Empfundene Wichtigkeit von Web-2.0-Anwendungen je Kaufprozessphase

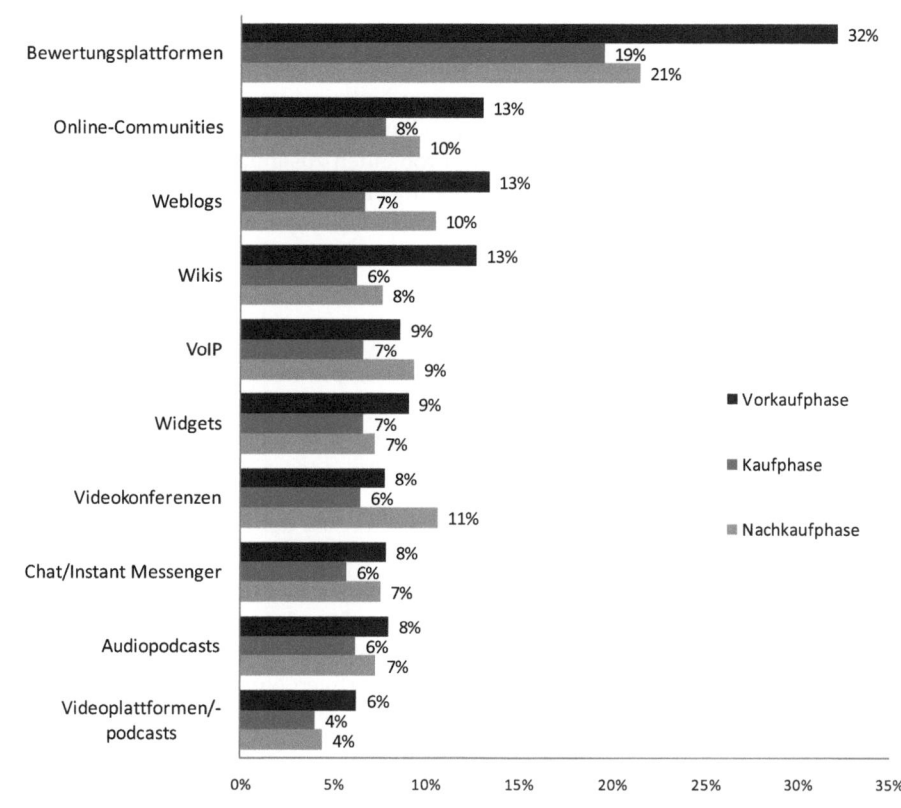

Insgesamt zeigt dieser erste Vergleich zwischen wirklicher Nutzung und Wichtigkeit in den drei Kaufprozessphasen nur geringe Unterschiede. Die Probanden, die eine Web-2.0-Anwendung in der jeweiligen Kaufphase einsetzen, empfinden sie auch dort als „wichtig" oder „sehr wichtig". Nur bei Bewertungsplattformen in der Kaufphase erreicht der Unterschied zwischen der wirklichen Nutzung und der empfunden Wichtigkeit eine Differenz von 10%. Es stellt sich nun die Frage, warum die übrigen Probanden Web-2.0-Anwendungen in den drei Kaufphasen nicht nutzen bzw. diese auch nicht wichtig finden. Dies könnte einerseits daran liegen, dass sie insgesamt ein geringes Interesse an Finanzdienstleistungen haben. Andererseits kann auch der Grund sein, dass ihnen ein ausreichendes Angebot an Web-2.0-Anwendungen fehlt, um herauszufinden, ob ihnen eine Nutzung Vorteile im Umgang mit Finanzdienstleistungen bringen könnte. Diese Frage soll im Folgenden untersucht werden.

5.4   Wünsche der Weiterentwicklung seitens der Probanden

Um eine Aussage zu treffen, inwiefern es sich lohnt ein breiteres Angebot an Web-2.0-Anwendungen für Finanzdienstleistungen bereitzustellen, wurden die Probanden gefragt, bei welchen Anwendungen sie eine Ausweitung des Angebots als wichtig empfinden. Dabei wurde sowohl die Möglichkeit der passiven Nutzung als auch die der aktiven Nutzung einbezogen und auf einer Skala von 1=„vollkommen unwichtig bis 5=„sehr wichtig" bewertet. **Abbildung 5.5** fasst die Anteile der Probanden zusammen, die eine Ausweitung des Angebots der jeweiligen Web-2.0-Anwendung auf der Skala mit 4=„wichtig" oder 5=„sehr wichtig" bewertet haben. Da Chat/Instant Messenger, Voice-over-IP und Video-konferenzen keine passive Nutzung ermöglichen, wurden hier nur die Wünsche nach einer ausgeweiteten aktiven Nutzungsmöglichkeit erhoben.

Insgesamt scheint eine Ausweitung des Angebots nur von wenigen Probanden im Vordergrund zu stehen. Außer bei Bewertungsplattformen empfinden maximal 14% der Probanden eine Ausweitung der passiven Nutzungsmöglichkeiten wichtig. Die Ausweitung der aktiven Nutzungsmöglichkeiten durch einen Ausbau des Angebots wird nur von maximal 10% der Probanden gewünscht.

Eine Ausnahmen sind hier die Bewertungsplattformen. 30% der Probanden wünschen sich eine Ausweitung des Angebots damit sie passiv Informationen und Meinungen über Finanzdienstleistungen erlangen können. 15% würden gerne mehr Möglichkeiten haben, um selbst Finanzdienstleistungen zu bewerten oder aktiv mit anderen Bewertern auf den Plattformen zu kommunizieren. Es fällt auch auf, dass bei allen Web-2.0-Anwendungen eher weitere Möglichkeiten zur passiven Nutzung als zur aktiven Nutzung gewünscht werden. Bei Wikis, Online-Communities und Weblogs wird von jeweils mehr als 10% der Probanden ein ausgeweitetes Angebot an passiven Informationsmöglichkeiten gewünscht. Vorschläge, wie über diese Anwendungen Informationen für Konsumenten bereitgestellt werden können, sind in Kapitel 4 zu finden.

Mehr Angebot durch weitere Audiopodcasts, Videoplattformen/-podcasts und Widgets wünschen sich jeweils weniger als 10% der Probanden.

Die Gegenüberstellung der aktuellen Nutzung (siehe **Abbildung 5.3**), der empfundenen Wichtigkeit jeder Web-2.0-Anwendung je Kaufprozessphase (siehe **Abbildung 5.4**) mit den Wünschen der Ausweitung in Bezug auf passive und aktive Nutzungsmöglichkeiten (siehe **Abbildung 5.5**) lässt vermuten, dass die Probanden, die eine Anwendungen in einer bestimmten Kaufprozessphase nutzen, diese auch wichtig finden und daher auch an einer Ausweitung interessiert sind. Die Nichtnutzer scheinen ein eher geringes Interesse an einem Angebotsausbau zu haben. Ob dies der Grund für die Nichtnutzung ist oder ob es an einem nicht überzeugenden Angebot an Nutzungsmöglichkeiten liegt, wird nun detaillierter untersucht.

Abbildung 5.5   Gewünschte Ausweitung der Web-2.0-Angebote
(passive-/aktive Nutzung)

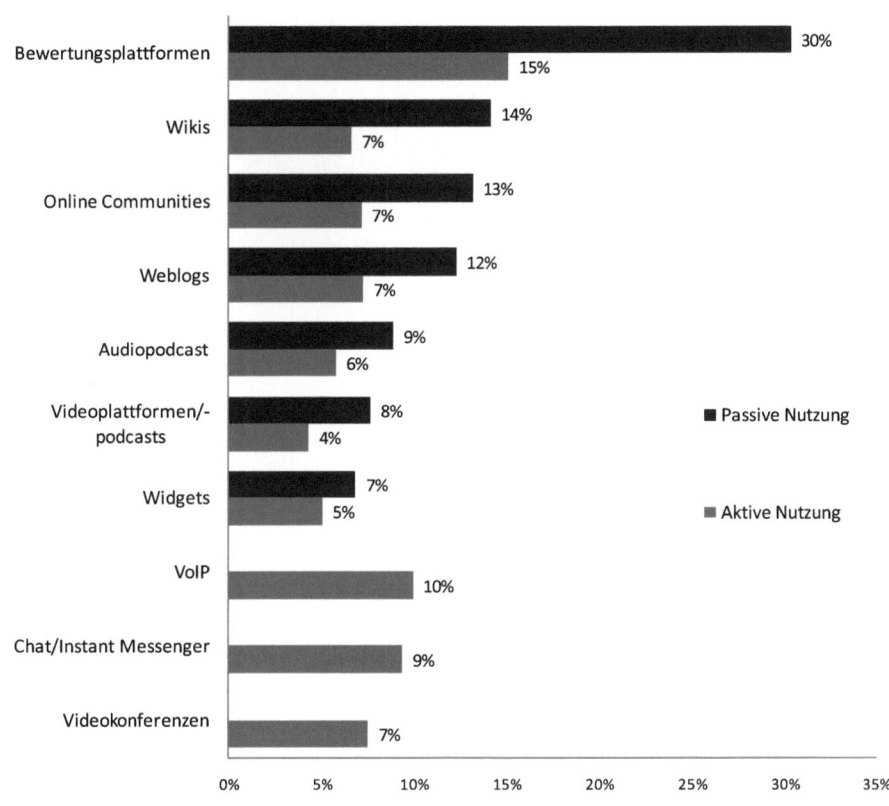

Zur Analyse wurden diejenigen Probanden zusammengefasst, die eine Ausweitung des Angebots an Web-2.0-Anwendungen in Bezug auf Finanzdienstleistungen unwichtig finden oder dem indifferent gegenüber stehen. Die Analyse beschränkt sich auf die Vorkaufphase und diejenigen Web-2.0-Anwendungen, die dort am häufigsten eingesetzt werden. **Tabelle 5.2** zeigt die jeweiligen Anteile an Probanden, untergliedert nach Nichtnutzern und Nutzern in der Vorkaufphase, sowie deren Desinteresse an einer Ausweitung der passiven oder aktiven Nutzungsmöglichkeiten von Web-2.0-Anwendungen in Bezug auf Finanzdienstleistungen.

Tabelle 5.2   Anteil der Probanden mit Desinteresse an der Ausweitung von passiven und aktiven Nutzungsmöglichkeiten bei ausgewählten Web-2.0-Anwendungen in Bezug auf Finanzdienstleistungen

Web-2.0-Anwendung	Anteil der Probanden			
	Nichtnutzer in der Vorkaufphase		Nutzer in der Vorkaufphase	
	Ausweitung Passiv	Ausweitung Aktiv	Ausweitung Passiv	Ausweitung Aktiv
Bewertungsplattformen	82%	89%	56%	80%
Wikis	91%	96%	68%	85%
Online-Communities	93%	96%	64%	83%
Weblogs	93%	94%	73%	88%

82% der Probanden, die Bewertungsplattformen nicht in der Vorkaufphase nutzen, haben auch kein Interesse an einer Ausweitung der passiven Nutzungsmöglichkeiten. Bei Wikis, Online-Communities und Weblogs ist dieser Anteil mit jeweils über 90% noch ausgeprägter. Auch eine Ausweitung der aktiven Nutzungsmöglichkeiten stoßen bei diesen Probanden auf so gut wie gar kein Interesse. Mit 89% bei Bewertungsplattformen, 96% bei Wikis und Online-Communities und 94% bei Weblogs ist das Desinteresse sogar noch ein wenig ausgeprägter als in Bezug auf passive Nutzungsmöglichkeiten. Probanden, die die jeweilige Web-2.0-Anwendung in der Vorkaufphase nutzen, liefern ein weniger extremes Bild. 56% haben kein Interesse an einem zusätzlichen Angebot an passiven Nutzungsmöglichkeiten, was bedeutet, dass im Umkehrschluss 44% sehr wohl eine Ausweitung wünschen. Bei Wikis, Online-Communities und Weblogs sieht man auch hier mit Anteilen von jeweils über 60% hohes Desinteresse, jedoch ist es nicht so ausgeprägt, wie bei den Nichtnutzern. Eine Ausweitung der aktiven Nutzungsmöglichkeiten ist für jeweils mindestens 80% der Nutzer nicht wichtig.

Diese Ergebnisse zeigen, dass Probanden, die als Nichtnutzer identifiziert wurden, einfach kein Interesse daran haben, sich auf diesem Weg mit Finanzdienstleistungen zu beschäftigen. Da sie sich auch keine Ausweitung der Nutzungsmöglichkeiten wünschen, scheint ein unzureichendes oder unattraktives Angebot an Web-2.0-Anwendungen seitens der Finanzdienstleister nicht dafür verantwortlich zu sein. Von den Probanden, die allerdings Nutzer sind, ist ein größerer Anteil an einem Ausbau der Nutzungsmöglichkeiten interessiert.

Für einen Finanzdienstleister oder einen Betreiber einer Web-2.0-Plattform können auf Basis der Daten zwei Handlungsempfehlungen gegeben werden: Entweder er überzeugt durch verstärkte Kommunikationsmaßnahmen die Nichtnutzer vom Mehrwert, den sie durch die Nutzung der verschiedenen Web-2.0-Anwendungen erlangen können, oder er konzentriert sich auf die aktuellen Nutzer und baut das Angebot unter primärer Berücksichtigung ihrer Wünsche weiter aus. Schneller umzusetzen und effizienter ist die zweite Handlungsempfehlung, da man auf diesem Weg die schon gewonnenen Nutzer zufriedenstellen kann. Gerade Konsumenten, die im Web 2.0 aktiv sind, verbreiten ihre Zufriedenheit mit bestimmten Anwendungen gerne an Freunde und Bekannte, sowohl online als auch offline. Da insbesondere Web-2.0-Anwendungen die schnelle Verbreitung von Meinungen an viele andere Personen fördert, können zufriedene Konsumenten einen viralen Effekt auslösen.

5.5 Profile der Nutzer

Die einfache Auswertung der aktuellen Nutzung von Web-2.0-Anwendungen gibt zwar Auskunft über die Nutzungsintensität, sagt jedoch nichts über die Probanden aus, die Web-2.0-Anwendungen im Zusammenhang mit Finanzdienstleistungen nutzen. Die Eigenschaften dieser Probanden werden jetzt detaillierter untersucht. Dazu wurde analysiert, ob bestimmte Eigenschaften der Probanden einen signifikanten positiven oder negativen Einfluss auf die passive und aktive Nutzungsintensität von Web-2.0-Anwendungen bei Finanzdienstleistungen haben. Neben demografischen Eigenschaften, wie Einkommen, Bildung, Alter und Geschlecht wurden vier weitere Eigenschaften einbezogen, die sich auf das Online-Verhalten beziehen. Online-Aktivität repräsentiert, wie oft der Proband pro Woche das Internet nutzt. Online-Erfahrung wurde anhand einer Skala (von 1=„Anfänger" bis 5=„Experte") bemessen. Online-Kaufverhalten (allgemein) gibt Auskunft darüber, wie oft der Proband online einkauft. Online-Kaufverhalten (Finanzdienstleistungen) zeigt, ob der Proband bereits eine Finanzdienstleistung online abgeschlossen hat oder nicht. Zudem wurde berücksichtigt, wie gut sich die Probanden bei Finanzdienstleistungen auskennen (Finanzwissen). **Abbildung 5.6** illustriert die Ergebnisse.

Es fällt sofort auf, dass fast überall die passive und aktive Nutzungsintensität stark von der Online-Aktivität beeinflusst wird. Je häufiger die Probanden online sind, desto intensiver nutzen sie die Web-2.0-Anwendungen. Das Kaufverhalten sowohl allgemein als auch in Bezug auf Finanzdienstleistungen beeinflusst nur die passive Nutzungsintensität von Bewertungsplattformen. Probanden, die vermehrt online einkaufen, besuchen also auch häufiger diese Plattformen, um dort Bewertungen von Produkten zu lesen und ihre Kaufentscheidung zu verbessern. Online-Communities werden intensiver von solchen Probanden passiv und auch aktiv genutzt, um über Finanzdienstleistungen zu kommunizieren, die sich als erfahren im Umgang mit dem Internet einstufen. Überraschend ist, dass Videoplattformen/-podcasts eher von Probanden passiv und aktiv genutzt werden, die weniger Online-Erfahrung vorweisen. Dies kann aber dadurch begründet werden, dass Videos eingesetzt werden, um beispielsweise die Bedienung von Online-Plattformen visuell zu erklären. Daher ist es gut möglich, dass sich gerade unerfahrene Probanden häufiger solche Videos anschauen, um zu lernen, wie sie beispielsweise die Online-Plattform ihrer Bank nutzen, um ihr Konto zu verwalten oder auch am Wertpapierhandel teilzunehmen.

Bei den demografischen Eigenschaften kann nur in vereinzelten Fällen ein schwach signifikanter negativer Einfluss der Bildung und ein schwach signifikanter positiver Einfluss des Geschlechts der Probanden gefunden werden. Das Einkommen wiederum erweist sich als hoch signifikanter, positiver Einflussfaktor auf die passive und aktive Nutzung von Web-2.0-Anwendungen, womit die intensiven Nutzer den ersten Internetnutzern Mitte der 90er Jahre ähneln. Je höher das Einkommen, desto ausgeprägter ist auch die Nutzungsintensität. Probanden mit hohem Einkommen verfügen über ein höheres Budget zur Investition. Mit höherem Einkommen steigt auch die Wahrscheinlichkeit, dass in Immobilien oder ähnliche Wertgegenstände investiert wird. Solche Investitionen lösen meist einen weiteren Bedarf an Finanzdienstleistungen aus: der Kauf eines Eigenheimes weckt den Bedarf nach einer Wohngebäudeversicherung. Bevor blind bei einem Finanzdienstleister zugeschlagen wird, informieren sich diese Probanden vermehrt mithilfe von Web-2.0-Anwendungen. Probanden, die ihr Einkommen in Wertpapiere anlegen, wollen in der Regel über aktuelle Marktentwicklungen informiert werden. Über Widgets mit implementierten Newsfeeds ist dies automatisiert möglich. Dies erklärt, warum Widgets mit steigendem Einkommen intensiver genutzt werden.

Das Alter zeigt außer bei der passiven Nutzung von Bewertungsplattformen, Wikis und Online-Communities immer einen mittleren oder hoch signifikanten negativen Einfluss auf die Nutzungsintensität. Alle Anwendungen werden von jungen Probanden intensiver genutzt als von älteren Probanden. Demnach sind insbesondere die jungen Probanden auch diejenigen, die sich aktiv an der Inhalts-Erstellung beteiligen bzw. mit anderen Konsumenten durch Web-2.0-Anwendungen kommunizieren.

Neben dem Einkommen und der Online-Aktivität zeigt sich besonders auch das Finanzwissen als starker Einflussfaktor für die Nutzung von Web-2.0-Anwendungen in Bezug auf Finanzdienstleistungen. Mit Ausnahmen der Videoplattformen/-podcasts ist mit ausgeprägtem Finanzwissen eine intensive passive und aktive Nutzung von Web-2.0-Anwendungen verbunden.

Probanden, die intensiv Web-2.0-Anwendungen passiv und aktiv nutzen, haben meist ein höheres Einkommen, verbringen viel Zeit online und verfügen über ein ausgeprägtes Wissen über Finanzdienstleistungen. Intensive Nutzer scheinen also eine recht attraktive Zielgruppe darzustellen.

Abbildung 5.6   Statistische Auswertung der Nutzerprofile je Web-2.0-Anwendung

Web-2.0-Anwendung — Nutzungsart:

- Bewertungsplattformen (P / A)
- Wikis (P / A)
- Online-Communities (P / A)
- Weblogs (P / A)
- Audiopodcasts (P / A)
- Video-plattformen/-podcasts (P / A)
- Widgets (P / A)
- Interaktive Verkaufsberatung: Voice over IP / Chat/instant Messenger / Video-konferenzen

Zeilen:

- Demografische Eigenschaften: Einkommen, Bildung, Alter, Geschlecht
- Online Verhalten: Aktivität, Erfahrung, Kaufverhalten (allgemein), Kaufverhalten (Finanzdienstleistungen)
- Finanzwissen

P/A – passive/aktive Nutzung   +/– schwach signifikanter positiver/negativer Einfluss   ++/–– mittlerer signifikanter positiver/negativer Einfluss   +++/––– hoch signifikanter positiver/negativer Einfluss

5.6   Fazit

Die Nutzung der Web-2.0-Anwendungen ist stark unterschiedlich: viele der Probanden, nämlich 38%, besuchen mindestens einmal pro Woche ein Wiki, um Artikel zu lesen. Pro Monat tun dies sogar fast zwei Drittel der Probanden. Nach den Wikis sind Online-Communities, Videoplattformen und Bewertungsplattformen die Web-2.0-Anwendungen, die die intensivste, themenübergreifende passive Nutzung erfahren. Die aktive themen-übergreifende Nutzung, also die Beteiligung am Web 2.0 durch eigene Inhalte, fällt geringer aus. Sehr intensiv werden hier Chats/Instant Messenger sowie Voice-over-IP-Telefonie eingesetzt, die der Konsument ohnehin nur aktiv nutzen kann. Online-Communities und Bewertungsplattformen gehören ebenso zu den Web-2.0-Anwendungen, die viele Proban-den auch aktiv nutzen.

Bei der Recherche nach Informationen oder der Kommunikation über Finanzdienstleistun-gen zeigt sich eine deutlich geringere Nutzungsintensität als bei der themenübergreifen-den Nutzung. Dies ist nicht überraschend, da dies letztendlich einen Teilbereich der the-menübergreifenden Nutzung abbildet. Bewertungsplattformen und Wikis werden am häufigsten zur Recherche nach Informationen über Finanzdienstleistungen besucht. Eine aktive Nutzung, die mindestens einmal pro Monat stattfindet, ist aktuell kaum zu erken-nen. Chats/Instant Messenger zeigen hier mit einem Anteil von 25% der Probanden noch die meisten monatlichen Nutzer. Aufgrund der ausgeprägten themenübergreifenden Nut-zung ist es aber gut möglich, dass sich diese Entwicklung auch auf den Finanzdienstleis-tungsbereich überträgt.

Primär werden Web-2.0-Anwendungen in der Vorkaufphase eingesetzt. 33% der Proban-den gaben an, Bewertungsplattformen bei ihrer Informationsrecherche zu berücksichtigen. 20% holen sich Basisinformationen über Wikis (zumeist *Wikipedia*) ein. Online-Communities und Weblogs folgen mit 14% bzw. 13%. In der Kauf- und Nachkaufphase gibt es kaum eine Web-2.0-Anwendung, die eine ausgeprägte Nutzung vorweisen kann. Nur Bewertungsplattformen werden noch von immerhin 18% der Probanden besucht, um Bewertungen über erworbene Finanzdienstleistungen abzugeben. Die Wichtigkeit der einzelnen Web-2.0-Anwendungen in den drei Kaufprozessphasen für die Probanden ist nahezu deckungsgleich mit der Nutzung. Dies erklärt auch, dass außer bei Bewertungs-plattformen ein Ausbau von passiven oder aktiven Nutzungsmöglichkeiten der anderen Web-2.0-Anwendungen aktuell nur von wenigen Probanden gewünscht wird. Der Grund für die Nichtnutzung liegt demnach weniger am fehlenden Angebot von Web-2.0-Anwendungen durch die Finanzdienstleister, sondern mehr am fehlenden Interesse der Konsumenten.

Die Intensität der Nutzung von Web-2.0-Anwendungen im Zusammenhang mit Fi-nanzdienstleistungen sinkt mit zunehmendem Alter und steigt mit zunehmendem Ein-kommen und Fachkenntnis in der Finanzwelt. Geschlecht, Kaufverhalten und die Erfah-rung im Umgang mit dem Internet haben dagegen keinen signifikanten Einfluss auf die Nutzungsintensität.

6   Zusammenfassung

Das Phänomen Web 2.0 entstand durch ein Zusammenspiel von technischen, ökonomischen und sozialen Entwicklungen und Veränderungen. Fortschritte in der Informationstechnologie vereinfachten die Nutzung des Internets und machten es nun auch für Laien möglich, aktiv Inhalte im Internet mitzugestalten oder selbst neu einzubringen. Der Ausbau von DSL-Leitungen bewirkte, dass das Internet immer schneller wurde und damit immer umfangreichere Daten (insbesondere Videos und Photos) eingestellt und ausgetauscht werden konnten. W-LAN, UMTS und die zunehmende Verbreitung von Notebooks mit mobilem Datenempfang dehnten die Möglichkeiten zum Zugang zum Internet weiter aus. Während der Konsument vormals an den Desktop-PC im Arbeitszimmer gebunden war, konnte er durch die Verfügbarkeit von Notebooks und W-LAN immer mehr im ganzen Wohnbereich und im Garten das Internet nutzen. Durch die Verfügbarkeit von UMTS kann der Konsument inzwischen nahezu überall in Deutschland mobil auf das Internet zugreifen.

Begleitet wurden die technischen Entwicklungen durch ökonomische Veränderungen, die den Zugang durch günstige Preise und attraktive Abrechnungsmodelle für einen Großteil der Bevölkerung bezahlbar machten. Unter den sozialen Auslösern für die Entwicklung hin zum Web 2.0 können vor allem die Individualisierung, die Mobilität und (damit verbunden) auch die Globalisierung genannt werden. Der Mensch hat das Bedürfnis, sich als Individuum mit eigenen Interessen, Hobbies und Lebensweisen darzustellen. Im Web 2.0 kann er sich dies durch das Schreiben eines Blogs oder die Erstellung und Gestaltung von Profilseiten in Online-Communities sehr leicht erfüllen. Die immer weiter zunehmende Mobilität führt dazu, dass der Konsument unterwegs viele neue Erlebnisse macht, die er eventuell mit Freunden teilen möchte oder neue Kontakte knüpft, die online leichter zu halten sind. Globalisierung zwingt den Konsumenten, dass er sich zum Teil auf komplett neue Umgebungen (z.B. Jobwechsel ins Ausland) einstellen und neue Kontakte herstellen muss, um sich an der neuen Wirkungsstätte gut einzuleben. Zudem möchte er wegen des Umzugs alte Freunde und Bekannte nicht verlieren. Web-2.0-Anwendungen helfen dabei, neue Kontakte zu finden und gleichzeitig alte Kontakte zu pflegen. Gerade durch die Vernetzung der Konsumenten untereinander ist es noch leichter geworden, seine Kontakte über bereits vorhandene Kontakte auch an neuen Wirkungsstätten auszubauen.

Im vorliegenden Buch beschreiben wir acht Web-2.0-Anwendungen und ordnen sie nach ihrer Fähigkeit einen Dialog zwischen Konsumenten oder auch zwischen Finanzdienstleistern und Konsument herzustellen. Audio-/Videopodcasts und Widgets werden in der Regel nur konsumiert und stellen daher Web-2.0-Anwendungen mit geringem Dialoggrad dar. Wikis, Bewertungsplattformen und Blogs unterstützen die Kommunikation und den Austausch von Informationen zwischen Konsumenten deutlich ausgeprägter und sind der Gruppe von Web-2.0-Anwendungen mit mittleren Dialoggrad zuzuordnen. In Online-Communities und beim Peer-to-Peer-Lending ist der Dialog zwischen den Konsumenten ein zentraler Bestandteil und trägt maßgeblich zum Mehrwert dieser Plattformen bei. Interaktive Verkaufsberatung fokussiert sich auf einen Dialog zwischen Finanzdienstleistern und Konsumenten in Echtzeit. Diese drei Web-2.0-Anwendungen gehören darum zu der Gruppe mit hohem Dialoggrad.

Neben der technischen Strukturierung nach dem Dialoggrad, nehmen wir zusätzliche eine, auf die Finanzdienstleistungsbranche gerichtete ökonomische Strukturierung vor: anhand der Dimensionen *Produktinvolvement* und *Kaufprozessphase* ordnen wir die behandelten Web-2.0-Anwendungen den neun Feldern zu, die sich durch diese beiden Dimensionen ergeben. Mit Ausnahme von Peer-to-Peer-Lending und der interaktiven Verkaufsberatung können unserer Ansicht nach Web-2.0-Anwendungen derzeit primär zur Information und Kommunikationen in der Vorkauf- und Nachkaufphase eingesetzt werden und somit Transaktionen unterstützen. Direkte Transaktionen in der Kaufphase werden auch zukünftig auf traditionellem Weg ablaufen. Für jede Stufe des *Produktinvolvements* ist jedoch eine adäquate Web-2.0-Anwendung vorhanden, die den Konsumenten bei seinen Entscheidungen unterstützen kann.

Unsere empirische Studie, in der eine repräsentative Stichprobe deutscher Internetnutzer befragt wurde, zeigt eine gut ausgeprägte themenübergreifende Nutzung bei den über 1.000 Probanden. Wikis, Online-Communities und Bewertungsplattformen werden von den Probanden am meisten besucht. 64% der Probanden nutzen Wikis mindestens einmal pro Monat, gefolgt von 40% bei Online-Communities und 39% bei Bewertungsplattformen. Im Umgang mit Finanzprodukten fällt die Nutzung aller Web-2.0-Anwendungen weitaus geringer aus. 31% der Probanden besuchen hierbei Bewertungsplattformen, 25% recherchieren in Wikis und 18% in Online-Communities. Web-2.0-Anwendungen werden primär in der Vorkaufphase von den Probanden besucht. In der Kaufphase spielen sie kaum eine Rolle. Nur Bewertungsplattformen werden auch in der Nachkaufphase häufiger genutzt, um ein erworbenes Finanzprodukt zu bewerten.

Aktuell sind nur wenige Probanden an der Ausweitung des Angebots an Web-2.0-Anwendungen durch die Finanzdienstleister interessiert. Diejenigen, die diese schon nutzen, sind mit dem Angebot weitgehend zufrieden. Bei den Konsumenten, die noch keine Web-2.0-Anwendungen einsetzen, wenn sie sich mit Finanzprodukten beschäftigen, ist die Hürde unseren Analysen zufolge nicht ein mangelndes Angebot, sondern schlichtweg ein zu geringes Interesse. Eine Ausnahme sind hier die Bewertungsplattformen: immerhin 30% der Probanden wünschen sich mehr Möglichkeiten, um nach Bewertungen über Finanzprodukte zu recherchieren. 15% möchten einen Ausbau der Möglichkeiten, Finanzprodukte selbst zu bewerten.

Intensive Nutzer von Web-2.0-Anwendungen im Zusammenhang mit Finanzdienstleistungen haben ähnliche Eigenschaften wie die Internetnutzer in den späten 90er Jahren. Die Nutzungsintensität der meisten Web-2.0-Anwendungen sinkt mit zunehmendem Alter. Zunehmendes Einkommen und ein ausgeprägtes Finanzwissen führen zu einer intensiveren Nutzung von Web-2.0-Anwendungen bei Finanzdienstleistungen. Der typische Nutzer ist somit jung, wohlhabend und verfügt über eine gute Bildung im Finanzwesen.

Die Ergebnisse unserer empirischen Studie zeichnen insgesamt ein eher ernüchterndes Bild der Web-2.0-Nutzung im Finanzdienstleistungsbereich. Die Nutzungsintensität und die Konsumentenwünsche ermutigen nicht unbedingt dazu, das Engagement in diesem Bereich zu verstärken. Dieser Bereich unterliegt jedoch einem so starken Wandel, dass sich die Nutzungszahlen und das Verlangen der Konsumenten nach Dialogmöglichkeiten über Web-2.0-Anwendungen in den nächsten Jahren schnell ändern können. Bei Trend- und Technologieprodukten in der Konsumgüterbranche werden Blogs, Wikis und Videoplattformen schon vielseitig von den Konsumenten verwendet, um sich über die Produkte oder deren Bedienung auszutauschen oder sogar neue Funktionen zu entdecken. Zahlreiche Produktbewertungen anderer Konsumenten auf den entsprechenden Plattformen klären über die Qualität und Schwachstellen der zur Auswahl stehenden Produkte auf und erleichtern dem Konsumenten die Wahl des Produkts, welches für ihn am besten geeignet ist. Es ist nur eine Frage der Zeit, bis sich dieses Verhalten auch bei Finanzprodukten durchsetzt. Finanzdienstleister sollten sich darum schon heute aktiv mit Web 2.0 beschäftigen, Lösungen entwickeln und dies als Chance begreifen, ihre Kunden damit zu begeistern.

Mit welchen Web-2.0-Anwendungen sich der Finanzdienstleister zuerst auseinandersetzen sollte, ist relativ leicht zu bestimmen. Bewertungsplattformen schaffen Transparenz auf dem Markt und zeigen Kundenmeinungen über die eigenen Produkte sowie die der Konkurrenz. Diese Plattformen sollten auf jeden Fall beobachtet werden. Die Aufmerksamkeit sollte sich aber auch auf die großen Online-Communities, wie z.B. *Facebook*, *Myspace* oder *StudiVZ*, lenken. Die vielen Funktionen und Möglichkeiten der Einbindung anderer Web-2.0-Anwendungen in diese Plattformen bewirkt, dass diese Online-Communities in der Zukunft zur Schaltzentrale zwischen den meisten Web-2.0-Anwendungen werden und damit auch zum primären Anlaufpunkt der Konsumenten, wenn sie ihren Computer anschalten.

Glossar

Add-on-Selling
Verkauf eines zusätzlichen Produkts an einen Kunden.

AJAX (Asynchronous JavaScript and XML)
Konzept der asynchronen Datenübertragung zwischen einem Browser und dem Server. HTTP-Anfragen können durchgeführt werden während eine HTML-Seite angezeigt wird. Die Webseite wird auf diesem Weg verändert ohne sie komplett neu zu laden, um somit im Browser ein desktopähnliches Verhalten zu simulieren.

API (Application Programming Interface)
Programmierschnittstelle, die von einem Softwaresystem (z.B. Betriebssystem oder auch Web-Service) zur Verfügung gestellt wird, damit weitere Anwendungen und Funktionen einfach angesetzt werden können.

Audioblog
Audiopodcasts werden gelegentlich als Audioblog bezeichnet, da diese auch oft in Blogform im Internet verbreitet werden.

Audiopodcast
Podcast mit Audiodateien, siehe **Podcast**

Backend
Teil einer Webseite, auf den nur Administratoren oder registrierte Nutzer Zugriff haben. Enthält eine Verwaltungsoberfläche, um Inhalte zu erstellen, zu verändern oder um Einstellungen aller Art vorzunehmen.

Bewertungsplattform
Ermöglicht Konsumenten kostenfrei Erfahrungen und Meinungen über Produkte und Unternehmen im Internet zu lesen und zu veröffentlichen.

Blog (auch Weblog)
Wortkreuzung aus „World Wide Web" und „Log" für Logbuch. Blogs sind häufig aktualisierte, subjektive, oft sehr persönliche Beiträge auf Webseiten, wobei dem Inhalt und den Themengebieten keine Grenzen gesetzt sind. Die einzelnen Beiträge werden fortlaufend publiziert und sind in der Regel chronologisch auf der Webseite aufgelistet und erinnern daher an das Format von Tagebüchern.

Blogger
Autor eines Blogs.

Blogosphäre
Netzwerk, welches sich aus der Gesamtheit aller Blogs und deren Verlinkungen zusammensetzt und somit ein soziales Netzwerk darstellt.

Breitbandanschluss
Zugang zum Internet mit vielfach höherer Datenübertragungsrate im Vergleich zu älteren Zugangstechniken (z.B. Telefonmodem- oder ISDN-Einwahl).

Chat
Echtzeit-Dialog von Konsumenten im Internet, bei dem über die Tastatur Nachrichten, Fragen und Antworten eingegeben werden, auf die Chat-Teilnehmer direkt reagieren können (engl. to chat = plaudern).

ChatBot
Auf Künstlicher Intelligenz beruhende
Software-Agenten, die automatisiert auf
Chat-Anfragen antworten.

CMS (Content Management System)
System, das die gemeinschaftliche Erstellung und Bearbeitung von Inhalten
(Text- und Multimedia-Dokumenten)
ermöglicht und organisiert. Konsumenten können solche Systeme auch ohne
Programmier- oder HTML-Kenntnisse
bedienen, um Inhalte (Content) online
zugängig zu machen.

Corporate Blog
Blog eines Unternehmens, welcher dessen Kommunikations- oder Marketing-
ziele unterstützt. In der Regel werden sie
von Mitarbeitern des Unternehmens
geführt.

Corporate Branding
Aufbau und Einsatz von Marken, um
einem Unternehmen ein Profil zu geben
und damit den Unternehmenswert zu
steigern.

Corporate Design
Bereich der Unternehmensidentität (corporate identity), der das gesamte Erscheinungsbild eines Unternehmens
durch das Design der Kommunikati-
onsmittel (z.B. Firmenzeichen, Ge-
schäftspapiere, Werbemittel, Webseite,
Verpackungen) und auch der Produkte,
definiert.

Cross-Selling
Verkauf eines weiteren Produkts an
einen Kunden, der bereits zuvor ein
anderes Produkt desselben Anbieters
gekauft hat.

Desktop-Widget
Widget, welches im Desktopbereich des
Computers installiert wird.

Digitale Signatur
Kryptografisches Verfahren, bei dem zu
einer beliebigen Datei eine Zahlen-
schlüssel (die digitale Signatur) berechnet wird, deren Urheberschaft und Zu-
gehörigkeit zur Datei von jedem geprüft
werden können. Digitale Signaturen
basieren auf asymmetrischen kryptogra-
phischen Verfahren und verwenden ein
Schlüsselpaar, das aus einem privaten
(geheimen) und einem öffentlichen
(nicht geheimen) Schlüssel besteht.

Disintermediations-Effekt
Kostenersparnis durch den Wegfall
einzelner Stufen der Wertschöpfungsket-
te. Disintermediation ist der Bedeu-
tungsverlust von Intermediären (Ver-
mittlern zwischen verschiedenen Akteu-
ren) in einem Wirtschaftssystem.

DSL (Digital Subscriber Line)
Übertragungsstandards mit deren Hilfe
Daten mit hohen Übertragungsraten (bis
zu 500 Mbit/s) über Kupferleitungen
gesendet und empfangen werden können.

Elektronischer Kreditmarktplatz
Siehe **Peer-to-Peer (P2P)-Lending-
Plattform**

FAQ (Frequently Asked Questions)
Zusammenstellung von oft gestellten
Fragen und dazugehörigen Antworten
zu bestimmten Themen. Zuerst haben
sich FAQs in Internetforen durchgesetzt,
um Foreneinträge zu Themen zu verhindern, die schon häufiger behandelt
worden sind.

Feed

Nachrichten-Service, den man abonnieren kann, um automatisch über neue Einträge oder Änderungen auf einer Webseite informiert zu werden. Per Feedreader können die Informationen auf dem Computer oder einem anderen Endgerät gelesen werden. Feeds können im Format RSS oder Atom vorliegen. RSS steht für Really Simple Syndication, was mit "sehr einfacher Informationsübermittlung" übersetzt werden kann.

Feedreader

Programme auf dem Computer oder in Webseiten, mit denen Feeds eingelesen und angezeigt werden.

Filesharing

Austausch von Dateien zwischen Internetnutzern über ein Peer-to-Peer-Netzwerk. Die Dateien sind auf den Computern der Nutzer oder dedizierten Servern gelagert, um von dort aus verteilt zu werden. Während der Nutzer Dateien von fremden Computern (Download) herunterlädt, werden gleichzeitig andere Dateien von seinem Computer versendet (Upload). Für den Zugriff auf Filesharing-Netzwerke sind spezielle Programme notwendig.

Flatrate

Pauschaltarife für Telekommunikations-Dienstleistungen wie Telefonie und Internetverbindung.

Frontend

Teil der Webseite, welche die Information für den Besucher aufbereitet und sichtbar macht.

GPRS (General Packet Radio Service)

Paketorientierter Funkdienst zur mobilen Datenübertragung in GSM- und UMTS-Netzen.

HDMI (High Definition Multimedia Interface)

Standardschnittstelle für die volldigitale Übertragung von Audio- und Video-Daten in der Unterhaltungselektronik, die höhere Qualitätsmerkmale und ein zusammenhängendes Kopierschutz-Konzept (DRM) bietet.

Hedonische Güter

Güter, deren Konsum typischerweise experimenteller Natur ist und die Spaß, Vergnügen und Emotionen erzeugen. Die emotionale Komponente ist bei hedonischen Gütern die zentrale Motivation des Konsums. Musicals, Theaterstücke, Konzerte, Filme, Kunstausstellungen oder auch Bücher, deren Konsum stark durch den Wunsch nach Emotionen, Gefühlen, Fantasien oder Symbolen geprägt ist, gehören zu den hedonischen Gütern.

HSDPA (High Speed Downlink Packet Access)

Datenübertragungsverfahren des Mobilfunkstandards UMTS, das vom 3rd Generation Partnership Project definiert wurde und DSL-ähnliche Downlink-Datenübertragungsraten im Mobilfunknetz (bis zu 7,2 Mbit/s) ermöglicht.

HSUPA (High Speed Uplink Packet Access)

Datenübertragungsverfahren des Mobilfunkstandards UMTS, das im Vergleich zum normalen UMTS höhere Uplink-Datenübertragungsraten (bis zu 5,8 Mbit/s) aufweist.

Identitätsmanagement
Zielgerichteter und bewusster Umgang mit Identität, Anonymität und Pseudo-anonymität, der besonders durch das Internet an Bedeutung gewonnen hat.

Instant Messaging
Kommunikationsmethode, bei der zwei oder mehr Konsumenten per Textnach-richten kommunizieren („chatten"). Die Übertragung geschieht im Push-Verfahren, so dass die Nachrichten un-mittelbar gesendet und empfangen wer-den. Die Konsumenten müssen dazu mit einem Programm über ein Netzwerk wie das Internet direkt oder über einen Ser-ver miteinander verbunden sein. Inzwi-schen unterstützen viele Instant-Messaging-Programme auch den Aus-tausch von Dateien sowie die Übertra-gung von Bild und Ton.

ISDN (Integrated Services Digital Network)
Internationaler Standard für digitale Telekommunikationsnetze, der ver-schiedene Dienste, wie Fernschreiben (Telex), Teletex, Datex und Telefonie, vermittelt und im Gegensatz zum analo-gen Vermittlungsverfahren schnellere Datenübertragungsraten ermöglicht.

Live Shopping
Ein bestimmtes Produkt wird in einem Online-Shop für einen begrenzten Zeit-raum besonders günstig angeboten.

Long-Tail-Phänomen
Zunehmende Nachfrage nach Nischen-produkten, die aufgrund geringer Lager- und Platzierungskosten in Online-Shops auch profitabel angeboten werden können.

Many-to-many-Kommunikation
Gruppenkommunikation im Internet.

Mashup
Erstellung neuer Medieninhalte durch die nahtlose Neuzusammenstellung von bereits vorhandenen Inhalten.

Mass Customization
Produktionskonzept, das den zuneh-menden Wunsch des Konsumenten nach individuellen Produkten berücksichtigt und trotzdem die Vorzüge der Massen-produktion (wie Skaleneffekte, Erfah-rungskurvenvorteile, Automatisierung) ausschöpft.

Media Richness Theorie
Kommunikationstheorie, die aussagt, dass mit zunehmender Komplexität des Sachverhalts einer Kommunikation das Kommunikationsmedium immer reich-haltiger werden muss.

Microblogging
Spezielle Kurzform des Bloggens, bei der die Konsumenten SMS-ähnliche Text-nachrichten mit meist weniger als 200 Zeichen auf einer Plattform veröffentli-chen können. Microblogbeiträge können entweder privat oder öffentlich zugäng-lich sein und werden analog zu norma-len Blogs chronologisch aufgelistet. Verschiedene Kanälen wie SMS, E-Mail, Instant Messaging oder das Internet, werden derzeit für die Erstellung und das Abonnieren von Microblogs einge-setzt.

Mobiler Datentarif
Mobilfunktarif, der auch die Übertra-gung von Daten (üblicherweise per GPRS oder UMTS) beinhaltet.

Moral Hazard
Ausnutzung von asymmetrischer Infor-mationsverteilung in einem Vertrags-verhältnis meist zum Nachteil einer der

Vertragspartner. Die besser informierte Seite nutzt Informationsvorteile und versucht bewusst das Vertragsergebnis zu ihren Gunsten zu beeinflussen.

Newsfeed
Siehe **Feed**

Netbook
Klasse von tragbaren Computern, die im Vergleich zu üblichen Notebooks kleiner, leichter, günstiger und mit geringerer Rechenleistung ausgestattet sind. Netbooks sind primär als tragbare Internet-Clients konzipiert und verfügen daher in der Regel über ein integriertes W-LAN und teilweise über ein integriertes UMTS-Modem, sowie eine lange Akkulaufzeit.

One-way-Kommunikation
Einseitige Kommunikation vom Sender zum Empfänger, ohne dass eine Antwort des Empfängers möglich ist.

Online-Community
Gemeinschaft von Personen, die sich im Internet begegnen und dort austauschen.

OpenSocial
Sammlung an Programmierschnittstellen für Anwendungen in webbasierten sozialen Netzwerken.

Peer-to-Peer (P2P)-Lending-Plattform
Plattform im Internet, die Kredite direkt von Privatpersonen ("peers") an andere Privatpersonen als Privatkredite vermittelt. Auf ein traditionelles Kreditinstitut als Intermediär wird verzichtet, soweit dies gesetzlich zulässig ist. Der Preis in Form des Zinssatzes wird zwischen Kreditnehmer und Kreditgeber frei vereinbart. Teilweise kommt es zu Zusammenschlüssen auf Anbieter- wie auf Nachfragerseite.

PayPal
Online-Bezahldienst des Online-Auktionshauses eBay. Die Zahlung erfolgt über E-Mailadressen. Sender und Empfänger müssen über ein Paypal-Konto verfügen.

PIN/TAN-Verfahren
Transaktionsverfahren für Bankgeschäfte im Online-Banking.

Podcast
Serien von Audiodateien (Audiopodcasts) oder Videodateien (Videopodcasts), die im Internet mithilfe eines Feeds als Abonnement angeboten werden und somit automatisch vom Konsumenten bezogen werden können.

Podcatcher
Programme, die nach abonnierten Podcasts suchen, diese herunterladen und dadurch immer die aktuellsten Podcasts für den Konsumenten vorhalten.

Podspace
Speicherplatz auf einem Internetserver, der speziell auf das Hosting von Podcasts ausgelegt ist.

Postident-Verfahren
Verfahren zur sicheren persönlichen Identifikation von Personen, die durch die Mitarbeiter in den Filialen der Deutschen Post AG angeboten wird.

Produktinvolvement
Produktinvolvement misst das Interesse und die Wichtigkeit, die ein Konsument einem Produkt zuteilt und seine Identifikation mit dem Produkt. Je ausgeprägter das Interesse und je wichtiger das Produkt für den Konsumenten sind, desto eher ist er dazu motiviert sich intensiv damit auseinanderzusetzen.

Pull-Dienst
Methode der Inhaltsverbreitung, bei der
Informationen vom Empfänger angefor-
dert werden.

Push-Dienst
Methode der Inhaltsverbreitung, bei der
der Sender Inhalte versendet ohne dass
der Empfänger diese immer erneut aus
Eigeninitiative angefordert haben muss.

Retail Banking
Geschäftsbereich im Privatkundengeschäft bei Banken. Während vermögen-
de Privatkunden meist individuell be-
treut werden, steht bei der Betreuung
von Retailkunden der Vertrieb von
Standardprodukten im Fokus. Wesentliche Bereiche des Retail Bankings sind
Kontoführung, Anlageinstrumente,
Kredite und Versicherungen.

RSS-Feed
Siehe **Feed**

Smartphone
Mobiltelefon, das durch ein größeres
Display (meist Touchscreen), höhere
Rechen- und Speicherkapazität, umfangreichere Tastatur und ausgebauten Zugangsmöglichkeiten zum Internet die
Grundlagen zur mobilen Büro- und
Datenkommunikation in einem Endgerät bietet und somit über den Funktionsumfang eines üblichen Mobiltelefons
hinausgeht.

Social Bookmarking
Internet-Lesezeichen, die mithilfe einer
Browser-Oberfläche von verschiedenen
Konsumenten durch gemeinschaftliches
Indexieren erstellt und geteilt werden.
Auch die Sammlung von Podcasts oder
Videos wird teilweise unterstützt.

Social Media / Social Software
Internetanwendungen, die primär für
die Interaktion zwischen Personen dienen sollen und weniger für die Interaktion zwischen einer Person und der rein
technologischen Anwendung.

Social Network
Netzwerke, in denen Konsumenten
kommunizieren, zwischenmenschliche
Verbindungen anzeigen und gemeinsam
eigene Inhalte erstellen (User Generated
Content).

Themenbezogenes Podcastsponsoring
Sponsoring, welches stärker auf eine
genauere Zielgruppenauswahl setzt. Bei
der Auswahl der Podcasts für die Platzierung von Produktwerbung oder -
Nennung wird darauf geachtet, dass der
Podcast ein dazu passendes Thema
behandelt.

Tweet
Bezeichnung für einen Microblogeintrag
auf der Microblogging-Plattform
Twitter.

Twiki
Freie (unter der GPL lizenzierte) Wiki-
Software. Wegen seiner mehr technisch
orientierte Anwendung wird *TWiki*
bisher primär in mittleren und großen
Unternehmen als Wissens- und Doku-
mentenmanagement-System eingesetzt.

Twitter
Microblogging-Plattform bzw. soziales
Netzwerk, das aus meist öffentlich ein-
sehbaren Tagebüchern besteht
(Microblog) und weltweit per SMS, E-
Mail, Instant Messaging oder den Inter-
netbrowser geführt und aktualisiert
werden kann.

UMTS (Universal Mobile Telecommunications System)
Mobilfunkstandard der dritten Generation (3G), der deutlich höhere Datenübertragungsraten (bis zu 7,2 Mbit/s bei HSDPA; ohne max. 384 kbit/s) im Vergleich zum Mobilfunkstandard der zweiten Generation (2G, GSM-Standard, bis zu 220 kbit/s bei EDGE; ohne max. 55kbit/s) ermöglicht.

User Generated Content
Inhalte im Internet, die nicht vom Anbieter einer Webseite, sondern von dessen Nutzern erstellt werden.

Utilitaristische Güter
Güter, deren Konsum einen instrumentellen und funktionellen Charakter aufweisen (Gebrauchsgüter). Beispiele sind langlebige Konsumgüter (z.B. Kühlschränke, Waschmaschinen), die nicht nach einmaliger Verwendung aufgebraucht sind.

Videopodcast
Podcast mit Videodateien, siehe **Podcast**

Virtual-Community
Siehe **Online-Community**

VoIP (Voice-over-IP)
Telefonieren über Netzwerke, die nach Internet-Standards aufgebaut sind. Als Endgeräte für die Nutzung kommen Computer, auf IP-Telefonie spezialisierte Telefonendgeräte, als auch klassische Telefone mit Adaptern in Frage.

Volumentarif
Datentarif, dessen Abrechnung sich nicht nach der Nutzungsdauer, sondern nach der übertragenen Datenmenge (Up- und Download) richtet.

Web 1.0
Synonym für Webseiten der ersten Internetgeneration, die mit einem Grafik-Browser (1993) bedient wurden.

Web 2.0
Begriff, unter dem sich verschiedene technologische, soziale, aber auch ökonomische Entwicklungen im Internet ansiedeln und die das Internet interaktiver bzw. partizipativer gemacht haben, was zu einer intensiven Förderung der Zusammenarbeit der Internetnutzer führte. Der Begriff lehnt sich an die Vergabe von Versionsnummern bei Softwareprodukten an und soll die neue dynamische Generation des Internets von der früheren eher statischen Generation abgrenzen.

WCMS (Web Content Management System)
Content Management System als Web-Anwendung, welches über den Internetbrowser bedient wird.

Web-Widget
Widget, welches auf einer Webseite integriert wird.

Werbesponsoring
Sponsoring von reichweitenstarken Podcasts. Im Mittelpunkt steht die Generierung einer großen Anzahl von Konsumentenkontakten und weniger ein thematischer Zusammenhang zwischen Produkt und Podcast.

Widget
Unter Widgets versteht man kleine Hilfs- oder Dienstprogramme („Tools"), welche nicht als eigenständige Anwendungen betrieben, sondern in eine grafische Benutzeroberfläche, in eine Webseite oder in einer Online-Community eingebunden werden.

Wiki

(hawaiisch für „schnell") Ein Wiki ist
eine offene Sammlung von Artikeln, die
auf Webseiten dargestellt werden. Wikis
dienen primär als Plattformen zur Aggregation von Informationen. Die Inhalte
können von jedem Konsumenten online
im Browser über ein einfaches Formular
bearbeitet werden, ohne dass HTML-
Kenntnisse vorhanden sein müssen.

Wisdom of the Crowds

Begriff, der die Kumulation von Informationen in einer Gruppen beschreibt.
Lösungsansätze, die von einer Gruppe
bearbeitet werden, sind demnach oft
besser als Lösungsansätze einzelner
Teilnehmer.

Word-of-Mouth-Kommunikation

Direkte persönlichen Kommunikation
(sprichwörtlich: von Mund zu Mund)
zwischen Konsumenten innerhalb eines
sozialen Umfeldes. Im Marketing gilt
Word-of-Mouth-Kommunikation als
eine informelle, wertende Meinungsäu-
ßerung über Marken, Produkte, Dienstleistungen sowie Unternehmen zwischen Konsumenten.

**WYSIWYG-Editor (What-you-see-is-
what-you-get)**

Editor mit dem eine HTML-Datei während der Bearbeitung am Bildschirm
genauso angezeigt wird, wie es später
bei der Ausgabe auf der Webseite aus-
sieht.

Zeittarif

Daten- oder Telefontarif, dessen Abrechnung sich nach der Nutzungsdauer
richtet.

Literaturverzeichnis

AC NIELSEN (2009), "Online Advertising Has Work to Do to Elicit Consumer Trust", http://blog.nielsen.com/nielsenwire/global/online-advertising-has-work-to-do-to-elicit-consumer-trust/, Stand: 2010/05/14.

AGARWAL, Y. / CHANDRA, R. / WOLMAN, A. / BAHL, P. / CHIN, K. / GUPTA, R. (2007), "Wireless Wakeups Revisited: Energy Management for VoIP over Wi-Fi Smartphones", MobiSys'07, San Juan, Puerto Rico, USA, 179-191.

ALBERS, S. / CLEMENT, M. / PETERS, K. / SKIERA, B. (2000), "eCommerce: Einstieg, Strategie und Umsetzung im Unternehmen", F.A.Z.-Institut, Frankfurt am Main.

ALBERS, S. / CLEMENT, M. / PETERS, K. / SKIERA, B. (2001), "Marketing mit interaktiven Medien: Strategien zum Markterfolg", F.A.Z.-Institut, Frankfurt am Main.

ALBY, T. (2008), "Web 2.0 Konzepte, Anwendungen, Technologien", Hanser, München.

ALDLAIGAN, A.H. / BUTTLE, F.A. (2001), "Consumer Involvement in Financial Services: An Empirical Test of Two Measures", International Journal of Bank Marketing, 19, 232-245.

ANDERSON, C. (2006), "The Long Tail: Why the Future of Business is Selling Less of More", Hyperion, New York.

APEL-SOETEBEER, F. / RENTMEISTER, J. (2009), "Breitbandatlas 2009", Bundesministerium für Wirtschaft und Technologie, Rangsdorf.

BAHLINGER, T. (2008), "Web 2.0-Dienste bei Banken: Einsatzszenarien im Vertrieb", Die Bank, 1, 70-74.

BARNATT, C. (1998), "Virtual Communities and Financial Services - Online Business Potentials and Strategic Choice", International Journal of Bank Marketing, 16, 161-169.

BARNES, J.G. (1994), "Close to the Customer: But is it Really a Relationship?" Journal of Marketing Management, 10, 561-570.

BARSKY, E. (2006), "Introducing Web 2.0: RSS Trends for Health Librarians", Journal of Canadian Health Library Association, 27, 7-8.

BASTIAN, N. (2008), "Sparkassen machen Druck auf Direktbanken: Streit um Geldautomaten eskaliert", Handelsblatt vom 2008/09/11. Ausgabe 177.

BAUMGARTNER, P. / KALZ, M. (2004), "Content Management Systeme aus bildungstechnologischer Sicht", in: Baumgartner, P. / Häfele, H. / Maier-Häfele, K. (Hrsg.), "Content Management Systeme für e-Education. Auswahl, Potenziale und Einsatzmöglichkeiten", Studienverlag, Innsbruck, 14-66.

BECK, U. (1998), "Riskante Freiheiten: Individualisierung in modernen Gesellschaften", Suhrkamp, Frankfurt am Main.

BERGER, S.C. / GLEISNER, F. (2009), "Emergence of Financial Intermediaries on Electronic Markets: The Case of Online P2P Lending", Business Research, 2, 39-65.

BIKKER, J.A. / HAAF, K. (2002), "Competition, Concentration and Their Relationship: An Empirical Analysis of the Banking Industry", Journal of Banking & Finance, 26, 2191-2214.

BLACK, N.J. / LOCKETT, A. / ENNEW, C. / WINKLHOFER, H. / MCKECHNIE, S. (2002), "Modelling Consumer Choice of Distribution Channels: An Illustration from Financial Services", International Journal of Bank Marketing, 20, 161-173.

BLUESKY MEDIA   (2008),   "„Die   Podcaster"-   Podcast-Befragung   2008",
    http://blog.podcast.de/file_download/61/podcastde_podcaststudie2008.pdf,   Stand:
    2010/03/30.

BÖHM, M. / GENSLER, S. (2006), "Measuring Perceived Channel Value (CHAVAL)", Working
    Paper, Johann Wolfgang Goethe-Universität, Frankfurt am Main.

BOSCH, M. (2008), "Politische Kommunikation im Web 2.0 – mehr Demokratie durch mehr
    Kommuikation?" Tectum Verlag, Marburg.

BÖSING, S. (2005), "Authentifizierung und Autorisierung im elektronischen Rechtsverkehr:
    Qualifizierte Signaturschlüssel- und Attributszertifikate als gesetzliche Instrumente di-
    gitaler Identität", Nomos Verl.-Ges., Baden-Baden.

BOULOS, M. / MARAMBA, I. / WHEELER, S. (2006), "Wikis, Blogs and Podcasts: A New Genera-
    tion of Web-based Tools for Virtual Collaborative Clinical Practice and Education",
    BMC Medical Education, 6, 41.

BOYD, D.M. / ELLISON, N.B. (2007), "Social Network Sites: Definition, History, and Scholar-
    ship", Journal of Computer Mediated Communication, 13, 210-221.

BUNDESNETZAGENTUR (2008), "Jahresbericht 2008", Bundesnetzagentur, Bonn.

BURGOON, J.K. / BONITO, J.A. / BENGTSSON, B. / CEDERBERG, C. / LUNDEBERG, M. / ALLSPACH, L.
    (2000), "Interactivity in Human-Computer Interaction: A Study of Credibility, Under-
    standing, and Influence", Computers in Human Behavior, 16, 553-574.

BURKE, R.R. (2002), "Technology and the Customer Interface: What Consumers Want in the
    Physical and Virtual Store", Journal of the Academy of Marketing Science, 30, 411-432.

BUSEMANN, K. / GSCHEIDLE, C. (2009), "Ergebnisse der ARD/ZDF-Onlinestudie 2009 - Web
    2.0: Communitys bei jungen Nutzern beliebt", Media Perspektiven, 7, 356-364.

CHAU, P.Y.K. (2008), "Cultural Differences in Diffusion, Adoption, and Infusion of Web
    2.0", Journal of Global Information Management, 16, I-III.

CLEMENT, M. / PAPIES, D. (2007), "Podcasting", in: Bauer, H.H. / Große-Leege, D. / Rösger, J.
    (Hrsg.), "Interactive Marketing im Web 2.0+", Franz Vahlen GmbH, München, 335-346.

CLICK AND BUY   (2010),   "Einfacher   Geldtransfer   auf   Facebook",
    http://www.clickandbuy.com/DE_de/bezahlen/innovation/geldtransfer-facebook.html,
    Stand: 2010/03/26.

COPELAND, M.V. (2008), "Cash Runs Dry for Web 2.0", Fortune, 157, 40-41.

DAFT, R.L. / LENGEL, R.H. (1986), "Organizational Information Requirements, Media Rich-
    ness and Structural Design", Management Science, 32, 554-571.

DELLAROCAS, C. (2006), "Strategic Manipulation of Internet Opinion Forums: Implications
    for Consumers and Firms", Management Science, 52, 1577-1593.

DELLAROCAS, C. / ZHANG, J. / AWAD, N.F. (2004), "Exploring the Value of Online Reviews to
    Organizations: Implications for Revenue Forecasting and Planning", Proceedings of the
    25th International Conference on Information Systems (ICIS), Washington DC, USA.

DELLAROCAS, C. / ZHANG, X. / AWAD, N.F. (2007), "Exploring The Value of Online Product
    Reviews in Forecasting Sales: The Case of Motion Pictures", Journal of Interactive Mar-
    keting, 21, 23-45.

ECKERT, J. / HINZ, O. / SKIERA, B. (2009), "Stcihwort: Long Tail", DBW - Die Betriebswirt-
    schaft, 6, 761-765.

ECO-WIKI (2009), "Über Eco-Wiki", http://www.eco-wiki.de/index.php?title=Eco-Wiki:Über_Eco-Wiki, Stand: 2009/11/29.

EUROPÄISCHE UNION (2002), "Richtlinie 2002/65/EG des Europäischen Parlaments und des Rates vom 23. September 2002 über den Fernabsatz von Finanzdienstleistungen an Verbraucher".

FRAMBACH, R.T. / ROEST, H.C.A. / KRISHNAN, T.V. (2007), "The Impact of Consumer Internet Experience on Channel Preference and Usage Intentions across the Different Stages of the Buying Process", Journal of Interactive Marketing, 21, 26-41.

GARDIAL, S.F. / CLEMONS, D.S. (1994), "Comparing Consumers' Recall of Prepurchase and Postpurchase Product Evaluation", Journal of Consumer Research, 20, 548-560.

GENSLER, S. / BÖHM, M. (2006), "Kanalwahlverhalten von Kunden in einem Multikanalumfeld", Thexis, Fachzeitschrift für Marketing, 31-36.

GÖHRING, M. / HAPP, S. / MÜLLER, T. (2006), "Web 2.0 im Kundenmanagement", HMD - Praxis der Wirtschaftsinformatik, 252, 55-65.

GOOGLE (2010), "OpenSocial", http://code.google.com/intl/de-DE/apis/opensocial/, Stand: 2010/05/10.

GROß, M. / HÜLSBUSCH, W. (2004), "Weblogs und Wikis - eine neue Medienrevolution?" Wissensmanagement, 44-48.

HAMM, M. (2006), "S-Finanzgruppe stellt neue Weichen", Banken + Partner, Wiesbaden, 20-22.

HEILIGENTHAL, J. / SKIERA, B. (2007), "Optimale Verteilung eines Budgets auf Aktivitäten zur Kundenakquisition, Kundenbindung und Add-on-Selling", Zeitschrift für Betriebswirtschaft, 77, 117-141.

HELD, D. (2003), "Global Transformations: Politics, Economics and Culture", Polity Press, Cambridge.

HENG, S. / MEYER, T. / STOBBE, A. (2007), "Be a Driver, Not a Passenger - Implications of Web 2.0 for Financial Institutions", Economics, 63, 1-11.

HENG, S. / MEYER, T. / STOBBE, A. (2008), "Finanzdienstleistung und das Web 2.0: Wandel im Informationsverhalten bereitet Chancen", Information Management & Consulting, 23, 87-92.

HENNIG-THURAU, T. (2004), "Kundenartikulationen auf virtuellen Meinungsplattformen als spezifisches Form der Internetartikulation im Internet", in: Wiedmann, K.P. / Buxel, H. / Frenzel, T. / Walsh, G. (Hrsg.), "Konsumentenverhalten im Internet: Konzepte - Erfahrungen - Methoden", Gabler, Wiesbaden, 171-194.

HENNIG-THURAU, T. / GWINNER, K.P. / WALSH, G. / GREMLER, D.D. (2004), "Electronic Word-of-Mouth Via Consumer-Opinion Platforms: What Motivates Consumers to Articulate Themselves on the Internet?" Journal of Interactive Marketing, 18, 38-52.

HOFMANN, A. (2007), "Aufklärung und Anlageberatung Pflichtenmassstab und Kausalität", Peter Lang, Frankfurt am Main.

HOLTZ, S. / DEMOPOULOS, T. (2006), "Blogging for Business: Everything You Need to Know and Why You Should Care", Kaplan, Chicago.

IMMLER, C. (2007), "Das Notebook Handbuch", Markt+Technik Verlag, München.

IMSCHWEILER, C. (2008), "Der Fernabsatz von Finanzdienstleistungen: Umsetzung der Richtlinie 2002/65/EG im Gesetz zur Änderung der Vorschriften über Fernabsatzverträge bei Finanzdienstleistungen", Nomos, Baden-Baden.

INFAS-INSTITUT (2008), "Mobilität in Deutschland 2008: Dritter Zwischenbericht".

INGRAM, T.N. / LAFORGE, R.W. / LEIGH, T.W. (2002), "Selling in the New Millennium: A Joint Agenda", Industrial Marketing Management, 31, 559-567.

JAVA, A. / SONG, X. / FININ, T. / TSENG, B. (2007), "Why We Twitter: Understanding Microblogging Usage and Communities", Proceedings of the 9th WebKDD and 1st SNA-KDD 2007 Workshop on Web Mining and Social Network Analysis, San Jose CA, USA, ACM, 56-65.

JUNKER, M. (2002), "Anwendbares Recht und internationale Zuständigkeit bei Urheberrechtsverletzungen im Internet", Kassel Univ. Press, Kassel.

KAPLAN, A.M. / HAENLEIN, M. (2010), "Users of The World, Unite! The Challenges and Opportunities of Social Media", Business Horizons, 53, 59-68.

KAPOPOULOS, P. / SIOKIS, F. (2005), "Market Structure, Efficiency and Rising Consolidation of the Banking Industry in the Euro Area", Bulletin of Economic Research, 57, 67-91.

KIM, D.J. / YUE, K.-B. / HALL, S.P. / GATES, T. (2009), "Global Diffusion of the Internet XV: Web 2.0 Technologies, Principles, and Applications: A Conceptual Framework from Technology Push and Demand Pull Perspective", Communications of the Association for Information Systems, 24, 657-672.

KITTUR, A. / KRAUT, R., E. (2008), "Harnessing the Wisdom of Crowds in Wikipedia: Quality through Coordination", Proceedings of the ACM 2008 Conference on Computer Supported Cooperative Work. San Diego CA, USA, ACM, 37-46.

KITZ, V. (2008), "Rechtsdurchsetzung bei Intermediären – Lösungsansätze für das Web 2.0", in: Hilty, R.M. / Jaeger, T. / Kitz, V. (Hrsg.), "Geistiges Eigentum", Springer, Berlin, 101-121.

KLEE, A. (2008), "Podcasts als Kommunikationsinstrument", in: Hass, B.H. / Walsh, G. / Kilian, T. (Hrsg.), "Web 2.0 - Neue Perspektiven für Marketing und Medien ", Springer, Berlin und Heidelberg, 153-170.

KOLESAR, M.B. / GALBRAITH, R.W. (2000), "A Services-Marketing Perspective on E-Retailing: Implications for E-Retailers and Directions for Further Research", Internet Research, 10, 424-438.

KOTLER, P. / KELLER, K.L. (2007), "A Framework for Marketing Management", Prentice Hall, Upper Saddle River.

KUMAR, V. (2006), "CLV: The Databased Approach", Journal of Relationship Marketing, 5, 7-35.

KUSS, A. / TOMCZAK, T. (2007), "Käuferverhalten: eine marketingorientierte Einführung", Lucius & Lucius, Stuttgart.

LAMBRECHT, A. / SEIM, K. / SKIERA, B. (2007), "Does Uncertainty Matter? Consumer Behavior under Three-Part Tariffs", Marketing Science, 26, 698-710.

LANGLOIS, C. (2009), "The Wells Fargo - Wachovia Blog: Social Media Can also Support a Banking Merger", Blog, http://clanglois.blogs.com/internet_banking/2009/01/the-wells-fargo-wachovia-blog-social-media-can-also-support-a-banking-merger.html, Stand: 2010/04/14.

LAWRENCE, F.K. (2009), "Internet-Based Community Networks: Finding the Social in Social Networks", in: Golbeck, J. (Hrsg.), "Computing with Social Trust", Springer, London, 313-331.

LEVENBURG, N.M. (2005), "Delivering Customer Value Online: An Analysis of Practices, Applications, and Performance", Journal of Retailing and Consumer Services, 12, 319-332.

MESSERSCHMIDT, C.M. / LILIENTHAL, M. (2010), "Acceptance of a Web OS as a Commercial Consumer Service Bundle", Proceedings of the 18th European Conference on Information Systems (ECIS), Pretoria, South Africa.

MEYER, T. (2007), "The Power of People: Online P2P Lending Nibbles at Banks' Loan Business", Deutsche Bank Research, Frankfurt am Main.

MITSCHKE, U. (2007), "'Kreditauktionen' im Internet und die bankaufsichtsrechtliche Erlaubnispflicht der Beteiligten", BaFinJournal: Mitteilungen der Bundesanstalt für Finanzdienstleistungsaufsicht BaFin, 5, 3-5.

MÖHLENBRUCH, D. / DÖLLING, S. / RITSCHEL, F. (2008), "Neue interaktive Instrumente des Kundenbindungsmanagements im E-Commerce", in: Bauer, H.H. / Große-Leege, D. / Rösger, J. (Hrsg.), "Interactive Marketing im Web 2.0+: Konzepte und Anwendungen für ein erfolgreiches Marketingmanagement im Internet", Vahlen, München, 197-214.

MOHRHAUSER, R. (2006), "Der Fernabsatz von Finanzdienstleistungen an Verbraucher", Nomos, Baden-Baden.

MÖLLER, E. (2005), "Die heimliche Medienrevolution: wie Weblogs, Wikis und freie Software die Welt verändern", Heise, Hannover.

O'REILLY, T. (2007), "What Is Web 2.0: Design Patterns and Business Models for the Next Generation of Software", Communications & Stragegies, 17-37.

PETTY, C. / GOASDUFF, L. (2006), "Gartner's 2006 Emerging Technologies Hype Cycle Highlights Key Technology Themes", http://www.gartner.com/it/page.jsp?id=495475, Stand: 2010/02/02.

PINEDO, M. / SESHADRI, S. / SHANTHIKUMAR, J.G. (2000), "Call Centers in Financial Services. Strategies, Technologies and Operations." in: Melnick, E.L. (Hrsg.), "Creating Value in Financial Services: Strategies, Operations, and Technologies", Kluwer Academic, Boston, 357-387.

POHL, R. (2006), "Banken und Allfinanzvertrieb - Lernen von mobilen Finanzdienstleistern", in: Emmerich, N.-C. (Hrsg.), "Der Bankensektor im Wandel: Festschrift zum 65. Geburtstag von Professor Dr. Erich Priewasser", Knapp, Frankfurt am Main, 371-384.

PORTER, S. (2003), "Chat: From the Desk of a Subject Librarian", Reference Services Review, 31, 57-67.

PRANGE, S. (2008), "Ein schwieriger Banken-Standort", Handelsblatt vom 2008/05/01. Ausgabe 84.

PRZEPIORKA, S. (2006), "Weblogs, Wikis und die dritte Dimension", in: Picot, A. (Hrsg.), "Weblogs professionell: Grundlagen, Konzepte und Praxis im unternehmerischen Umfeld", dpunkt. Verlag, Heidelberg, 13-27.

RADZIWILL, N. / DUPLAIN, R. (2009), "A Model for Business Innovation in the Web 2.0 World", in: Lytras, M.D. / Damiani, E. / Ordónez de Pablos, P. (Hrsg.), "Web 2.0 – The Business Model", Springer, New York, 75-88.

REES, P.H. / KUPISZEWSKI, M. / COUNCIL OF EUROPE. DIRECTORATE OF SOCIAL AND ECONOMIC, A. (1999), "Internal Migration and Regional Population Dynamics in Europe: A Synthesis", Council of Europe Pub., Strasbourg.

RHEINGOLD, H. (1993), "The Virtual Community: Homesteading on the Electronic Frontier", Addison-Wesley, Reading MA.

RICHTER, A. / KOCH, M. (2008), "Funktionen von Social-Networking-Diensten", Multikonferenz Wirtschaftsinformatik, München, Germany, 1239-1250.

ROELL, M. (2003), "Business Weblogs - A Pragmatic Approach to Introducing Weblogs in Medium and Large Enterprises", Proceedings of BlogTalk 2003, Vienna.

RUGGIE, J.G. (1993), "Territoriality and Beyond: Problematizing Modernity in International Relations", International Organization, 47, 139-174.

SCHMITT, P. / MEYER, S. / SKIERA, B. (2010), "Überprüfung des Zusammenhangs zwischen Weiterempfehlungsbereitschaft und Kundenwert", Schmalenbachs Zeitschrift für betriebswirtschaftliche Forschung zfbf, 62, 30-59.

SCHNAARS, S. / WYMBS, C. (2004), "On the Persistence of Lackluster Demand - The History of the Video Telephone", Technological Forecasting and Social Change, 71, 197-216.

SCHOLZ, H. (2009), "Mobile Nutzung von Facebook wächst rasant", http://www.mobile-zeitgeist.com/2009/01/12/mobile-nutzung-von-facebook-waechst-rasant/, Stand: 2009/12/21.

SEN, S. / LERMAN, D. (2007), "Why Are You Telling Me This? An Examination into Negative Consumer Reviews on the Web", Journal of Interactive Marketing, 21, 76-94.

SES RESEARCH GMBH   (2007),   "Unternehmensanalyse: „wallstreet:online"", http://www.lsd.de/fileadmin/user_upload/SingleStockBulletin/1171977281Wallstreetonline.pdf, Stand: 2009/06/16.

SIEBENHAAR, H.-P. (2010), "Facebook entwickelt sich bald zur Bank", Handelsblatt vom 2010/01/19. Ausgabe 12.

SKIERA, B. (1999), "Mengenbezogene Preisdifferenzierung bei Dienstleistungen", Deutscher Universitäts-Verlag, Wiesbaden.

SMOLNIK, S. / RIEMPP, G. (2006), "Nutzenpotenziale, Erfolgsfaktoren und Leistungsindikatoren von Social Software für das organisationale Wissensmanagement", Praxis der Wirtschaftsinformatik, HMD, 252, 17-26.

SOCIALTEXT (2006), "Dresdner Kleinwort Wasserstein Case Study", Case Study, http://www.socialtext.com/files/DrKW_Case_Study.pdf, Stand: 2009/11/28.

STAUSS, B. (2008), "Weblogs als Herausforderung für das Customer Care", in: Bauer, H.H. (Hrsg.), "Interactive Marketing im Web 2.0+: Konzepte und Anwendungen für ein erfolgreiches Marketingmanagement im Internet", Vahlen, München, 251-266.

STEPHENS, R.T. (2009), "Empirical Analysis of Functional Web 2.0 Environments", in: Lytras, M.D. / Damiani, E. / Ordóñez de Pablos, P. (Hrsg.), "Web 2.0 – The Business Model", Springer, New York, 1-20.

STILLER, B. / REICHL, P. / LEINEN, S. (2001), "Pricing and Cost Recovery for Internet Services: Practical Review, Classification, and Application of Relevant Models", Netnomics, 3, 149-171.

STRACKE, B. (2008), "Web 2.0 mit Ruby on Rails – Professionelle Anwendungen mit Ajax, Mashups und dem Rails Framework", Software & Support Verlag GmbH, Unterhaching.

STUDIVZ (2010), "Daten und Fakten", http://www.studivz.net/l/about_us/1/, Stand: 2010/03/26.

SUTTER, J. (2009), "Tutorial: Introduction to Web 2.0", Communications of the Association for Information Systems, 25, 511-518.

SZUGAT, M. / GEWEHR, J.E. / LOCHMANN, C. (2006), "Social Software", Entwickler.press, Frankfurt am Main.

TEO, H.-H. / OH, L.-B. / LIU, C. / WEI, K.-K. (2003), "An Empirical Study of the Effects of Interactivity on Web User Attitude", International Journal of Human-Computer Studies, 58, 281-305.

TREIß, F. (2009), "heute2: Spiegel Online startet Edel-Profile bei StudiVZ." http://www.turi2.de/2009/04/09/heute2-spiegel-online-startet-edel-profile-studivz-5916480/, Stand: 2009/01/15.

TRUMP, T. / KLINGLER, W. / GERHARDS, M. (2007), "'Web 2.0' - Begriffsdefinition und eine Analyse der Auswirkungen auf das allgemeine Mediennutzungsverhalten", http://www.result.de/wp-content/uploads/2009/10/web-2.0-studie_result_swr_februar_2007.pdf, Stand: 2010-05-17.

TRUSOV, M. / BUCKLIN, R.E. / PAUWELS, K. (2009), "Effects of Word-of-Mouth versus Traditional Marketing: Findings from an Internet Social Networking Site", Journal of Marketing, 73, 90-102.

TULLY, C.J. / BAIER, D. (2006), "Mobiler Alltag: Mobilität zwischen Option und Zwang; vom Zusammenspiel biographischer Motive und sozialer Vorgaben", VS Verlag, Wiesbaden.

VAN DOLEN, W.M. / DABHOLKAR, P.A. / DE RUYTER, K. (2007), "Satisfaction with Online Commercial Group Chat: The Influence of Perceived Technology Attributes, Chat Group Characteristics, and Advisor Communication Style", Journal of Retailing, 83, 339-358.

WAGNER, C. (2004), "Wiki: A Technology for Conversational Knowledge Management and Group Collaboration", Communications of the Association for Information Systems, 13, 265-289.

WAGNER, C. / MAJCHRZAK, A.N.N. (2006), "Enabling Customer-Centricity Using Wikis and the Wiki Way", Journal of Management Information Systems, 23, 17-43.

WALTER, G. (2003), "Kundenmanagement im Privatkundengeschäft von Banken", Univ.-Verl. Regensburg, Regensburg.

WANG, B. / LIU, L.C. / KOONG, K.S. / BAI, S. (2009), "Effects of Daily and "Woot-Off" Strategies on E-Commerce", Industrial Management & Data Systems, 109, 389-403.

WEBER, M. / FRÖSCHL, K. (2006), "Das Semantic Web als Innovation in der ökonomischen Koordination", in: Pellegrini, T. / Blumauer, A. (Hrsg.), "Semantic Web", Springer, Berlin, 89-113.

WEIBER, R. / MEYER, J. (2002), "Virtual Communities", in: Weiber, R. (Hrsg.), "Handbuch Electronic Business", Gabler, Wiesbaden, 343-361.

WER-KENNT-WEN (2010), "Wer wir sind?" http://www.wer-kennt-wen.de/static/wersindwir, Stand: 2010/03/26.

WIESE, J. (2010), "Geburtstagsticker +++ 6 Jahre Facebook, 400 Mio User, 6 Neue Produkte", http://facebookmarketing.de/news/6-jahre-facebook-400-mio-user, Stand: 2010/03/26.

WIESEL, T. / SKIERA, B. (2007), "Unternehmensbewertung auf der Basis von Kundenlebenswerten", Schmalenbachs Zeitschrift für betriebswirtschaftliche Forschung, 59, 706-731.

WIESEL, T. / SKIERA, B. / VILLANUEVA, J. (2008), "Customer Equity: An Integral Part of Financial Reporting", Journal of Marketing, 72, 1-14.

WIKIPEDIA (2009), "Über Wikipedia", http://de.wikipedia.org/wiki/Wikipedia:%C3%9Cber_ Wikipedia, Stand: 2009/11/29.

WRIGHT, J. (2006), "Blog Marketing: The Revolutionary New Way to Increase Sales, Build Your Brand, and Get Exceptional Results", McGraw-Hill, New York u.a.

ZERFAß, A. (2005), "Corporate Blogs: Einsatzmöglichkeiten und Herausforderungen", BIG-BlogInitiativeGermany, 1-9.

ZERFAß, A. / BOELTER, D. (2005), "Die neuen Meinungsmacher: Weblogs als Herausforderung für Kampagnen, Marketing, PR und Medien", Nausner & Nausner, Graz.

ZSCHUCKELT, U. (2008), "Synchrone Videokommunikation im Internet - Echtzeit-Beratungsmittel zur Erhöhung von Kundenzufriedenheit und Kundenbindung", VDM Verlag Dr. Müller, Saarbrücken.

Abbildungsverzeichnis

Tabellenverzeichnis

Das E-Finance Lab

Das E-Finance Lab (www.efinancelab.de) ist ein gemeinsames Forschungsinstitut der Goethe-Universität Frankfurt am Main und der TU Darmstadt im House of Finance (www.hof.uni-frankfurt.de) an der Goethe-Universität. In Zusammenarbeit mit namhaften Partnern aus der Praxis forschen und lehren rund 40 Professoren und Doktoranden mit dem Ziel, Strategien und Strukturen aus dem Finanzdienstleistungssektor und deren Realisierung durch Informationssysteme, mithilfe von wissenschaftlichen Methoden zu analysieren und zu bewerten. Im Mittelpunkt der Arbeit stehen Banken und Sparkassen sowie deren unterstützende IT-Unternehmen. Das E-Finance Lab ist interdisziplinär ausgerichtet und verbindet grundlagenorientierte mit anwendungsnaher Forschung unter aktiver Mitwirkung der Unternehmen. Derzeit unterstützen 10 Praxispartner die Arbeit des E-Finance Lab: BearingPoint, Deutsche Bank, Deutsche Börse Group, DZ BANK Gruppe, Finanz Informatik, IBM und T-Systems, sowie 360T Trading Networks, DAB bank und Interactive Data.

Das E-Finance Lab wird von sechs Professoren und drei Junior-Professoren geleitet und ist, wie in **Abbildung E.6.1** dargestellt, in die drei Bereiche *IT Infrastructure: Service Systems in E-Finance*, *E-Financial Markets & Market Infrastructures* und *Customers in E-Finance* gegliedert.

Abbildung E.6.1   Bereiche des E-Finance Labs

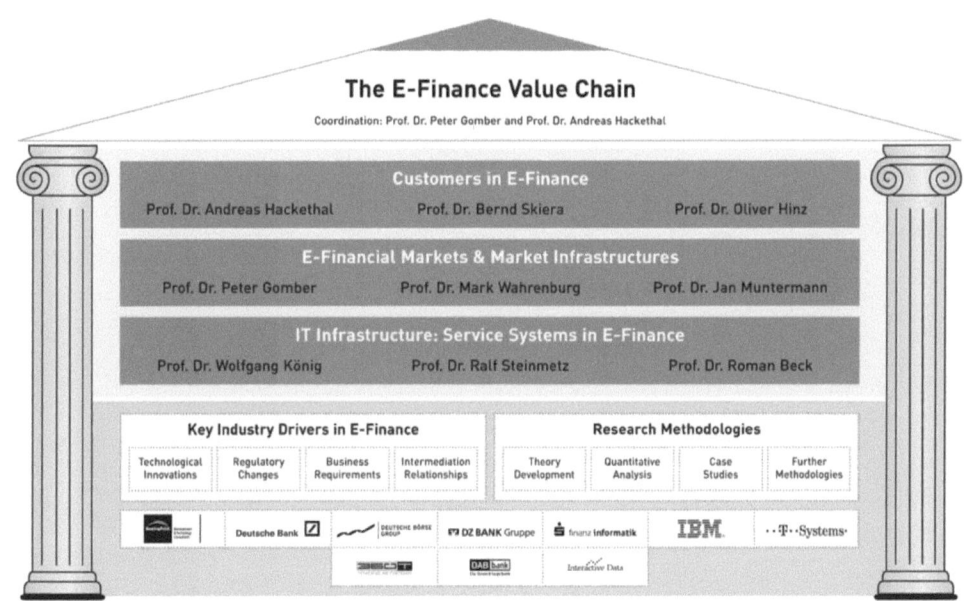

Prof. Dr. Wolfgang König hat die Professur für Wirtschaftsinformatik und Informations-
management an der Goethe-Universität Frankfurt inne. Prof. Dr.-Ing. Ralf Steinmetz leitet
das Fachgebiet Multimedia Kommunikation (KOM) der Technischen Universität Darmstadt. Prof. Dr. Roman Beck hat die Stiftungsjuniorprofessur des E-Finance Labs für E-
Finance & Service Science inne. Diese drei Professuren leiten den Bereich *IT Infrastructure:*
Service Systems in E-Finance. Prof. Dr. Peter Gomber, Professur für E-Finance, Prof. Dr.
Mark Wahrenburg, Professur für Bankbetriebslehre, und Prof. Dr. Jan Muntermann, Stif-
tungsjuniorprofessur des E-Finance Labs für E-Finance & Securities Trading, leiten den
Bereich *E-Financial Markets & Market Infrastructures.* Prof. Dr. Bernd Skiera gründete 1999
Deutschlands erste Professur für Electronic Commerce. Zusammen mit Prof. Dr. Andreas
Hackethal, Professur für Finanzen, und Prof. Dr. Oliver Hinz, Stiftungsjuniorprofessur des
E-Finance Labs für E-Finance & Electronic Markets, leitet er den Bereich *Customers in E-*
Finance.

Die Autoren

Christian M. Messerschmidt

Christian M. Messerschmidt (geb. 1980) studierte an der Goethe-Universität Frankfurt am Main Betriebswirtschaftslehre. Er sammelte praktische Erfahrungen im Supply-Chain-Management der Nestlé Deutschland AG, im Onlinemarketing der Intercontact Werbegesellschaft mbH und in einer international agierenden Wirtschaftskanzlei. Seit Mai 2007 ist er an der Professur für Electronic Commerce der Goethe-Universität als wissenschaftlicher Mitarbeiter tätig.

In seinem ersten Forschungsfeld untersucht er, wie sich Konsumenten bei der Nutzung von Web-2.0- bzw. Social-Media-Anwendungen verhalten, um daraus Einsatzmöglichkeiten dieser Medien im Finanzmarketing zu bewerten. Im Rahmen des Projekts FinGrid (www.fingrid.de) analysiert er in seinem zweiten Forschungsfeld das Adoptionsverhalten von Unternehmen in Bezug auf interorganisationale IT-Systeme, wie z.B. Grid Computing und Cloud Computing. Die Technologien Web 2.0 und Cloud Computing führt er in seinem dritten Forschungsfeld zusammen, indem er die Akzeptanz und das Adoptionsverhalten von Konsumenten gegenüber Web-Betriebssystemen (Web OS) untersucht. Christian M. Messerschmidt veröffentlichte seine Forschungsergebnisse bereits im International Journal of Bank Marketing, in Buchbeiträgen sowie in Tagungsbänden verschiedener Konferenzen im Bereich der Wirtschaftsinformatik. Für seine Veröffentlichung „Babbling Before Banking? Online-Communities and Pre-Purchase Information Seeking" im *International Journal of Bank Marketing* wurde er zusammen mit Sven C. Berger im Jahr 2010 vom Emerald Literari Network mit dem Outstanding Paper Award ausgezeichnet.

Kontakt

Lehrstuhl für Electronic Commerce, Fachbereich Wirtschaftswissenschaften, Goethe-Universität Frankfurt am Main, Grüneburgplatz 1, 60323 Frankfurt, Tel.: +49-69-798-33882, Fax: +49-69-798-35001

E-Mail: messerschmidt@wiwi.uni-frankfurt.de
Internet: https://www.xing.com/profile/Christian_Messerschmidt
           www.ecommerce.wiwi.uni-frankfurt.de
           www.efinancelab.de

Dr. Sven C. Berger

Dr. Sven C. Berger ist gelernter Bankkaufmann und hat an der Frankfurt School of Finance & Management sowie an der Goethe-Universität Betriebswirtschaftslehre mit dem Schwerpunkt Wirtschaftsinformatik studiert. Dabei verbrachte er ein Auslandssemester am Indian Institute of Management in Ahmedabad/Indien (IIM-A). Von 1999 bis 2004 war er im Konzern der Deutschen Bank tätig, zuletzt bei der Weiterentwicklung von Vertriebssteuerungsinstrumenten im Retail Banking.

Bis August 2009 promovierte er als wissenschaftlicher Mitarbeiter an der Professur für Electronic Commerce der Goethe-Universität Frankfurt am Main im Projekt E-Finance Lab zum Thema „Zum Strukturwandel der Wertschöpfung im Bankgeschäft". Seitdem ist er als Referent in der Bundesanstalt für Finanzdienstleistungsaufsicht (BaFin) tätig.[*]

In seiner Forschung befasst er sich insbesondere mit der Finanzintermediation auf Peer-to-Peer-Lending-Plattformen, der Gestaltung interner Kundenmanagement-Prozesse, dem Einsatz von Selbstbedienungs-Technologie und den Auswirkungen von Netzwerkstrukturen auf die Wertschöpfung in der Finanzdienstleistungsbranche.

Sven C. Berger veröffentlichte seine Forschungsergebnisse bereits in den Zeitschriften Business Research, International Journal of Bank Marketing, Betriebswirtschaftliche Forschung und Praxis sowie in Tagungsbänden verschiedener Konferenzen im Bereich der Wirtschaftsinformatik und in managementorientierten Zeitschriften.

Kontakt
Lehrstuhl für Electronic Commerce, Fachbereich Wirtschaftswissenschaften, Goethe-Universität Frankfurt am Main, Grüneburgplatz 1, 60323 Frankfurt

E-Mail: sven.berger@wiwi.uni-frankfurt.de
Internet: https://www.xing.com/profile/SvenChristian_Berger
             www.ecommerce.wiwi.uni-frankfurt.de
             www.efinancelab.de

---

[*] *Das vorliegende Buch gibt die persönliche Meinung des Autors wieder und steht in keinem Zusammenhang mit seiner dienstlichen Tätigkeit.*

Prof. Dr. Bernd Skiera

Prof. Dr. Bernd Skiera (skiera@skiera.de) hat seit 1999 den Lehrstuhl für Electronic Commerce an der Goethe-Universität Frankfurt am Main inne (www.ecommerce.wiwi.uni-frankfurt.de), leitete fünf Jahre das vom BMBF geförderte Forschungsprojekt PREMIUM zu „Preis und Erlösmodelle im Internet" (www.internetoekonomie. uni-frankfurt.de), ist Gründer und im Vorstand des E-Finance Lab (www.efinance-lab.de) und dort Leiter des Forschungsprojekts „Customer Management in E-Finance" sowie Leiter des Retail Banking Competence Centers. Zudem unterrichtet er an der Goethe Business School (www.goethe-business-school.de). Seine Forschungsschwerpunkte sind Electronic Commerce, Customer Management und Pricing. Er hat sechs weitere Bücher geschrieben und herausgegeben, u.a. zu den Themen "Financial Supply Chain Management", „Electronic Commerce" und „Marketing mit interaktiven Medien". Längere Forschungsaufenthalte führten ihn an die Fuqua School of Business at Duke University, Stanford University, die University of California Los Angeles (UCLA), USA, das eBusiness Research Center (eBRC) des Smeal College of Business, Penn State University (alle USA), die University of Technology at Sydney (Australien) sowie Wirtschaftsuniversität Wien. Er hat Unternehmen wie beispielsweise Commerzbank, Deutsche Bank, Microsoft, Postbank, SAP, Telekom, T-Online, TUI, durch Forschungsprojekte, Schulungen oder Beratungsprojekte unterstützt.

Kontakt:
Lehrstuhl für Electronic Commerce, Fachbereich Wirtschaftswissenschaften, Goethe-Universität Frankfurt am Main, Grüneburgplatz 1, 60323 Frankfurt, Tel.: +49-69-798-34649, Fax: +49-69-798-35001

E-Mail: skiera@wiwi.uni-frankfurt.de
Internet: https://www.xing.com/profile/Bernd_Skiera
            www.ecommerce.wiwi.uni-frankfurt.de
            www.efinancelab.de

Mehr wissen – weiter kommen
↗

Bank und Börse einfach erklärt

↗

Die wichtigsten Grundbegriffe für Beruf und Studium

Finanzgeschäfte begleiten uns alle täglich, angefangen beim einfachen Bezahlen mit der EC-Karte bis hin zur Geldanlage in Aktien und Fonds. Doch wie behält man angesichts des rasanten Innovationstempos in der Finanzwelt noch den Überblick?

Das Gabler Kompakt-Lexikon Bank und Börse hilft Ihnen bei der Orientierung in allen Geldangelegenheiten. In mehr als 2.000 Stichwörtern erfahren Sie alles über Kontoführung, Kredite, Geldanlagen und Wertpapiergeschäfte. Auch die Auswirkungen neuer gesetzlicher Regelungen finden Sie einfach und verständlich erklärt.

Damit ist das Lexikon für Bankkaufleute, für Auszubildende im Finanzdienstleistungssektor und für alle, die sich mit Bankgeschäften auseinander setzen, ein perfektes Nachschlagewerk im Finanzalltag.

Dr. **Günter Wierichs** und **Stefan Smets** sind Lehrer im Bankbereich einer Berufsschule. Dr. Günter Wierichs ist darüber hinaus Herausgeber der Fachzeitschrift Bankfachklasse und Autor erfolgreicher Lehrbücher für Berufsschulen.

„Das Kompakt-Lexikon Bank und Börse vermittelt auf 290 Seiten umfangreiches Wissen zu den untrennbaren Themengebieten Bank und Börse. Als handliche Informationsquelle zu empfehlen!"
    boerse.de-Magazin, 29.06.2007

Günter Wierichs / Stefan Smets
Gabler Kompakt-Lexikon
Bank und Börse
2.000 Begriffe nachschlagen, verstehen, anwenden
5., überarb. Aufl. 2009.
VIII, 246 S.
Br. EUR 26,95
ISBN 978-3-8349-1861-1

Änderungen vorbehalten. Stand: Februar 2010.
Erhältlich im Buchhandel oder beim Verlag

Gabler Verlag . Abraham-Lincoln-Str. 46 . 65189 Wiesbaden . www.gabler.de

GABLER

	MIX
	Papier aus verantwortungsvollen Quellen
FSC	Paper from responsible sources
www.fsc.org	**FSC® C105338**

If you have any concerns about our products,
you can contact us on
ProductSafety@springernature.com

In case Publisher is established outside the EU,
the EU authorized representative is:
Springer Nature Customer Service Center GmbH
Europaplatz 3, 69115 Heidelberg, Germany

Printed by Libri Plureos GmbH
in Hamburg, Germany